U0932836

市场交易策略

运用技术分析和资金管理战胜几率

（美）戴若•顾比（Daryl Guppy）◎著　罗光海◎译

Market Trading Tactics：Beating the Odds Through Technical Analysis and Money Management

北方联合出版传媒（集团）股份有限公司
万卷出版公司
VOLUMES PUBLISHING COMPANY

著作权合同登记号： 06-2009年第339号

图书在版编目（CIP）数据

市场交易策略：运用技术分析和资金管理战胜几率／（美）顾比著；罗光海译．－－沈阳：万卷出版公司，2010.5

（引领时代）

ISBN 978-7-5470-0868-3

Ⅰ．①市… Ⅱ．①顾…②罗… Ⅲ．①私人投资—基本知识 Ⅳ．① F830.59

中国版本图书馆CIP数据核字（2010）第079206号

出 版 者	北方联合出版传媒（集团）股份有限公司 万卷出版公司（沈阳市和平区十一纬路29号 邮政编码 110003）
联系电话	024-23284090 **邮购电话** 024-23284627 23284050
电子信箱	vpc_tougao@163.com
印 刷	北京市通州富达印刷厂
经 销	各地新华书店发行
成书尺寸	165mm × 245mm **印张** 20.5
版 次	2010年11月第1版 2010年11月第1次印刷
责任编辑	邢和明 **字数** 285千字
书 号	ISBN 978-7-5470-0868-3
定 价	48.00元

Contents

目 录

Contents
目 录

译者序

对于淘金者，大多数人只是在电影中见过。看过《黄金国》（《El Dorado》）的朋友们想必还记得以下情节：

17世纪西班牙殖民统治者带领一大群淘金者，其中有西班牙人、秘鲁人和印第安人，雄赳赳气昂昂地向传说中富庶的黄金国出发了。

但是出师不利，第一艘船刚下水一秒钟就塌了。这批船因为等待了太长时间，船身已经被蛀得很严重了，后患无穷。

一路上遇到了很多困难：原始森林错综复杂，没有补给，而最可怕的是人心险恶。一会儿和印第安人内讧，一会儿统治阶层中搞政治斗争。反对派希望返回秘鲁，而总督执意探险，于是反对派杀了总督（可怜啊！为了公平起见所有反对派每人都刺了几刀！）

总督死后，冒险队伍还是继续前进，而斗争也继续暗流涌动。

剩下的人互相谋杀，结果都死在了淘金的路上……

人们都梦想自己变得富有，要不要去淘金呢？想想淘金者的汗与血，大多数人都望而却步。而当今的金融市场却引发了新一轮的淘金热潮。随着互联网的发展，你只要坐在家中舒适的电脑椅上，动一动手指，便可开始淘金了。

然而，股市淘金真的这么容易吗？真的没有汗与血吗？

站在悬崖边上，望着山下布满原始森林的金融市场，我们知道里面肯定有金矿，因为我们看到有人淘到黄金了。

然而选择哪一条路去淘金呢？需要什么知识和装备吗？甚至在面对黄金矿石时，你能分辨出真假吗？

要想消除这些疑问，做一名成功的淘金者，就与顾比大师一同踏上股市淘金的冒险旅程吧！

记得哪位大师说过，完稿之后写序，就如同饭后吃甜点，无论这顿饭如何，甜点总是令人期待、令人愉悦的。

没有哪个人能够独立完成一本书——即使是译作。感谢智品书业的执行策划倪明老师和郭婧女士，是他们给了我这次首先品尝淘金大餐的机会。感谢新标志论坛的木羊老师（张巍，我的启蒙老师），对很多翻译问题给出了意见和建议。倪明老师为本书的顺利出版提供了指导性的意见，木羊老师对本书进行了全面的校对。感谢我的妻子纪萍女士，帮我完成许多译稿的整理工作。对于在本书的翻译过程中提供帮助的所有人，在此一并表示感谢。

虽然译者尽力保证翻译质量，但因为水平所限，译释不当之处在所难免，敬请各位读者和同仁斧正。

罗光海

2009年12月

推荐序

成功交易需要四个重要步骤。这些步骤适用于中国、美国、欧洲和亚洲市场中的每一笔交易和每一次投资。它们并不因地域的变化而变化，因为市场人群的行为本质上是相同的。当上海市场中的交易者开始赚钱时，他的感觉与纽约市场中的交易者是相同的。当一大笔利润随着趋势变化而消失时，北京的交易者与伦敦的交易者具有相同的感受。南京的交易者与新加坡的交易者会问相同的问题：现在我应该卖出，还是应该等待？

执行交易的方法有所不同。有些交易者能够在他们的显示屏上看到每一张买卖订单，而其他国家的交易者则只能看到前5张买卖订单。在有些市场中，交易者可以提前数天设置好买卖订单和止损订单，但在其他市场中却不可以。在多数市场中，交易者可以在早上买入股票，然后在几分钟、或几小时后卖出同一只股票。这对止损和风险的管理有着巨大的影响。在有些市场中，你在交易屏上看到的价格，是由买卖双方的交易活动决定的，但在美国市场中，价格可能是由券商们决定的。这些都是市场管理方面的差异，它们将影响交易执行方法的细节。

在本书中，我阐述的是适用于所有交易的共同特性。它们是交易的原理。我们讨论的方法非常严谨，可以在任何一款交易软件上使用。使用国信（Guosen）软件搜索一个随机指标的买入信号时，所用指令可能与Metastock软件不同。软件的搜索细节不同，但搜索原理是完全相同的。

第一步是在市场中创建一个机会的股票池，用来存放自选股。

第二步是分析股票池内的股票，以寻找最佳的交易机会。

第三步是管理交易。

第四步是获利了结。这是最重要的一步，因为它决定了交易的成败。这一步并不简单，因为：

花开堪折直须折，莫待无花空折枝。

对于广大交易者来说，这是最大的挑战。许多情绪问题会干扰我们的出场决定。稍不留意，贪婪便会成为我们的主宰，让一笔交易从盈利颇丰逐渐发展至盈利甚少，甚至亏损，只为我们留下了光秃秃的树枝。风险管理保护我们的交易资金，交易管理保护我们的交易利润，于是我们能够在花朵绽放的时候采摘。

市场不断地发展变化，但我们的目的却一点没变。愿本书能帮你在花儿开得正艳时折花。

戴若·顾比

www.guppytraders.com

2010年写于达尔文（Darwin）

原序

追忆黄金国的幽灵

孩提时，我着迷于黄金国淘金者们锈迹斑斑的弃船——它们搁浅在亚肯丹达附近的里迪河上；我还迷恋于装满金沙的透明的小瓶子，那些金沙是由一位老淘金者在澳大利亚东北部维多利亚的高山小溪中辛辛苦苦淘出来的。虽然天气炎热、到处灰尘、满身脏污、指甲破裂、全身酸痛，而且回报很不稳定，但是我一直觉得淘金的诱惑是无法抗拒的。现在，我的淘金工具变成了计算机、因特网、股市数据库和图表软件——但那种诱惑依然是无法抗拒的。在装有空调的办公室里，没有一丝灰尘，只有手指因不停地敲击键盘而引起的一丝丝酸痛。然而，探索财富的规则却一如既往。

迪亚兹在《新西班牙征服记》（《The conquest of New Spain》）中描述的、西班牙征服者们所寻求的黄金国，实际上并不存在。但我们的“黄金国”却是实实在在地存在着。每天，市场都为最佳交易者们献上一大批“矿藏”。我们需要在一罐黄金和一个金矿之间做出选择。在这本书中，我对一些寻找黄金矿石并逐步建立金矿的方法进行了分析。我不是一位股市奇才，所以本书中的技术不需要任何专业技能就可应用。我的大部分收入来自于交易，像许多从打工赚钱转到靠交易谋生的交易者一样，只要交易收入同工资收入相仿，便足以令我高兴了。在市场中，可以创造财富——也可以失去财富。明智的“淘金者”创造并保存这些财富。

本书是为那些希望在股市中生存的交易者们，为那些虽然没有成为股市奇才具有远大抱负，但是愿意通过寻找、利用并管理交易机会来积极管理市场风险的交易者们所写的。作为一名头寸交易者，寻找、利用并管理交易机会，是在市场中生存所必需的技能。它们也是即日交易所需的基本技能。如果你准备利用自己的“淘金”技能与那些把持着市场密钥的交易者们相对抗，那么本书将帮你达成心愿。

牛市行情鼓舞着交易新手们。在牛市中，市场为我们的失误埋单，随着股价普遍上涨，我们很快便会从亏损恢复过来。在熊市中，我们却要为市场埋单。在接下来的章节中，读者可能认为有些内容过于复杂或啰嗦，但是，当熊市开始“咬人”时，这些基本的纪律却可以使你免于成为市场的受害者，从而在市场中生存下来。

本书中所描述的过程基本上是非常简单的，但如果在应用时不分次序，有些过程可能会非常耗时。我们从广泛的遴选程序开始，随着候选股票的减少，再运用比较专业的交易策略。

严肃的交易

交易是令人沮丧的，尽管点击鼠标或拨个电话进入或退出交易之前已经做了大量的基础工作，但是在我们做出决定时，市场机会仍然可能在我们的手指之间轻轻滑过。

理解自己的分析、与市场保持同步、启动并完成扫描过程、在资金方面进行微调，所有这些都不意味着交易机会将被揭露出来。市场并不欠我们什么。尽管已经做了数小时的分析，但是并不保证股票会在我们认为合适的价位成交。不保证我们煞费苦心的分析会辨识出任何真正的交易机会。符合我们所有标准的股票可能一只也没有。

这很烦人，但是只有我们满足于次佳交易机会时，结果才是致命的。作为一名私人交易者，我们不必强迫自己交易。我们完全可以等到最佳机会出现时再进行交易。如果某个市场对我们的存在与否漠不关心，那么最安全的方法是敬而远之。

总存在这样一些市场行情，我们的技术分析工具在其中显得毫无用处。但这并未削减那些工具的有效性。正如木匠不会使用螺丝刀建房子一样，交易者也不要试图在技术工具不能提供帮助的行情下使用它们。

作为交易者，我们寻找与自己运用最熟练的工具相匹配的那些交易机会。自以为特殊的工具组合能够揭示所有市场或任意市场板块的秘密，是非常愚蠢的。作为交易者，我们希望明白自己的优势和劣势。通过利用我们的优势进行交易，寻找与我们的交易风格相匹配的交易方式，并且使用恰当的工具组合，我们将成为最佳交易者。

成功的确很重要。如果不能从交易中赚钱，那么交易技术只能算是一种理论上的技能。模拟市场表面复杂性的交易方法，并不总是理解市场的最佳途径。越难的方法并不意味着越有效。在复杂系统中，简单交易策略可以直接获取利润。因此这本书的目的是把复杂的系统解剖为最简单的组件。下面我们讲解交易策略的基础。

解剖复杂系统的图纸

系统和系统化的行为是复杂系统的核心。复杂系统是一种动力系统，它位于混沌的边缘，某个事件——蝴蝶效应（译注：蝴蝶效应是指在一个动力系统中，初始条件下微小的变化能带动整个系统的长期的巨大的连锁反应。这是一种混沌现象。蝴蝶在热带轻轻扇动一下翅膀，遥远的国家就可能造成一场飓风。）便可以使它进入危险的不稳定状态，甚至崩溃。残存系统取决于系统应对变化的方式，沿着混沌的悬崖前行，而不是转向另一边，跳出混沌。

交易恰好位于混沌的边界线上，沿着市场的边缘前行。在市场中生存取决于我们的能力，这种能力包括定义自己的任务以及任务的各个部分，然后选择正确的工具，并且提出恰当的解决方案。

每个复杂系统的核心都有一个主要特征。热带气旋是由风定义的，瀑布湍流是由水定义的，市场活动的冲突是由数据定义的。我们使用风速计测量热带气旋，使用戴思力奇量水计来测量水流，使用价格图表来测量市场。无论你采取何种方式制定交易决策——基本面分析、技术分析、会计分析、金融或新闻分析，当你知道如何在阅读价格图表的同时了解它的概率信息时，你的交易水平就提高了。

投入股市淘金的热潮

第1章，“利用概率平衡进行交易”，带领大家进入每种交易方法的核心，把图表信息与它所暗含的概率信息匹配在一起。当一些价格组合出现的频率高于其他一些价格组合时，就给出了一个概率变化的信号。市场抛出大量的数据，掩盖了这一重要信息。理解这种信息的密码是柱线图。价格柱线，或者蜡烛图（K线图），是根据清晰的市场情绪绘制的，显示概率增加的区域。第2章，“丛林鼓声传来的信息”，跟踪市场前线的战斗过程，并且挽救投资者的生命。

第3章，“拉塞特的金矿”，在一笔示例交易中展示了概率平衡的运用，说明对市场的基本理解如何与市场真相相匹配。这是一个我们希望寻找的交易金矿的模型，当我们选择好最佳时间框架后，我们的寻宝开始了。第4章“时间快照特征”（译者注：直译为“时间咬合特征”，译者理解为原作者用的是相机快门开合的形象比喻，是在某个时间框架中的某个时间点对市场的一张快照图像），阐述如何将短期、即时和长期的市场图像聚焦到单张市场快照中。随着结构的浮现，细节变得模糊。不同的时间快照用于确认来自多个时间框架的分析，从而进一步增加我们的成功率。

搜索交易机会

知道我们的交易机会到底长得怎么样，并且知道我们怎样可以辨别它们之后，我们便已经准备好寻找第一笔利润了。一些交易者选择财务路径。“羊羔虽美，众口难调”，我们所给出的指导信息不会满足所有交易者的需要，但当涉及交易的评估与管理时，他们所选的路径却又与我们的路径交汇了。

我们冲进技术指标的丛林中。这种类型的交易是复杂的，但构成这种交易方法的每一层却是简单的。我们将这些复杂过程中的一些部分进行分解，从而可以使你以适合自己交易风格和资金要求的方式对它们进行重建。

这是最好的数据库挖掘。我们考虑“可视扫描”的价值，对于任意交易决策，它都会提供一个重要的参考点。我们把它放在靠近搜索工作开始的位置，在搜索工作接近终了时也会再转向它。有些交易者选择仅在搜索工作结束时使用这种柱线图分析，但是这种技术并没有改变。其他图表师寻找“技术真爱——探求价格形态和价格日线之间的关系”。还有一些技术交易者愿意将“绩效搜索”作为快速寻找交易机会的最佳方式。所有这些技术都使用普通的概念把复杂问题捆绑在一起。简单系统的应用，提供了打开复杂系统的密钥。

对于这些内容的理解，有助于我们建立快速搜索的有效标准，使我们能够迅速找到最佳的候选交易对象。即日交易者、头寸交易者和投资者都使用这些技术。一些搜索标准已经详细列出，你可以把它们复制到自己的图表或交易软件包中。如果你想对它们进一步修改或微调，那么可以参考本书中列出的专业出版物。

我们在市场的战火中发现的黄金矿石仍然是未经检验的。在第10章中，我们介绍了一项新的指标，可以把它作为“检测试验——寻找真金”。该指标将我们对市场行为的理解和数据分析结合在一起，用来辨识具有爆发性的价格运动点。价格数据是客观的，但我们对它们的分析却不是。“同一枚硬币总有两个面”，我们研究如何识别并最终消除我们的悲观或乐观的个人偏见。有了这个指标的帮助，我们完成了检测试验的解释和应用，运用“指数追踪”使交易机会的黄金矿石满足市场的需求。

补充数据

如果没有利用，发现是毫无意义的。我们通过数据库挖掘选择的交易机会，大小形态各不相同。并非所有交易都会产生同样的回报，在“这块黄金矿石进入市场”一章中，我们对评定候选交易机会所需的计算进行了阐述，可以将候选交易机会从好、较好到最好进行评级。最好的交易机会能够满足我们的金融目标。无论何时我们开始一笔交易，都给风险注入了新的生命，所以“给风险赋一个值”会在确认金融目标方面给我们带来一个重要的优势。

交易机会来之不易，成功利用交易机会的关键在于“应用因特网和电子化的市场深度”的形式。不熟悉的数字组合，在太多的情况下都被交易者忽略，然而，它们往往会提供很多交易信息。我们将展示一些理解并运用那些数字的方法。这将使利润处于我们的掌握之中，在“交易计划”一章，我们便能够以这种分析为基础，展示如何将所有步骤组合于一笔真实的示例交易中。

失败潜伏于成功的旁边

我们不能只装出交易的样子。交易不是一种机械的工作，交易工作是艰苦的，需要辛勤地劳作。它需要交易者在市场、交易技术和资金管理方面有一个全面的实践知识。最重要的，交易要求交易者成为自己的心理主宰。从某种程度上说，每一次淘金冒险都像是一次朝圣。交易带给我们的压力与其他工作带给我们的压力大不相同，许多希望成为交易者的人们发现，正是这些心理因素击败了他们。

我们的思维方式对我们的交易方式有着显著的影响。当我们放弃交易计划、错把行动当做目的时，便陷入了过度交易的泥潭。成功交易者知道避免过度交易的方法，并且时时警惕，以免它扭曲自己的交易活动。

交易者的每个决定背后，都潜藏着太多历史的过失与偏见。每笔交易都可能失败，除了交易分析之外，还存在许多因素会对交易成功造成显著影响。止损在理论上是好的，但在实践时是困难的。成功交易者必须知道勇敢与蛮干之间的区别。我们寻找与我们的心理承受能力相匹配的止损点来提高止损执行的水平。一些交易者因在其他经济活动中的成功而变得自大，沦落为市场暴徒，妨碍了他们在交易中的成功。市场不会理会命令和控制策略，所以如果你有这方面的倾向，那就要注意了。

有许多无形的手在驱动，或者说妨碍着我们的决策制定。我们需要对它们有个清楚的认识，因为在交易时它们总是与我们形影不离。有许多无形的观点在我们的交易活动之上罩上一层阴影，遮蔽了通往成功的道路。我们既不能消除它们，也不能忽略它们，所以我们必须学会与它们共生。

最危险的情况是在潜意识中认为交易是一种赌博游戏，任何人都可以走上街头，并从市场中赚钱。在“赌博还是交易？”这一章中，我们将以专业的角度分析一下与病态赌博类似的交易行为。一位美国的私人交易者和心理学家，保罗·芒夫斯，专门为本书撰写了这一章，该章非常权威地剖析了赌博式交易者自欺行为的核心。那些内容读起来可能会令人感觉不快，但在市场中赌博的结果同样令人不快。

在这一淘金冒险之旅中我们并不孤独。其他人也在同我们一道寻找金矿。他们中有一些是真正的竞争对手，但大部分是临时参与者。我们希望努力超过其他市场中的幸存着，但是很少有人会在一开始便意识到这次冒险所包含的“洞察与讽刺”。本书只是介绍了一些交易策略中使用的工具。并没有对“我是一名交易者，因为……”这一问题给出完整的答案。那是你的任务，在市场中淘金冒险便是寻找交易机会。

介绍，而非指南

在接下来的章节中，我所详细描述的方法只是从分析市场、寻找交易机会的许多方法中选出的一部分。我们的目的是给读者提供一个各种方法的简介，鼓励读者更加清楚地思考自己当前使用的方法，或者帮助读者理解大量令人困惑的市场数据。我们希望为读者提供一些工具，帮助读者完成资金管理、交易训练等工作，帮助读者搜索、评价并利用交易机会。

对于读者通过www.guppytraders.com发电子邮件所提出的问题，以及参加交易讲习班的交易者所给出的意见，我都尽可能地回答。市场数据由美国的Stock Data公司、新加坡的KeyQuotes公司、英国Winrow Marketing公司、澳大利亚的Electronic Information Solutions公司和ODDS公司所提供。必须再次感谢大卫·巴恩斯（David Barnes）、比尔·麦克马斯特（Bill McMaster）、威尔·埃文斯（Will Evans）和纳扬·汝帕里亚（Nayan Ruparelia），他们对这本书的国际版出版都给予了很大的帮助。还要感谢我的父母，特德（Ted）和帕特里夏（Patricia），他们都对原稿的完成做了大量的工作。我的妻子，玛丽恩（Marion），继续使书中的英文文法保持在一种很高的水平，特别是在省字符（译者注：指英文中用来省略字符用的撇号）的使用方面。

如果你正在阅读本书，那么我认为你是一名严肃的交易者，或者你对交易持严肃的态度。本书假定你对图表语言有一定的实践知识，计算机化的图表工具位于或即将位于你的电脑桌面上。本书将告诉你如何更有效地使用它们，并且给出搜索公式，以便直接在你的电脑中编程。

我们把交易作为一种工作，所以我们在从事与交易相关的许多任务时必须有计划地进行。本书将帮助你把这些任务有条不紊地安排到每天的日程中去，使你迅速找到当前最佳的交易机会，而不管这些机会隐藏于市场数据中“拉塞特的金矿”、“所罗门王的金矿”、“黄金国”，还是你自己的“私人主矿脉”之中。

千里之行，始于足下。我们从寻找交易机会的黄金矿石开始，但是，像每一位淘金者一样，我们还发现了关于我们自己的一些东西。交易涉及许多风险，本书的目的是防止你在迈出第一步时便被绊倒。

牛市胆要大，熊市需谨慎。祝交易成功。

戴若·顾比（Daryl Guppy）

2000年于凯瑟琳（Katherine）

第一
部分

投入淘金的热潮

Joining the rush

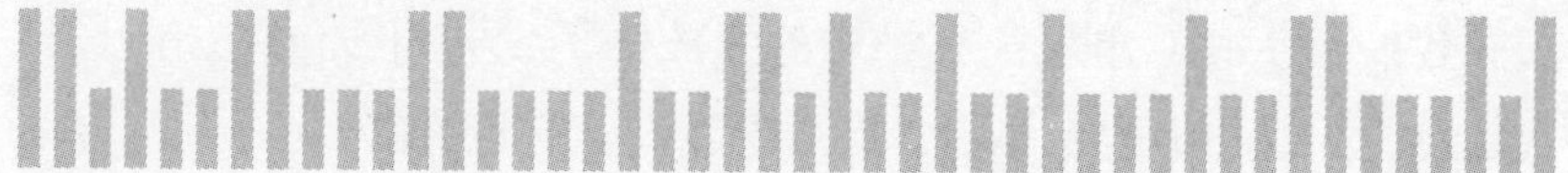

第1章

利用概率平衡进行交易

是否交易是个基本的问题。但是，利润是唯一的原因吗？许多交易新手认为是的。

有经验的交易者知道，交易是对风险积极的管理，前提是在金融和心理两个方面，都要理解搜索、利用并管理交易机会的整个过程。交易者定期进入市场丛林中寻找交易机会的黄金矿石，然后带着它们回来进行交易，希望因此而获得利润。成功的交易者熟悉地形和风险，并且装备齐全。而交易新手，除了激情与梦想之外几乎没有什么装备，走进市场丛林时只是紧盯着利润。由于缺乏熟练的生存技能，所以胜利返回者甚少。

经纪公司的破产客户名单上，满是那些认为利润是唯一答案的交易者。本书是为幸存者所写。如果你希望自己的名字永远不会出现在破产名单上，那么你就必须用最好的“淘金装备”来武装自己，而仅仅盯着利润是远远不够的。

为了保护利润，并使亏损最小，你需要更好地运用自己的工具，更有效地利用时间，并仔细倾听市场人群的欢呼与呜咽。像尤利西斯（译者注：即希腊神话中的奥德修斯，曾参加围攻特洛伊城，智勇双全）一样，希望听到女妖的歌声，但却不会因受到诱惑而触礁，我们必须寻找某种方式，既能听到贪婪的召唤，又不会走向破产。我们研究如何辨识交易机会，并利用一些方法去分析最具潜力的交易机会，还要利用来自市场的补充数据验证交易机会的获利潜能。

随后，我们分析了一些方法，可以侦听当人群拥挤着通过市场时所发出的像打雷一样的轰隆声。市场是一位大师级的扒手，当利润向我们招手时，市场已经把它的手放进了我们的钱包里。市场每次从我们的钱包中取走多少，取决于我们的交易策略。

这是一次进入市场丛林的淘金冒险，在迈出第一步之前，我们需要了解一下地形。等待我们的是多么奇特的地形，是多么罕见的生物，它们的行为怎样？我们将怎样利用以往的经验测量并判断它们？我们可以穿越雪地、沙漠或浓密的灌木丛吗？答案在于我们的工具，在于保护装备和我们所选的冒险道路。把这第一部分看做是一次时间较短的冒险，这次冒险是要进入一个我们可以看到大概轮廓，但却没有正确了解的区域。

我们所选的区域随处可见的是概率，这一区域的地形以图表的形式表现出来。这一区域存在金矿，所以在步入市场丛林之前值得花些时间进行探索。你可以跳过这一部分，立即开始远征。但当你觉得无法搞清市场丛林的地形时，请返回这一简短的冒险进行前必要的学习。

成功交易意味着使概率平衡向你那一边倾斜。良好的交易就是要实现金融目标。后面我们将阐述一些专用的方法来识别概率平衡的倾斜方向，通过使概率平衡向对我们有利的方向倾斜，设置金融目标并控制风险。在此之前，我们需要重新熟悉一下概率，然后讲一下概率在图表上的表现方式。

你不能控制市场，但是你可以控制入场与出场。成功交易把这些控制点设置在靠近高概率的位置。

可能几率

告诉人们你交易某个市场，但是不相信赌博，那么你在演绎完美的独角喜剧。笑声多是源自对几率与概率的一般性无知，或许是为什么如此多的“想成为”交易者的人们抱着亏损的交易，变成投资者。违反几率或概率平衡的交易，是通向金融破产的单程车票，所以理解这些概念会帮助我们建立更好的交易。

不幸的是，概率与赌博之间有着较深的历史关联。不要把赌博和交易混淆，当我们在本书中谈及概率平衡时，我们是在一种特别的、非赌博的意义上使用这一术语的。概率的概念的确来源于机会游戏，但是它们现在在理解风险方面扮演着重要角色。概率的概念被应用于大桥建造、太空飞行计划和了解污染物对环境的影响。

暂时忘掉赌博的问题，因为一对骰子仍然是揭示概率基本概念的最好方法。一对骰子有12个面，每个骰子朝上的面可能出现1—6之间的一个数字，一对骰子则会出现一个数字对。

两个骰子，共有36个不同的结果。文艺复兴时期的赌徒和数学家吉罗拉莫·卡尔达诺计算出了所有的组合，见本章附录图A.1中的C列。有经验的交易者将马上注意到其显著特点——中间的凸出部分。大部分人可能需要多花一点时间研究，才能发现有些结果出现的次数要多于其他结果。从A列我们可以看出，得到7点的组合有6种，它是一种比较容易出现的结果，但得到12点的组合只有一种。

这些信息提供了决定任意结果的几率和概率所需的基本计算。某个事件发生的几率是发生的结果的数量与没有发生的结果数量的比值。计算结果列于D列中。再次观察7点和12点两种结果，我们看到掷出7点的几率是6比30，而掷出12点的几率是1比35。

与此不同，某个事件发生的概率是发生的结果的数量与可能结果的总数的比值，见E列。仍然分析7点和12点，掷出7点的概率是6比36，掷出12点的概率是1比36。

几率或概率——差别是微小的。如果你对它们之间的差别还不明白，请见本章末尾附录中更详细的论述。很自然地，这又引出了交易还是赌博的问题。正确区分交易和赌博是重要的。如果搞错了，那么市场丛林中便会宣布又出现了一位受害者。如果你怀疑自己可能是在赌博，那么第20章中的内容可以帮你检验你是否真的是在赌博。

从交易者的角度来看，我们在掷骰子的例子中所得到的重要启示是，事件发生的结果倾向于在某一特定水平密集出现。不管我们选择计算几率还是概率，我们都将得到相同的结论：一些结果比另一些结果更容易出现。用市场中的行话说就是，达到某些利润目标要比达到其他利润目标容易。我们选择利用概率交易，原因是在可能组合总数较大处交易会格外密集，这将在下面进行阐释。

这一观测结果位于成功交易的最核心。当交易者观察价格运动时，他们立刻便会注意到价格倾向于在某些特定区域密集出现。这表明，一些结果——一些价位，比另一些更容易出现，或者至少随着时间的发展比其他一些更持久。当我们在后文谈到概率平衡时，这便是它的主要释义。

市场比一对骰子要复杂得多。在每笔交易中，我们都要对付这种复杂性的两个方面。第一方面是价格走向可能出现结果的数量的绝对限制。

在市场中，简言之，只有四种可能的结果或事件。价格将上涨、下跌、持平或者公司因破产而停止交易。结果总是四种可能中的一种。换一种方式说，赔钱的几率是3比4，因为只有一种结果——上涨或有利的价格运动——将使我们的账户资金增加。我们不能改变市场输出的这些结果，所以我们不能改变几率。没有任何一种交易方法能够把几率置于对我们有利的位置，所以我们不得不指望在最佳解决方案中使用概率。

市场复杂性的第二个方面是，理论上讲，市场价格都大于零，但其可能结果的组合情况是无限的。每股价格可以少至一分钱的几分之一，比如澳大利亚细价股，也可以多至数千美元，比如沃伦·巴菲特的美国哈撒韦基金。理论上无限的组合空间令人畏缩，但是它为交易者提供了一个解决方案，因为一些组合比其他一些出现得更频繁。

不管你愿意利用几率，还是愿意利用概率进行分析，围绕一些结果比其他一些出现更频繁这一现象建立交易决策，便是一种制胜

可能的结果	得到每种结果的可能组合数	
2	W	1
3	WW	2
4	WWW	3
5	WWWW	4
6	WWWWW	5
7	WWWWWW	6
8	WWWWW	5
9	WWWW	4
10	WWW	3
11	WW	2
12	W	1

图1.1　概率凸出图像：一对骰子

的策略。你的主要任务是寻找最好的方法在市场中辨识类似于图1.1所示的凸起部分——高概率部分。

该图反映的信息与图A.1中C列的数字相同，但是更容易理解。从图中可以看出，7点处的概率是最高的，原因是该结果可以由更多的组合实现，而掷出12点的组合却很少。几率和概率越靠近7点越大。交易者在市场中寻找类似的概率变化，价格密集区和趋势将提供概率变化的线索。价格图表所反映的信息与抽象的价格数据相同，但要更形象、更清楚。

价格图表提供的第一条线索是，价格具有向一个方向稳定运动数周或数月的能力。

现在，可能结果的组合加起来也不是无限的。随着时间的发展，有些价格组合存在的时间已经非常长，如果同样的价格重复频繁出现，则成为整固区，如果重复次数较低，则形成趋势。这些参考点降低了可能结果的组合与有利结果的比。

价格以趋势运动的这种倾向，把我们吸引至具有获利性的机会，告诉我们何处是高概率部分。假设不存在市场操纵，那么是什么产生了这种概率呢?

价格向一个方向运动的概率与向另一个方向运动的概率是不相等的，并且与价格过去的行为有关。价格没有记忆，但是决定价格的买家和卖家却是有记忆的，有些记忆是愉快的，有些是痛苦的。正如人们需要花较长时间才能忘记被小偷偷了钱一样，如果投资者在过去的某个价位赔了钱，那么他们会簇拥在那一价位。正如现金礼物很容易被忘却一样，在过去的获利价位不如亏损价位对未来的影响大。

这些记忆的强度和具有类似记忆的交易者的数量，可以帮助确定价格行为的概率。我们此处的目的是明白如何识别这种强度，以及如何利用这种概率。

价格在过去和将来的行为，是恐惧和贪婪的一个函数。恐惧使人软弱无力，贪婪使人兴奋激动。恐惧使我们在价格下跌时抱着不放，贪婪则鼓励我们追逐上涨的价格。恐惧和贪婪在骰子上“做手脚”，当交易者利用开发的工具知道恐惧和贪婪何时何地做手脚时，他便能够确认概率平衡是否对自己有利。

价格运动以数据的形式被记录在数据库中，报纸的股票版会列出价格运动的结果。在小学里，学生们有时会把这些报纸剪下来，然后用它们做成摩天大楼的城市景观。许多人就是这样从印刷好的市场信息中获取市场图像的——要不就是像会计和其他捣弄数字者那样，在家中用图表完成同样的工作。

数学家使用数据来计算几率和概率。基金管理人运用后现代投资组合理论规避市场风险。对于私人交易者来说，这些数字化的解决方案往往比较难以运用。满是数字的一份报告是难以理解的。

包括交易者在内的普通人，发现以图形的形式观察概率——凸出部分——更容易一些。价格图表绘制出市场的图像、描绘出价格密集区，其方法同图1.1显示出凸出是一样的。在图表上决定概率平衡何时对我们有利要容易一些，但是需要你将原有的一些偏见放在一边，并且学习阅读图表语言。

完美的图像

南极拥有大风制作的怪异雪雕，沙漠拥有烈日晒爆的石堆。我们的地形类似于迪斯尼一部人们不太熟悉的数学教育动画片中的场景。这部动画片在运算能力方面贡献甚微，其中令人难以忘怀的画面是一名男子在一个扭曲的数字场景的形象，那些数字是宝塔般高大的7和5，就像是天方夜谭中描述的街头噩梦。市场丛林用优美的柱线、浓密的K线，以及斜倚在图表峭壁上的一簇簇移动平均线，取代了动画场景中的植被。

图表方法公然冒犯了许多传统的市场玩家，从公司董事，到经纪公司和经纪人，到那些炒股的老爸、老妈们。如果认为不依靠当前公司或经济的基本面信息，便可独立地分析价格数据，那么好像是使他们辛辛苦苦所做的研究和来之不易的市场知识贬值了。

一些图表师确认了这种意见分歧，他们的分析几乎全部依靠晦涩的数字关系，通常表现为周期或图表中经常出现的角度。一些基本面交易者也为这种意见分歧贡献了力量，他们特别强调，唯有详细了解公司的财务报告，再加上一点公司的机密，交易者才能在市场中得到具有获利性的头寸。

真理位于两者之间的某个位置。我主要以图表和技术分析作为制定交易决策的基础。这使我的一位经纪人感到震惊，但是他现在已经适应了这种情况。我使用这些方法来辨识交易机会。你可能使用其他方法，但是当评价交易时，我们需要的信息只有图表能够提供。毫无疑问，阅读价格图表的能力会提升你的交易水平。

这两种方法的明智组合便产生了更好的交易。如同资产负债表可以揭示非常详细的财务信息一样，价格图表也可以传达非常详细的市场信息。两种显示方式——图表或数字——揭示的内容有时比它们的作者认为的还要多。两种显示方式很容易被误解。

无论你如何分析，最后在做出交易决定时，你必须从财务的角度分析和评价该笔交易。当进入交易后，必须管理新建的头寸以实现金融目标。价格图表，而不是报纸，给出了完成这一计划过程所需的基本信息。之后我们将详细阐述这些过程。

现在，你所要明白的是，不管入场还是出场，都不会决定于不断变化的价格、收益比、管理层结构、产品诉讼、盈利预测或者食品中毒事件带来的恐慌。它们的确是触发买卖决定的一些事件，但是它们并不设定交易者的交易价格。最佳交易者根据最近的价格行为制定出场价格。例外情况发生在灾难性事件中，比如在1987年10月，一些市场专业人士不惜任何代价地抛售股票。相反，他们利用当前的价格活动决定最佳的出场价格。私人交易者仿效这种行为，而图表，作为价格的记录，是一项不可缺少的交易工具。

请记住，当把图表用作某种电脑化的灵应牌（译者注：指一种与死者对话的物体，用于算命）时，它的准确性和实用性便同灵应牌一样。

让我们简要地分析一下价格图表所传递的信息类型，以及对于我们正在考虑的股票，它告诉我们什么、没有告诉我们什么。我们需要决定概率的凸出部分是丰厚的利润，还是危险的肿瘤。

谈谈财务状况

当我们检查自己的财务状况时，常常会摸一摸自己的钱包。许多市场参与者在检查价格图表时，也会使用相同的方法。

“是什么使得股票价格上涨或下跌？”某个交易聊天室中一位自称新手的交易者问。另一位水平相当的新手认为，价格可能与该公司产品的需求量有关。他认为，那些产品要么被买走，要么堆在货架上，这将影响该公司的股票在市场中的价格。这种想法认为，在价格柱线和公司的财务状况之间存在联系。按照这种理解，价格图表摇身一变成了图形化的资产负债表。公司钱包中的每日现金值被图形化了。

这种天真的解释，在经过经纪公司分析员的粉饰后，常常更具吸引力。并购交易有时用绚丽的词语描述——天作之合。其他分析师告诉我们，并购创造了一种公司规模和市场份额的协同效应，并且用数字来证明他们的观点。而大多数情况下，结果总是导致股价下跌。

分析师们的理由，可能是因为简单直接，所以才听起来具有说服力，但涉及基本问题时，情况就不那么乐观了。阿施顿矿业便展示了这种简单解释令人不快的一面。它是一家钻石生产和勘探企业，位于澳大利亚西北部的金伯利地区。图1.2所示为阿施顿矿业的一份价格图表，以标准的柱线图形式绘制。在这份5个月的图表中，阿施顿矿业的价格呈戏剧性变化。在从点A到点B的12天里，阿施顿矿业的市价增长了23%。价格从1.74美元上涨到2.15美元。

关于该公司的财务状况，关于它的管理层能力，关于它的理论钻石矿规模或者其联合企业市场的状态，该图表告诉了我们什么呢？对此，我们可以做出大量的猜测，但是很难在这些基本面因素变化和股票价格之间确立一个准确的关系。

或许它们当时真的显著增加了钻石矿的规模。或许，在这个例子中，我们可以在12天的时间里接受该公司股票23%的增长，而无论看起来有多么不可思议。

但是，5周之后，这一非常成功的公司，其股票却在6天时间里下跌了19%，从点C突降到点D——从2.11美元降至1.71美元。我们有理由要问，是否在12月份入库的钻石，在次年2月份发现出了大问题。这次价格行为告诉我们关于该公司财务状况、管理状况和市场

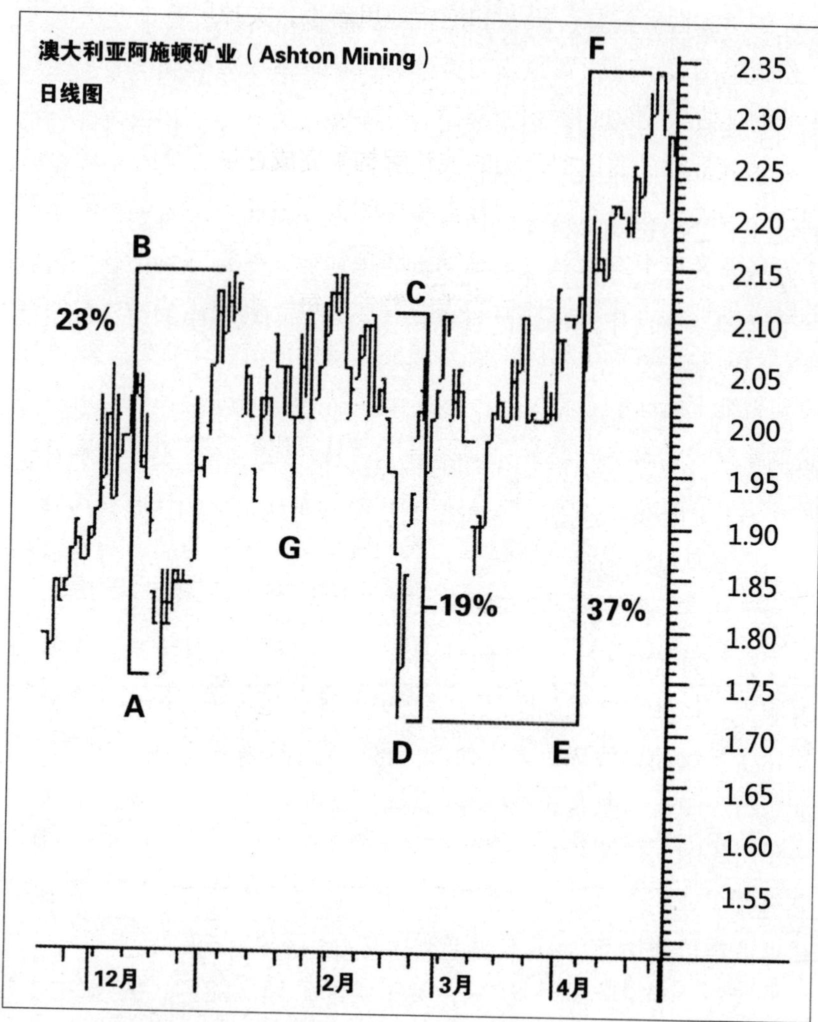

图1.2　财务状况良好?

状况的什么信息了?

更令人不解的是，在9个星期之后，价格暴发式上涨，超越原来的高点，增长了37%，从1.71美元涨到了2.34美元，如图中点E到点F所示。或许，股价的上涨意味着钻石走私现象已被消除，或者钻石矿的评估储备又进一步提高。

对于这样一家基本稳定的公司，其股价却出现这样剧烈的波动，验证了我们的怀疑：对于公司的运营状况，价格图表几乎没有告诉我们什么信息。股票的市场价格是会计师的一场噩梦。此时，专业的基本面分析师，厌恶和绝望地甩着手，关掉屏幕上显示的每一份价格图表，返回到原始的资产负债表数据，把对钱包中的现金价值的评估与股票的市场价格进行对比。

该分析师是通过把公司的钱包解构来完成这项工作的。这一过程在许多关于如何阅读公司报告和理解资产负债表的文章中都有描述。这些文章中多是对“生意经”的解释，以及需要财务报表分析的财务地位的更复杂的评估之类的警告。每一步都使交易者更加远离对当前股票市场价格的理解。最终计算出的“公平价值”数字与股票报纸上所印的价格并不一致，于是我们转向另一具有吸引力的简单解释来理解这种差异。简而言之，计算出的数字用于决定当日市价是被估值过高，还是估值过低。

我们沿着这条路走得越远，我们得出的结论越主观，因为对于尝试做这种计算的每个交易者来说，关键的财务信息是不可见的，或者说是不可获得的。许多交易所现在要求公司对其经营状况做全面或连续的披露，但不包括与商业机密有关的资料，所以分析师们必须对隐含内容进行猜测。较好的分析师常常能够猜中，他们也因此获得报酬。

猜中财务报告内隐含的内容，并不意味着捕捉到当前的市场价格。这种类型的分析被经纪公司用于为首次公开发售（IPO）的股票“定价”。此时他们可以获取全面的财务细节，而在其他情况下，他们只能猜测，或者从其他公开的文件中获得暗示。他们几乎知道公司内部的运营状况。然而，上市的第一笔交易显示，在经纪公司的估价和市场估价之间存在相当大的差异。即便在牛市中，一支新上市的IPO，每隔一天，对它的估值都会出现差异。典型的，12个月后，大约30%的新发行股票会在低于上市价处交易，60%的会在高于上市价处交易，只有10%位于上市价格附近。无论是在纽约证券交易所、法国证券交易所，还是在香港或新加坡上市，都没有多大区别。除非我们非常不幸地买入了下跌的股票，否则我们往往会记住非常成功的那些。

这种分析占据重要的地位，但当我们以交易为目的进入市场时，我们需要更加坚实的立足点。我认为，从交易的角度看，它不怎么有用。类似的，对于你的房子来说，正式评估价格与在开放市场上的售价没有多大关系。如果你使用价格图表来度量公司钱包的内容，那么你失去了图表给交易带来的优势。

回到我们的钱包来解释为什么。如果我们丢了我们的钱包，那么保险价值高于其中的现金价值。钱包里还有信用卡、珍贵的照片、票根，以及伪装成传真号码的PIN卡访问密码。对于小偷来说，钱包还有许多潜在的价值，特别是当他使用我们的信用卡时。我们要准备好接受各种价值的度量，并且应用于不同的环境中。

价格图表记录了公司的保险价值，而不是公司钱包中的每日现金数。图表是市场对公司和今天买入的股票在未来的潜在价值的晴雨表。

图表如是说

图表是在特定时间点市场对股票估价的图形化代表。图表上的每个点，比如图1.2中的点D，捕捉的是交易所中阿施顿矿业的准确市场估价。这不是一个基本面价值的估价，不是简单地加上资产，并减去负债。这不是公司“钱包”中现金或货架上钻石的简单计数。这是对该公司股票的价值在将来某个时间的价值评估。

当交易在点D发生时，卖家相信阿施顿矿业注定要下跌。他跳出来，因为他相信价格将跌得更低。他在亏损变得更大之前认赔出场。

买家则恰好持有相反的看法。他相信，无论是什么原因，基本面的也好，技术面的也好，该股票的价格不久就要上涨。对于能够在一个便宜的价位入场，并且价格即将上涨，他感到非常高兴。卖家也是满意的，因为出场使他免受更大的损失。时间将告诉我们谁将高兴，谁将后悔，但在这一非常短暂的时刻，交易双方都相信他们是在当前环境中做出了最好的决定。

对于市场行为——这笔交易——的理解，没有告诉我们关于当前该公司的任何信息，我们既不知道它的推断储量、管理状况，也不知道它的审计报告。图表上的点D永远不会告诉我们这些信息。这个点只告诉我们一件事情——在这一精确的时间点，买卖双方对这支股票与未来潜能相关的价值评估。这样一个估价是市场情绪的一次度量。

当我们明白柱线图是通过市场价格度量市场情绪时，那么我们便有了一个解决方案，使得基本面型交易者和技术型交易者都可以最好地利用带有价格图的图表。

价格主要是情绪的度量，而非价值的度量。如果我们的确要用它度量公司价值，比如把它加入一些财务比率——包括市盈率（价格/每股收益）、价格/有形资产净值（NTA）比率，或者负债/权益比率，此时我们得出的结果仍然是反映当前市场情绪，而非公司的资产负债情况。

定义概率平衡

淘金热汇聚了来自各界的形形色色的淘金者。股票交易所的门户网站吸引了大量的交易者，他们都迫不及待地开始他们的探险。那些决意要在市场中生存的人们知道，有时他们将被要求制造或接受一个价格。这种决定使得概率平衡对他们有利，或者对他们不利。在地形以概率为主的场景中，成功属于那些使用工具制造或接受位于“凸出部分”之内的价格的交易者，而非那些从“细长部分”选择价格的交易者。对价格柱线的探索为我们提供了一种优势。

附录 几率的计算

计算几率是计算概率的第一步。区分几率与概率的数学基础工作，已经由文艺复兴时期的吉罗拉莫·卡尔达诺完成了。彼得·伯恩斯坦在他的著作《冒险前行》（《Against the Gods》）一书中对计算过程进行了介绍，引起了列奥纳多·达·芬奇持续的兴趣，虽然列奥纳多连现在三年级的数学测试都无法通过。列奥纳多向伯恩斯坦请教了数小时的时间才明白了这个问题。如果他可以理解这些概念，那么对于今天配备着计算器与电子表格的交易者来说，接下来的这段入门性论述应该没有什么难度。

掷两枚骰子，根据结果下注，我们就进入了几率与概率的世界。这种常见的赌钱方式与金融市场交易之间的差距并不像许多人认为的那样大。任意结果的概率与几率只是略有不同。

在我们计算几率之前，我们首先要确定可能结果列表。每支骰子有6个面，一对骰子将给出11种不同的结果。0点和1点是不可能出现的结果。最小的可能结果是2点（1点加1点）。最大的可能结果是12点（6点加6点）。这将得到11种可能结果。所有可能结果见图A.1的A列——要是生活和交易都像制作这份表格的过程这样易于控制就好了。

计算投掷之后出现2点到12点之间某个数字的几率，取决于可能结果或机会集合的总数。正如文艺复兴时期的学者卡尔达诺告诉

A	B	C	D	E
可能结果	机会集合总数	发生的结果	发生结果与未发生结果数量之比（和必须为36）	发生结果与机会集合总数的比
2	36	1	1 to 35	1/36
3	36	2	2 to 34 1 to 17	2/36
4	36	3	3 to 33 1 to 11	3/36
5	36	4	4 to 32 1 to 8	4/36
6	36	5	5 to 31	5/36
7	36	6	6 to 30 1 to 5	6/36(1/6)
8	36	5	5 to 31	5/36
9	36	4	4 to 32 1 to 8	4/36
10	36	3	3 to 33 1 to 11	3/36
11	36	2	2 to 34 1 to 17	2/36
12	36	1	1 to 35	1/36
机会集合总数是可能结果的总数		↓ 36	几率	概率

图A.1 用数字表示的高概率部分——一对骰子

达·芬奇的，几率是发生的结果的数量与未发生的结果的数量的比值。如果我们选择7点作为发生的结果，那么在机会集合中就有30个其他的可能组合代表未发生的结果。用现在的数学术语来说，出现7点的几率是6（发生结果的数量）比30（未发生结果的数量），更常见的表达是1比5（6／30）。

为什么不是6比36（1比6）呢？我们说掷6次便会出现一个7点，因为36种可能组合中有6种组合会产生7点。需要掷的总数是6次——一个发生的结果加5个未发生的结果。

全部发生的结果列表见图A.1的C列。发生结果的数量与未发生结果的数量的比值，即几率，见D列。

概率的计算

某个事件的概率是发生结果的数量与机会集合中可能结果总数的比值。它与几率的区别是重要的。计算几率比较的是发生结果的数量与未发生结果的数量。计算概率比较的是发生结果的数量与所有可能结果的数量。达·芬奇像许多中学生和“想要成为”交易者的人们一样，在理解这种差异时也有些困难。我想象着卡尔达诺再次取出了骰子来示例这种区别。

几率和概率之间的区别，表现在发生结果的实现方法的数量上。有36种可能组合，或者说方法，来实现图中所示的11种结果。C列，发生的结果，显示出每种结果需要的组合数。一些结果，比如12点，只有一种组合——6点加6点。另一种极端情况，出现7点这一结果有7种不同的组合，它们是6＋1，5＋2，4＋3，3＋4，2＋5和1＋6。如果只计算发生结果的总数，那么便等于机会集合的总数。

根据这些计算，我们制作一张概率表。从中可以看出，有6种可能组合会给出7点的结果。它们是36个可能组合中的6个。发生结果与总机会集合的比，即概率，为6／36。12点出现的概率在36个可能组合中只有1个，记为1／36。

因为我们知道整个机会集合的上下限——下限为2点，上限为12点，所以我们可以做这些计算。

在一种比较复杂的情况下，我们可以对一副扑克或股票市场进行类似的计算。专业的扑克玩家了解这些概率，立即会明白这些概念并运用于游戏中。通过识别市场行情，交易者同样可以使概率平衡向对自己有利的方向倾斜。

我们把利用掷骰子得出的几率和概率概念运用于金融市场，并将“发生的结果”改为“事件”。现代证券组合投资理论之父哈利·马科维茨证明，做这种计算所需的数学知识要比计算简单的几率和概率复杂得多。虽然我们了解这些事件的影响，但是给它们赋值要困难得多。理论上讲，上涨的幅度是不受限制的，下跌的底线是零。整个机会集合是不明确的，所以计算发生的结果与机会集合总数的比，即概率，是很难完成的，甚至是不可能完成的。

这种级别的金融计算超出了本书的讨论范围，对此有特别要求的读者，请参阅前文提及的《冒险前行》，或者理查德·希尔斯的《对冲基金》（《Hedge Funds》）。如果交易者具备适当的基础知识，可以自学一下约翰·梅纳德·凯恩斯的《论概率》（《A Treatise On Probability》）。

对风险和概率的扩展性论述见彼得·斯普朗特的《接受风险：不确定性的科学》（《Taking Risks: The Science of Uncertainty》）和沃伦·韦弗的《幸运女神：概率论》（《Lady Luck: The Theory of Probability》）。几率与概率之前的关系构成了一些联系交易和资金管理方法的基础。大卫·卡普兰在《像赌马者一样交易》（《Trade Like a Bookie》）一书中对这些类型的方法进行了详细论述。

不管是简单还是复杂，交易者都需要一条经验规则来估计发生的结果与整个机会集合之间的比——概率。图表工具和图表形态指明了方向。什么使得特定结果的概率平衡向对我们有利的方向倾斜，取决于市场行情和我们所交易的市场板块。价格在特定价位簇拥在较小的交易区间内，表明这些结果发生的概率比正常值要高。

有些交易者使用期权或其他金融衍生产品中的杠杆来利用这些价格簇交易，以获取小额利润。股票交易者则寻找可以带来较高回报的趋势和突破。趋势会走多远？这可以使用一些技术来计算，这些技术将概率平衡置于对我们有利的位置，在这一位置一种结果比另一种结果更容易出现。

当我们根据从一个价格簇向另一个价格簇的运动交易时，在突破出现时入场，在价格运动速度放缓时获利了结，我们就增加了成功的概率。这条经验规则特别适用于私人交易者。

第2章

从林鼓声传来的信息

从林掩盖了每天“腥牙血爪”的战斗。在最好的历险小说中，战斗的进展都是通过从林鼓声得知的。在我们选择的从林中，我们对交易金矿的搜索是以寻找“凸起”（高概率部分）的战斗为背景的。

不像1944年发生在巴斯托涅的坦克大决战，地平线上没有激动人心的爆炸声，没有闪烁的炮火，也没有刺耳的坦克在迷雾中穿梭。在那些疯狂的日子里，无线电波携带着绝望的、迷乱的，以及苦恼的信息，不断报告着战斗的进展情况。在现代化的金融市场中，寻找凸起的战斗是悄无声息的，一串串数字在交易室、经纪公司和家庭电脑的屏幕上跳跃。在这场战役中，价格图表准确地报告着战况。

人们制造着价格，我们希望知道他们今天想的是什么。如果许多人在相同的价位附近制造了许多价格，那么该凸起将带给我们关于概率的暗示。如果我们明白他们在过去是怎样想的，那么对于他们在未来的想法，我们便大体有了一个数。我们希望以今天的价格买入，然后在将来的一个获利价位卖出。帮助我们确定最可能的获利价位的任何信息都特别有用，所以我们观察价格图表，以获取其他交易者所写的信息。

线图是基本屏幕或报纸图表的显示形式，所以大部分人对它们都比较熟悉，但是对于理解价格运动，柱线图表可以提供最好的起点。对于选定的周期，它显示出价格运动的所有重要元素。有经验的投资者们太熟悉柱线图，以至于忘了它们的含义、错过了它们提供的重要线索，跳过柱线图直接进入复杂系统，而忽略了简单系统的获利性。

我们往往急于投入战斗，跳过柱线图表使用我们喜欢的技术指标。我们急于使用平均算法对价格数据进行平滑，观察当日收盘价与数日前的收盘价的关系。我们跟踪与成交量相关的动量，或者动量变化的速率。所有这些都是理解市场信息的有效方式，但是柱线图——或K线图是唯一包含了所有重要近期价格数据的单一图形，并且包含了概率凸起。这种图像不像图1.1那样清楚，但它是我们的起点，在此处花点时间可以带给我们回报。

柱线图表的绘制

柱线图中的柱线，或者日本的等价物，蜡烛图（即K线图）中的K线，看起来就像是屏幕上的一道划痕。这两种形式的价格图提供了相同的信息，除了它们的文化差异之外，阅读方式也是相同的。如果没有特别注明，在本章剩余部分中，柱线图与蜡烛图是等价互换的。

两种图形都把选定时间段上的四种基本的价格细节——开盘价、收盘价、最高价和最低价联系在一起。选定的时间段短则几分钟、长则数周或更长时间，但此处我们讨论的是单个交易日。

市场是“流动的盛宴”，所以从开盘价起，交易者们便在桌面上上上下下地动个不停。买家怂恿卖家降低售价，卖家鼓动买家抬高出价。

价格柱线显示出一天买卖过程中的几个关键点。用一条短的水平横线表示开盘价。然后在其右侧画一条铅垂线。这条竖直线段的下端点表示当日交易实际发生的最低价，上端点表示当日交易实际发生的最高价。当日收盘价用一条水平短横线表示，画于连接最高价和最低价的竖直线段的右侧。柱线图便因这些水平横线而得名，图2.1所示为实际的画法。上涨日和下跌日的区别是左侧开盘价与右侧收盘价的高低关系不同。一些图表软件用蓝色表示上涨日，用红色表示下跌日。

由于在债券和期货市场，或者即日交易中不存在开盘价，所以柱线图的构造略有不同。我们将在本章的后面部分进行阐述。

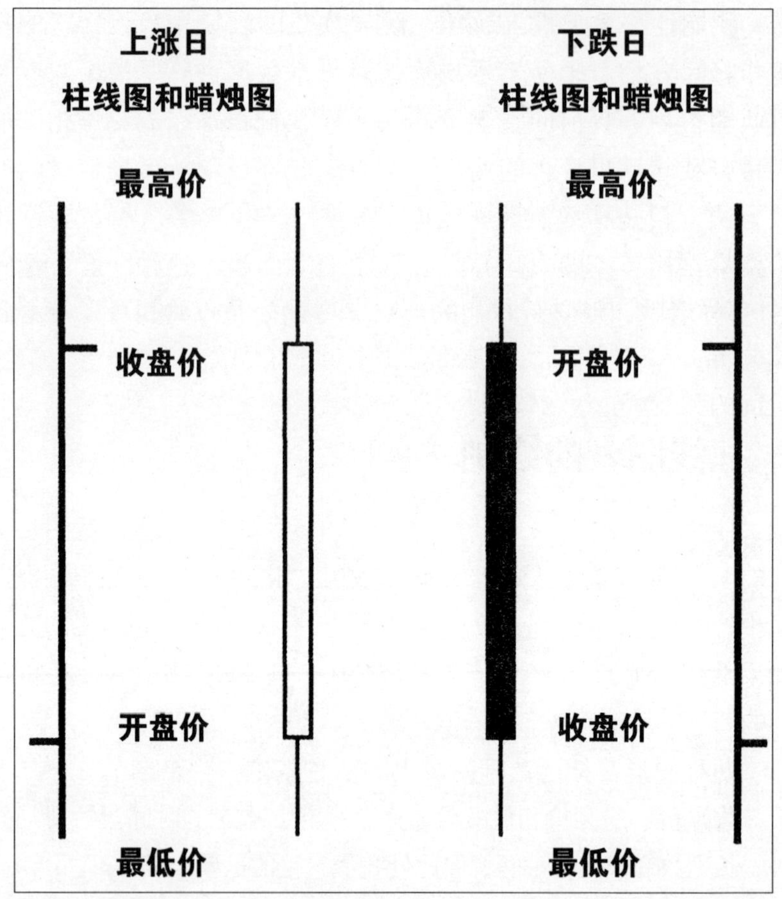

图2.1　日价格图兄弟（译者注：作者称柱线图和蜡烛图为兄弟，是一种形象的比喻）

在市场中，总有卖家坚持等待更高的售价，也总有小气的买家不肯在当前价格买进。他们的订单被记录在市场深度信息中。这些位于当日实际最高价之上或者最低价之下的价格，代表了未能实现的可能价格。我们将在第15章研究这些价格所包含的信息。

在烛光下阅读柱线

蜡烛图的构造方式与柱线图大同小异。在蜡烛图中，开盘价和收盘价并不是位于竖直线段左右两侧的水平横线，而是位于一个长方形顶部和底部的两条水平线段。它们在一起构成蜡烛图的一个框体，或者实体，如图2.1所示。上涨日用空心框体，或白色实体表示。下跌日的框体被涂满颜色，通常为红色。当日超出开盘价和收盘价之间的价格运动，用单根竖直线段表示，特别像蜡烛芯。所以这种图表的欧洲名称为“蜡烛图”（译者注：为了表述方便，以下称为K线图）。

K线图方法与欧洲图表和分析技术不同。K线图强调K线与其他K线或一组K线之间的关系。

虽然柱线仍然是欧洲市场上使用的基本价格制图工具，但是技术分析中大部分的后续发展都是探索价格和成交量数据产生的数字之间的关系。柱线图和K线图是堂兄弟：一个靠数学的研究饮食长大，一个因关系的理解而逐渐羽翼丰满。

我们按照西方传统研究市场，处理每日交易产生的数据序列有多种方式。既可以像计算移动平均一样简单，也可以像计算威廉姆斯的%R一样复杂。这些数学方法主要起源于欧洲，虽然毫无疑问是非常有用的，但是却跳过了价格关系本身提供的一些非常宝贵的信息。

日本人认为，价格之间的关系——连续K线之间的关系——提供了有关市场未来发展方向的重要信息。在理解市场战争时，原始数据所占的比重较轻。

K线关系形态的名称听起来非常具有吸引力，但它们不过是普通形态的速记形式。如果对于许多反转形态，都适合用乌云盖顶来描述，那么就更好了。K线形态的名称——十字孕线——对于欧洲的交易者来说不太熟悉，所以对于初次接触的使用者来说，使用蜡烛图的形态识别可能不那么容易。

现代化的软件从某种程度上克服了这一难题。像Candlestick Forecaster或North Systems公司的CandlePower 5等专业软件可以识别出许多K线图专家定义的形态。普通软件包，比如Metastock，仅可识别有限的K线形态。

现代蜡烛图技术的开拓者，《日本蜡烛图技术》（《Japanese Candlestick Charting Techniques》）的作者史蒂夫·尼森，和《蜡烛图精解》（《Candlepower》）的作者格列高里·莫里斯，已经用现代欧洲心理分析或供需平衡分析对这些蜡烛图形态进行了诠释。这有助于我们理解蜡烛图，但是不应该削弱原始价格形态识别能力的重要性。蜡烛的能量来自于它投射在市场关系，而非数字处理上的光芒。

无论你怎样做出你的交易决定，柱线图或K线图都以最全面的方式显示出了当日的价格运动。从理论上讲，它只是简单地回答了这样一个问题：“这支股票今天值多少钱？”如果今天的价格运动被压缩为一条线——开盘价、最高价、最低价和收盘价都相等——那么，柱线图的确对该问题给出了一个简单的回答。

理解一支股票的定价，并不像走进商店买一盒糖果那么简单。我们可能买入沃尔玛，但却不是在沃尔玛购物。这不是一种固定价格的交易。虽然我们知道昨天的价格，但是今天没有固定的价格，而更令人不安的是，明天也没有固定的价格。价格不断地变化着，我们今天的选择会影响未来的盈利。这使得交易成为一种充满可能性的行为，同时又非常刺激。通过商定进入和退出头寸的价格，交易者通过差价获得利润。

对于整个市场和某些股票，我们都有自己的观点。在信念的力量促使我们采取或放弃行动之前，有太多空洞的想法。我们决定入场或出场的时刻——我们下单的时刻，不管它是否兑现——我们都把空洞的想法压缩成一个具体的行为。市场中订单的数量为我们提供了有关交易委托的重要信息。每个人都在讨价还价，但只有少数人下单。

在我们的交易被执行的时刻，一条新的信息被添加到交易报价屏上。我们的买单或卖单或许设定了当日的最高价或最低价。我们的观点成为当日交易活动中不可逆转的一部分。

我们希望赚钱，我们用现金支持我们的观点。现在我们的观点有价值了，不管是见多识广还是一知半解。其他交易者都在独立活动，联合价格活动反映了其他委托人群对这支股票在这一时间点上的感觉。这不是一盒子巧克力。价格是有生命的，它不断变化着，直接回应当日人群买卖的要求，不断地成长变化。市场丛林是鲜活的，其中充满了噪声，我们使用柱线图从空间背景中滤除我们选择的噪声。

理解一条柱线

柱线图表上的每条柱线，度量的是人群情绪的不同部分。为了理解这一点，我们对每个价格要素提一些问题。是谁设定了开盘价、最高价、最低价和收盘价？

在我们回答这个问题之前，我们必须处理一下另外一个问题。如果今天没有交易发生，那么我们如何显示价格？一些数据供应商把价格设置为空白。如同在下面我们将要详细论述的，一些柱线图不显示开盘价。它们从当日第一笔交易价格开始，构建一条最高价—最低价—收盘价的柱线。

更常见的方法是用昨天的收盘价代替未交易的价格，在我们所有的图表例子中都使用这种方法。柱线左侧横线被设定为与昨天的收盘价相同，除非在开盘时立即有股票被交易。暂时不必为这种差别来分散我们的注意力，只要知道当日第一笔交易的价格是开盘价就可以了，下面我们讲一讲开盘价的设定。

谁设定了开盘价？

开盘价或许是所有价格要素中最不重要的一个。它通常由交易新手或兼职交易者设定。那些下载隔夜价格数据，或者在报纸上阅读价格数据，认为该股票看起来不错所以决定买进或卖出的人们设定了开盘价。他们在上班的路上打电话给他们的经纪人，在开市前下了他们的第一张订单。他们根据昨天的信息得出结论，并付诸行动，而不等待今天价格行为的确认。

市场中出现“地震”时，例外情况便发生了。当交易机构疯狂时，他们的行为就像交易新手一样。如果你在道琼斯指数下跌了几百点后试着给你的经纪人打电话，那么你将会看到这种现象。开盘前以及开盘后的那个小时，市场中充斥着订单，电话阻塞，如果哪位经纪人长着三只耳朵，那么肯定会得到更高的报酬。网络下单也不例外，网络交易服务商也会被在线交易者的订单所堵塞。

开盘价的设定，还有在市场中拥有长期订单的交易者们的功劳。他们包括那些根据支撑或压力价位交易的人们，对于他们，我们将在后面进行论述。这些订单的设置是根据交易者对价格到达特定价位的概率的长期分析。

有些订单在被取消前一直有效，有些订单只是被忘记了。懒惰或粗心的交易者可能在数日或数周前便设置好了订单。由于粗心，他们忘了让经纪人从系统中取消他们的订单，当价格返回到那一价位时，他们无意间发现自己成了某支股票的拥有者，而他们此时并非真得想要那支股票。

一般情况下，在开盘时兑现的订单都不是来自全职交易者。这使得开盘价在指导市场方向和人群情绪方面最不可靠。

在开盘的第一个小时结束后，专业交易者大举进入市场，设定当日市场的方向。他们根据当前价格行为的发展确认自己的隔夜决定。这些订单由那些接触当前市场信息的人们设立。交易日的特征随着专家们的进入而变化。他们帮助设定其他的价格要素：最高价、最低价和收盘价。

谁设定了最低价?

最低价是由最悲观的卖家——空方设定的。他们认为市场将要下跌，于是他们希望尽可能快地放弃他们的头寸，以保护交易资金或利润。买家可能是等待交易的长线看多者，或者是做即日交易的机构交易者，他们在等待与开盘价相比的最好价格。短线卖家使用相同的思想赚钱。

你所在的交易所允许交易者做空股票吗？还是像在新加坡或马来西亚一样，被限制为只做对销交易？如果做空普通股票非常困难，或者不可能，那么这种向下的压力便不像美国市场那样可以卖空产生向下的压力一样。更可能的情况是，交易机构重调投资组合中股票的比重，基金经理迅速接受亏损，或者其他交易者或投资者，要么在接受亏损，要么在保护利润。

在允许卖空的市场中，这种向下的压力是由赚钱的需求，而不是最小化亏损的需求造成的。空方是由乐观情绪而非悲观情绪推动的，因为他们希望通过价格的下跌赚钱。这种赚钱的要求驱使价格以一种不同的方式运动，市场作手的存在使得市场图像更加复杂化。在某种程度上，相对于下跌价格转变为亏损的市场，在这种市场中，大幅下跌的价格行为所包含的信息相对要弱一些。

这些市场在两个方向上的确具有相等的流动性，因为任意方向的价格运动都可能带来利润。在其他市场中，价格下跌导致的结果更可能是亏损，卖家发现很难与买家匹敌，因为买家不能立即从价格下跌中获利。买家买入的不仅仅是未来的价格，而且只有未来价格上涨，他们才能从这笔交易中获利。

谁设定了最高价？

设定最高价的是最乐观的买家：他们认为价格将保持持续上涨的趋势，所以他们希望在任意价位入场。在一个上涨的市场中，是机构买家在操作——买进价值10万美元或更多的股票。还包括乐观的私人交易者，例如，那些听了午间新闻，或者在自己的电脑上观察了价格运动的交易者。当大笔资金不约而同流入市场时，上涨日便产生了。

最重要的是：谁设定了收盘价？

收盘价是最重要的价格要素，常被用作评价当日价格运动方向和价格运动力道的标准。最后20分钟的交易是当日交易活动中最忙乱的。它由观察市场的交易者主宰，因为这是他们的工作，或者因为他们的主要收入来源于此。根据定义，这些都是专业人士。业余交易者仍在努力完成当天的日常工作，很难有时间观察一下电脑屏幕上正在显示市场深度的交易画面。

收盘价也由那些通常在接近收盘时获利了结的即日交易者设定。真正的即日交易者不会让自己的头寸过夜。如果使用一到四个时间框架的短线交易者感觉市场在过夜后可能反转，他们也会了结头寸。无论你的观点如何，收盘价是由交易专家们设定的，这包括获利了结、截断亏损的精明交易者，也包括那些计划在短期获利的交易者。

通常认为收盘价是当日市场对某支股票的感觉的最准确的代

表。所以为什么不使用基于收盘价的线图呢?

对于最好的潜在入场点或出场点，价格要素之间的价差给出了必不可少的交易线索。这是每天的市场真相，它揭穿了许多空想的理论计算。这也同样适用于成组的柱线。柱线的长短告诉交易者的信息，明显多于单根柱线可提供的信息。

24小时交易的特殊柱线

前面我们已经有所暗示，并非所有柱线看起来都是一样的。由于在债券和期货市场，或者即日交易中不存在开盘价，所以这些证券或股票图表的构造技术略有不同。如图2.2所示，是在这些市场中的价格柱线，显示出选定时间段的最高价、最低价和收盘价。

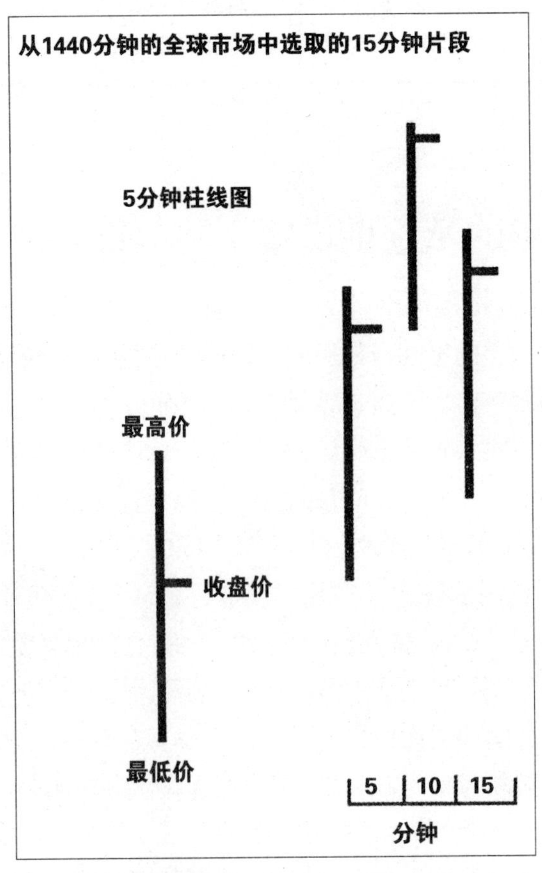

图2.2　盘中柱线图

即日交易者面对的挑战不同于头寸交易者，这些特殊的价格柱线给他们带来特殊的工作。通过互联网交易的即日交易者，是杰西·利弗莫尔，以及其他伟大的盯盘高手们的直系后裔。他们通过阅读盘中价格点数的跳动信息来发现市场的意图，或者在某些市场中，发现造市者或交易专家的意图。加里·史密斯，一位美国交易者，在《实现赚钱的日内交易梦想》（《Live the Dream by Profitably Day Trading Stock Futures》）一书和《股票及期货技术分析》（《Technical Analysis of Stocks and Commodities》）杂志1997年5月刊中，对这种类型的交易给出了迷人的详尽描述。其他类似书籍还包括《电子化即日交易者》（《The Electronic Day Trader》）和《SOES强盗的秘密》（《Secrets of the SOES Bandit》）。

即日交易者一般是在市场开盘和收盘之间的时间段内进入并退出交易。他们不会持有隔夜头寸。对于持有隔夜头寸的交易者，更恰当的称呼是短线交易者。

日线图使用单根柱线显示6个小时的交易活动，对于即日交易者来说没有多大用处。相反的，他们把一个交易日任意划分为相等的时间段，然后绘制出每个时间段内的价格行为。这些时间段可以是一分钟或几分钟，一般为5分钟，也可以延长到10分钟、20分钟或50分钟。具体的选择取决于正在交易的市场。

图2.2所示的第一根柱线是正在继续的5分钟价格图中的一部分。柱线的顶端表示这5分钟内达到的最高价。柱线的底端代表这5分钟内交易的最低价。收盘价仍用右侧的短柱线表示，是这5分钟结束时的价格。

在这一系列柱线中，下一条柱线没有开盘价，因为价格图只从下个5分钟的第一笔交易价格开始，该价格没有必要同前一个收盘价相同。这一时间段的开始是即时的。当时间转向下一个5分钟时，柱线图右移一根柱线，在一笔交易成交之前没有开盘价。在这份图中，重要的是选定时间段内的最低价、最高价和最后的收盘价。

这种类型的图表为那些即日交易者提供了非常明显的优势。对于活跃在债券和其他市场的头寸交易者来说，标准价格柱线显示最高价、最低价和收盘价，当某些数据供应商和图表软件包为每个交易日计算出人造的“开盘价”时，价格图像便被扭曲了。计算“开盘价”的方法不同，难免会对数据的准确性造成影响，这一点在标准柱线图和K线图上都存在。

从林鼓声报告战况的方式和我们寻找高概率部分的方法都有许多种。

虽然不是现在讨论的主题，但是让我们先来看一下24小时连续交易的市场。这将使得许多广泛接受的柱线图——开盘价、最高价、最低价、收盘价——看起来更像是即日交易者使用的柱线图——最高价、最低价、收盘价。实际上，通过人为计算，也可以使这些柱线图显示开盘价。

市场可能一天交易24小时，但是经纪公司却没有那么活跃。在美国，期货合约在纽约交易所交易。国际交易者直接参与的是隔夜交易。纽约交易所上午8：10开盘，晚上2：30收盘。隔夜时间从下午4：00到上午8：00。希望在这一时间交易的美国交易者必须加入一个隔夜市场。在其他交易所中，他们可以使用澳大利亚的悉尼期货交易所，它提供当地时间从上午6：00到晚上10：00的连续开市时间。

随着环球交易所开放时间的顺序变化，在每个当地交易所开始交易时，我们会发现大批早到的订单。这足以确立一个“开盘价”，而按照当地时间，在这个交易日结束时，会涌现出另一批订单，可以有效地确定一个“收盘价”。

实际上，交易所的每个区域性开盘价和收盘价，都会在价格活动上产生一个与众不同的开盘和收盘标志。为了所有实用的目的，这些标志可以用来构建一条柱线，描述单个“交易日”的交易活动。在任意一个24小时的时间段中，可能有3—4个这样的“交易日”。

因为其他24小时交易的交易所在确定每个交易日的开盘价和收盘价时采用不同的程序，所以交易工作变得更加困难。这对于价格数据有显著的影响。在美国市场交易的国际交易者可以参看本章附录中的完整论述。

在24小时市场中，柱线图表的细微差异会影响图表的显示，并且影响一些交易策略的实施。这些变化不会明显影响我们理解和解释柱线图表提供的信息——支撑、压力和趋势线——以及随后推导计算出的指标信息——移动平均、随机指标和摆动指标。使用3—30

分钟图的即日交易者和使用6小时（从上午10：00到下午4：00）图的头寸交易者是基于对市场同样的理解。

使用一根柱线

无论柱线是如何构造的，理解单根柱线中的信息，都会帮助交易者选择更好的入场点和出场点。柱线图表告诉我们专家资金、机构资金的仓位，是怎样与市场对当前股票情绪极端相关联的。精明的交易者建议我们应该与交易专家的交易方向保持一致，因为通过交易专家的资金流向我们可以看出单个交易时间段内高概率部分所处的位置。

这些关于交易专家的态度和动向的重要线索是即时的，在每个交易日结束时都会立刻显现出来。我们与每位私人交易者和机构交易者同时得到收盘价。当市场在下个交易日开盘时，你将与每个交易者一样按照它进行行动。每个人都听到了丛林鼓声，而信息便包含在鼓声的节奏中。

柱线图表捕捉到了丛林鼓声的节奏，为我们提供信息，帮助确认或否认我们最初识别的交易机会。对于基本面交易者，柱线图表或许是进入市场前的最后一个停靠点。而对于技术交易者，柱线图表则是其他所有分析的起点。在下一章中，我们将快速分析一下通过柱线图表建立交易的方法。

各种市场中的柱线

股票市场、期货市场、货币市场和正在增加的衍生品市场，都有着不同的规则、程序、风险和交易策略。许多人说股票市场和其他金融市场之间的最大区别便是零和游戏的概念。许多评论家和交易者认为，在任何金融市场的交易都是一种零和游戏，每次都有一个赢家、一个输家——如果我赢了，你就必须输。人们认为这种区别非常大，以至于有关证券和股票的任何论述都不能与其他市场有关。表面上看，这使得上面讨论的柱线图表分析技术与这些市场之间关系甚微。

每个市场都会提供建立柱线图表所需的数据。美式橄榄球、美式足球、英式橄榄球有一个共同特点，那就是整个球队追逐一个球，而正是这一共同点把它们联系在一起。类似的，各种市场都是由价格运动这一共同点联系在一起的。柱线图表作为记录价格活动的一种方法，对于所有市场都是通用的。所以，股票和其他金融市场之间的人为区别是无足轻重的，因为柱线图表总会把玩家对当前价格的情绪信息反映给我们。但它不会告诉我们谁从谁那里赚了钱，或者战利品的分配情况。

它也不会告诉我们交易者对他们正在玩的这种游戏的感觉——棒球或是篮球，股票或是期货——所以我们不以这种方式使用柱线图表。对于零和游戏的哲学辩论，除了娱乐之外，对于理解这种信息基本上没有什么作用。在金融市场中，柱线提供的概念，比如支撑和压力，对于股票交易和期货或货币交易都同样有效。一个正在形成的三角形形态，在货币市场5分钟柱线图和股票市场周线图上，表达相同的意义。

我们对自己选择的交易舞台的理解，零和也好，非零和也好，会改变我们研究市场的方式和所选的交易策略。战场是不同的，但是价格从前线带来的信息是相同的。高概率部分——概率凸起——被展现在每一份柱线图表中。利用这种信息建立一笔交易，对于每位交易者来说，都是基本的入场点，而不管他交易的是哪个市场。

所有淘金者都会寻求资助者来准备下一次探险。在开采金矿的镇子上，他们当众展示一些金矿样品。或者像高深莫测的澳大利亚淘金者哈罗德·拉塞特一样，编造出金矿的故事，“你会看到金光闪闪的东西在里面，像布丁中的梅子一样密”。如果没有金矿样品重新点燃那些交易者们摇摇欲坠的勇气，那么对于丛林冒险的介绍就没有完成。在第3章，我们将描述我们希望寻找的黄金矿石的形状。你是拿自己的资金去冒险，所以详细了解一下隐藏于市场丛林中的想象中的黄金矿石的形状，是非常值得的。

附录：当收盘价不是收盘价时

所有市场都使用相同的术语，但是这些术语的含义并不总是一样的。有时我们认为这些区别是不重要的，但是，除非我们能够注意到区别的存在，否则我们不能制定出精明的决策。对于大多数图表和技术分析指标来说，收盘价是至关重要的，所以我们先来看一下收盘价。

根据美国全国广播公司财经频道（CNBC）报道，纽约证券交易所（NYSE）始终如一地根据收盘的钟声结束一天的交易，许多电视台都会转播这些内容。交易的实际收盘价却并非如此简单，对于NYSE和其他市场来说，图表数据显示的收盘价并不总像我们直觉上认为的那样准确。

系统化交易通常需要入场点和出场点尽可能接近目标价位。一个交易日结束时的价格会影响技术指标的结果。根据交易所内交易活动的报告，电脑屏幕上的数据更新存在延迟，会影响交易者的利润空间。

在正式收盘前的几秒内，所有收盘时交易的市价订单都以市价被执行。只有这样的订单全部执行完毕，交易才结束，所以交易可能会超过正式收盘时间。交易在一个价格区间内被结算。该价格区间的简单平均值便是结算价格，该价格可能不同于数据供应商使用的正式收盘价。

在期货市场中要更混乱一些，不同合约的收盘时段开始于不同的时间，延续时间长短不一，而且各个交易所的情况都不一样。纽约咖啡的收盘时段持续5分钟，而芝加哥商业交易所通常在正式收盘前30秒开始。同一交易所的货币大约有60秒的时间。使用收盘市价单的交易者必须知道他的合约个别收盘时间。

结算价vs收盘价——会造成麻烦吗？如果你的研究带你来到了市场丛林的这一区域，那么这种区别便是一种额外的风险。基于收盘价的柱线图表，可以与基于收盘钟敲响后的结算价的柱线图表大不相同。这些差异所造成的影响取决于你的交易类型和你下单的方式。你应该知道你的数据供应商提供的是哪一个价格——这会影响你的数据与真实情况的一致程度。

开盘价也不是开盘价

如果收盘价和结算价之间的区别已经使你头晕目眩，那么集合竞价大概会使你找不到北了。活跃在美国市场的期货交易者使用开盘价，以盘中分析为基础制定决策，将面对明显的挑战。

像收盘价一样，开盘前下的所有市价订单都要在市场中被执行。报价是一个开盘价格区间，而不是单个价格。当所有等待处理的市场订单全部兑现后，开盘时段结束。这一开盘价格区间的简单平均值被作为正式的开盘报价。

许多数据供应商在他们的每日价格更新服务中使用正式开盘价格作为开盘价。许多交易者则愿意使用第一笔实际交易的价格作为开盘价。不知道你的数据供应商提供的是哪一个价格，虽然不至于致命，但却是危险的。

纽约市场的集合竞价更加剧了这种混乱的局面。正式开盘从即期月份合约开始。交易开始持续一段较短的时间，然后停止。下月到期的合约执行一段较短的时间，然后结束。这种情况一直持续到所有合约的到期月份已经确立一个开盘区间为止。一旦该滚动过程完成，所有合约中的交易被同时开放，实际的全天不中断交易开始了。正式开盘和实际同时开盘之间的时间差，短则几分钟，长则接近半个小时。场外交易者的屏幕被锁定30分钟的时间，如果当日波动性较高，那么可能会造成非常不利的结果。

QBL基金管理公司的菲利普·约克，给出了一个发生在1994年6月27日的极端的例子。他在QBL快讯中说，巴西的咖啡市场如何在经过一个周末的冻结后，于上午9：15开盘的。

“7月份合约在175.00开盘，在接下来的60秒内，出现了一个史无前例的7.00分的开盘区间，从173.00到180.00。”

当开盘滚动到下个月到期的合约时，交易停止。

“整整35分钟之后，在一个‘非正式’的开盘价161.00处恢复交易。从开盘区间的最高点算起，每份合约整整相差7125美元。

受正式开盘价和实际开盘价之间的这种混乱情况的影响，许多交易者只使用当所有合约重新同时开盘时的第二个实际开盘价。根据价格实时变化交易的即日交易者，可以捕捉到这种变化。使用收盘数据的头寸交易者会得到不可靠的信号，除非他知道数据供应商是如何显示收盘价的。毫不奇怪，有时绘制没有左侧小横线的柱线要容易一些。

第3章

拉塞特的金矿

掌握了两个概念——概率平衡和柱线图表的构造，我们就比许多竞争对手拥有了更好的寻找和鉴定交易黄金矿石的装备。市场丛林中的生活的确要复杂得多，但是仅凭前面讲述的这些信息，我们便可以寻找和建立更好的交易。

我们知道单根柱线告诉我们专家资金和机构资金的方向：与当前趋势相同还是相反。如果我们以相同的方向运作，便增加了成功率。同样的，一组柱线的行为会产生一个类似的概率凸起。在第1章中，图1.1所示的凸起位于7点处。在图3.1中可以看到相同类型的凸起。我们已经删掉了价格刻度，以便使读者更容易把注意力放在价格的运动方式上。在充满不确定性的金融战场中，它们是成功交易的试金石。

迄今为止，在澳大利亚干旱的中部地区，有一个传说中的神秘金矿。哈利·拉塞特，像每一位淘金者一样，历尽千辛万苦穿越沙漠，找到了他的金矿样品。这些样品是骗人的，拉塞特的金矿仍然难以寻觅。但我们的金矿却真的令人振奋。在图3.1中我们向你展示一块黄金矿石的样品，同时告诉你检验真金的方法。这块黄金矿石来自我们想要探索的区域。

在这个例子中，我们只使用柱线图表。我们设定利润目标、入场点和止损价位，基础是概率的框架。使用这种交易框架对澳大利亚房地产投资信托公司图表的简单分析，相对于那些不理解柱线图表的交易者来说，便使我们拥有了一个优势。无论我们在以后的分析会变得多么复杂，在每个交易决策的开头和结尾，概率凸起都是交易的试金石。

在澳大利亚房地产投资信托公司（GPT）的日线图表中，最引人注目的是什么呢？即便是粗略的观察也会发现通过其他方式不能获得的信息。价格似乎在特定价位成簇出现，在继续上涨或下跌之前横盘移动。报纸报价，即便把几天的收集在一起，也不会如此清楚地揭示这条信息。

这是柱线图表的主要优势所在。我们立即看到，价格一般会花费一些时间在一条紧凑的交易带内运动，然后才发起引人注目的大幅运动，然后确立新的价位，并形成新的紧凑的交易带。通过这些观察，交易者获得了足够的信息来利用交易机会。

澳大利亚房地产投资信托公司的支撑和压力——概率凸起提供了一条简单的交易策略。支撑和压力是重要的概念，在第二部分我们将对它们进行详述。此时我们只想利用这种价格行为，所以只需要给出一个简短的定义。

当价格下跌时，支撑定义了价格暂停的价位。当买家进入市场时，该价位形成，因为他们认为该股票的价格非常诱人。对于澳大利亚房地产投资信托公司，每条交易带的下限便是支撑价位。它们都非常明确，如图3.2所示。

压力价位类似于支撑价位。它描述的是这样一个区域，即价格在回调前到达一个一致性的峰值。压力价位的形成方式与支撑价

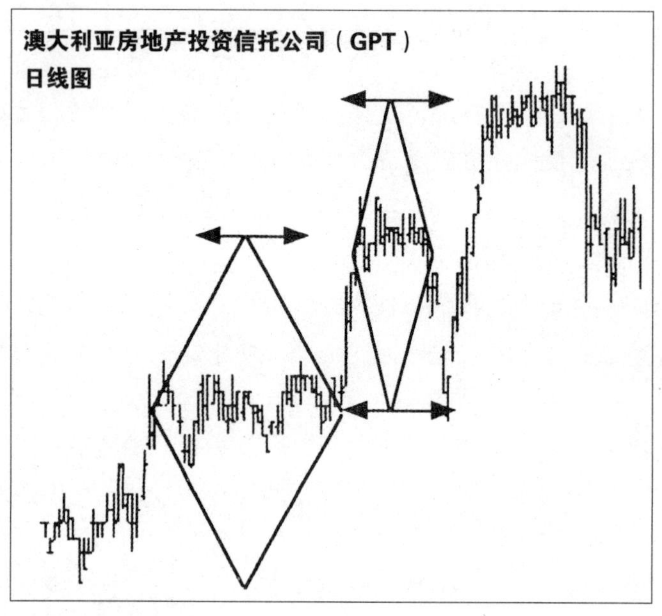

图3.1　概率凸起

位恰好相反。当卖家认为已经到达自己的获利目标，或者感觉该股票不会再上涨时，便将手中的股票抛出，压力价位便产生了。在这份图表中，压力价位也是非常清晰的。中间的交易带，或者整固区域，位于上限价位和下限价位之间，被标记为C。具有超前思维的交易者，翻看一下前文的内容，将会注意到这些区域与图3.1所示的双头箭头所示区域是对应的。

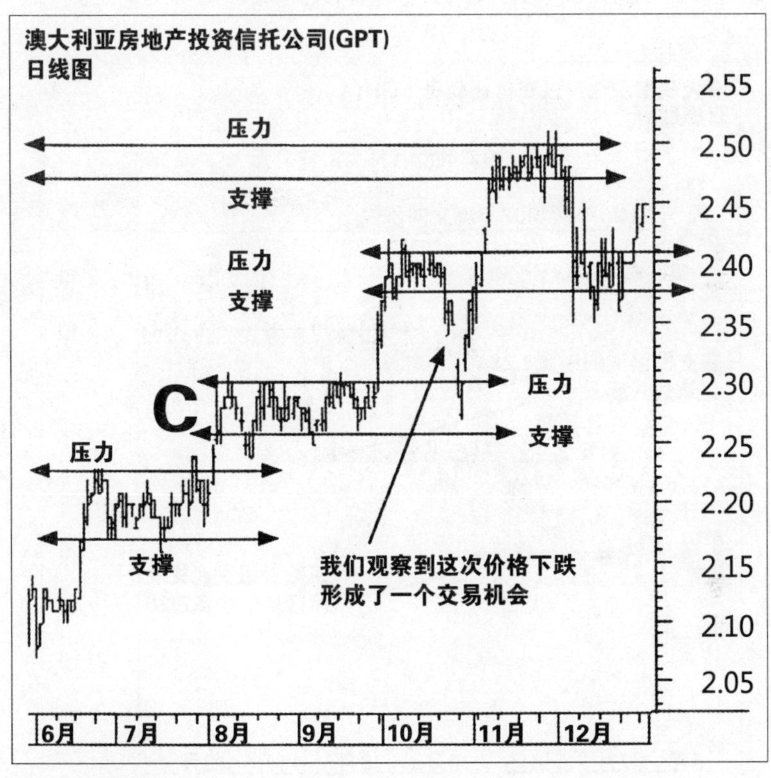

图3.2　支撑与压力

持久性概率

利用概率的语言我们发现，随着时间的发展，存在这样的区域，即特定的价格组合具有持久性——短期趋势，或者延长的持久性——长期趋势。黄金沿河床分布，但却聚集在洼地中。在每个淘金的屋子里，都建造了那种简单的振动淘金盘，以利用这种特性增加淘到黄金的概率。通过辨识具有持久性的价格组合，我们的交易者们在做着同样的事情。

在大多数情况下，支撑和压力区域会形成一条狭窄的价格带。对于澳大利亚房地产投资信托公司，该价格带的宽度只有几个百分点，但在后面我们将会看到有时该区间的宽度会达到10—15个百分点。当价格带太窄，以至于无法利用它们进行交易时，最好的办法是把每个价格带看做通过价格带中心的一条较宽的线。在图3.3中，它们被标记为区域A、B、C和D。它们与图3.2中的交易带相对应。

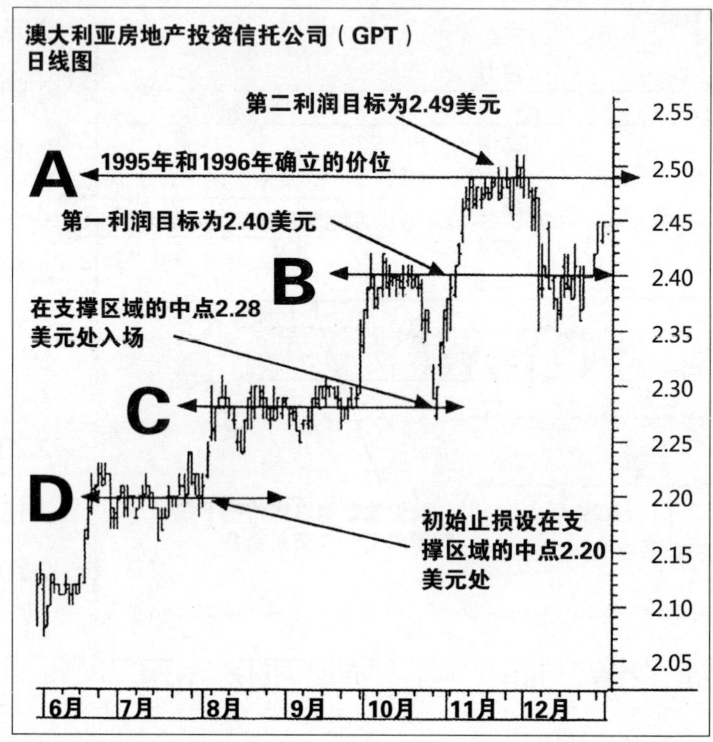

图3.3　根据概率平衡交易

图3.2区域C的上限线，或者图3.3中的中心线C常常会变为一个支撑价位。当趋势方向转变时，便变成压力价位。一旦该价位被穿越，将出现大批新的持股者根据该价位制定交易决策。他们以该价位为参考，计算自己的利润、亏损或者盈亏平衡点。

对于澳大利亚房地产投资信托公司，我们的入场策略非常简单。随着价格从2.40美元下跌接近价位C，我们感觉到一个交易机会形成了。我们所希望的就是以便宜的价格买入今天的高绩效股票，然后埋伏在概率的凸起部分相机而动。最接近的凸起是支撑价位C，通过在中点——2.28美元处设置一张入场订单，我们获得了一个实现订单的良好机会，原因是价格在过去曾在此处暂停过。

我们不是在价格的突然下探处买进，理解这一点非常重要。价格的突然下探本质上并不意味着良好的交易机会。我们是根据概率平衡买进，价格下跌时曾经在某个价位稍事休息，这个价位不同于其他价位。

我们并不是说价格肯定会从这一暂停点反弹，虽然我们认为总的来说会的。我们说的是价格将会运动，而当价格运动时，他们可能在运动到既定的支撑或压力价位时暂停一段时间。现在，可能结果的组合总数不是无限的。随着时间的流逝，有些价格组合会比较持久。把这些价格簇或凸起作为参考点，会将概率平衡置于对我们有利的一边，因为它降低了可能结果组合与发生结果的比值（译者注：反过来，即增加了发生结果出现的概率）。

当接触到这些价位后，价格的后续运动将遵循一个类似的模式上涨或下跌。虽然这种机会常常非常隐蔽，但它并不是丛林中一种稀有的“黄金矿石”。价格不是以随机的模式运动。它们的确会聚集在某些价位处延续比较长的时间，所以提供了一个较小范围的可能结果组合。具有这种形态的“黄金矿石”是非常宝贵的。

清晰可辨的支撑和压力价位A、B、C和D，还提供了一种简单的风险控制策略。对于每笔交易中的风险管理，除非你有一个健全的策略，否则就不应该开始交易。后面我们将阐述如何进行计划，现在我们只想简短地描述一下澳大利亚房地产投资信托公司柱线图表是如何提供计算必需的参考点的。

为了成功管理这笔交易，我们必须全面计划它的风险和回报，从而避免令人不快的意外情况发生。计划和管理交易的方法对于所有交易都是相同的。不管是交易2000美元，还是交易200万美元，原理都保持不变。

对于真实交易来说，这些分析步骤可能显得太过基础。实际上，它们足以构成每笔交易的基础。在分析花费的时间和交易结果之间没有必然的联系。有些“想成为”交易者的人们错误地认为，花费的时间越多得出的答案越正确。虽然比较简单的答案也具有获利性，但是他们却宁肯追逐复杂的答案。

在任意一笔交易中，我们首先需要设定在什么样的条件下可以认为我们之前的分析是错误的。接下来的任务便是根据概率凸起设定合理的获利目标。所有这些信息都来自澳大利亚房地产投资信托公司的柱线图表，所以我们使用图3.3来阐明每个步骤。

运用计划避免失败

交易者必须知道在何时确认自己之前的分析是错误的。该交易的计划入场点位于2.28美元，略高于支撑价位，我们必须决定多大幅度的价格回调便表明我们之前的判断是错误的。这些计算是交易的第一步，我们应该在进入交易前完成，以便减少情绪因素在后续决定中产生的影响。

我们交易方案接受基本的几率——发生结果的数量与未发生结果的数量的比值——并且度量几率。从这一暂停区域开始，价格或者向下一个支撑价位下跌，或者向下一个压力价位反弹。误判价格运动的方向，没有什么值得惭愧的。当我们不能接受这种误判时，真正的问题便产生了。因为这会妨碍我们采取正确的行动。抱着亏损不放不是强大的象征。这是一种软弱的象征，表明你没有接受亏损的纪律。

这便是成功交易者和失败交易者之间的区别。问题不在于利润的大小，而在于亏损的大小。成功交易者按照预定计划及早接受较小的损失，通过认赔出场来控制风险。失败交易者则通常在不利环境下被迫接受大额亏损。被迫出场的原因很多，可能是因为他们还需要那些资金，因为账面损失已经太大，或者他们需要出场后睡个安稳觉。这是输家的市场定律。在第三部分我们将进一步阐述运用计划避免失败的方法。

通过这个简单的交易示例我们发现，为了避免大型亏损，当我们判断错误时，必须尽快知道。在这个例子中，如果价格回调到低于我们在支撑价位2.26美元附近的计划入场点——如果有一个收盘价低于2.26美元——那么我们就是错了。当前的支撑价位将被打破，澳大利亚房地产投资信托公司的历史数据告诉我们，当这种情况发生时，价格将至少下跌至位于D处的下一条支撑交易带。这条交易带的中点是2.20美元，如果在此处出场将亏损3.5%。

这在我们可承受的限度之内，于是我们将止损点设在此处。这是一个现实的止损点，因为它利用图表支撑价位的动态变化，使概率平衡向对我们有利的方向倾斜。如果价格真的下跌，则很有可能在这一区域，而非其他区域暂停。

捕捉反弹

在任意一笔交易中，第二步便是设定合理的利润目标。什么是合理？这一概念常常仅以我们的贪婪为界，或者受限于我们的恐惧。价格图表冷静地为每笔交易定义了“合理的”利润目标。在这里，我们略过详细的计算过程，因为这块黄金矿石只是大型交易宝藏的一块样品。

这笔用于示例的澳大利亚房地产投资信托公司交易，仅使用柱线图表提供的信息，价格运动设定了与较高概率的凸起相关的利润水平，如图3.1所示。它们也是重要的支撑和压力价位，将利润目标设定在它们附近，增加了我们在首选价格处成功出场的概率。

第一个概率凸起位于2.40美元附近，如图3.3的区域B所示。盈利是5.2%。作为一个初始目标，这是可以接受的。第二个凸起，区域A，在2.48美元到2.50美元附近。在区域A的中点，即2.49美元出场，盈利9.2%，看起来是一个比较合理的目标。

在图3.3中，事后看来这些目标都非常清楚，但是在10月底，当需要制定有关未来价格行为的决策时，却不那么清楚了。较高的利润目标——位于A处的第二个概率凸起——由图3.3所示的以前的价格运动所确定。该价位形成于两年前的4月份，然后又在同一年的6月份和7月份出现过。一年以前，价格接近该价位数次，但均未能突破到新的价位。在这些价位买进的人们具有较长的记忆，所以随着时间的推移，这些价格组合具有延长的持久性。

从图表中得到这些信息之后，使用图表的交易者已经比不使用图表的交易者拥有了更好的风险控制和利润目标。因为使用图表的交易者提前知道了图表本身提供的两条重要信息，所以能够在计划好的2.49美元处安全出场，获利9.2%。

第一，他知道什么行情证明他是错误的，也知道什么行情证明他是正确的。第二，他提前知道了预期的收益或亏损。他在满意的金融目标处利落地出场，而不是充满希望地抱着一笔交易不放。成功交易的基础是明白如何利用概率平衡增加利润和限制亏损。这便是所有的交易赢家与输家中的幸存者之间的区别。

交易者利用图表确定群体行为的概率平衡的位置，从而确定价格运动的方向。根据价格在一些具有持久性的价位暂停和整固的特性，设定目标，可以使概率平衡向我们有利的方向偏移。

这一简单的分析只是评估任何一笔交易的开始。成功交易需要更彻底的探索，需要与所选交易技术相匹配的全面分析，还需要确定金融目标和交易的可行性。所有交易都是从概率平衡这块试金石开始的，最终也将返回到这里。

对市场金矿的探索类似于探索真正的金矿。在进入丛林冒险之前，明智的新手会调查地形，并与曾经在那块土地上工作过的，有经验的矿工交谈。他们为未来可能会遇到的情况搜集线索，以便比竞争对手更快地找到黄金。前面几章和本章所讲的便是进入市场探险前的这种准备工作。

接下来，淘金新手需要确定金矿的性质，是冲积矿、砂矿还是母矿。最后，淘金新手需要用优良的开采工具，检验黄金矿石的最佳方法，以及保护逐渐增多的黄金的策略来武装自己。在确定了界定矿床性质的方法之后，我们将在后面的章节中研究这些问题。在这次冒险中没有捷径可走——除非你愿意沿着拉塞特的脚印去寻找他神话般的金矿。

第4章 时间快照特征

坐落在澳大利亚历史上最大的金矿之上的是疏芬山黄金博物馆。该露天博物馆展览的是从周围地区采集的金矿样品。从可兑换现金的金疙瘩，到粉末状的金沙，它们的差别足以令人吃惊。这些黄金有着各自的特点，有的熔于玄武岩中，饱经风雨冲蚀，有的散落于河床之中，被打磨得光亮异常。显然，挖掘这地区的金矿，仅凭一套镐和锹是难以完成的。

在我们开始寻找交易的黄金之前，我们需要对我们的金矿有一个透彻的了解。我们的黄金来自天然的金疙瘩，来自纹理明显的石英矿，还是像金沙一样散落在河床中呢？由于我们的市场金矿是具有性格和行为的有生命的事物，所以这一比喻并不完全正确，但是当我们在市场丛林中冒险时，可以用这种方式来考虑我们的冒险类型。金矿的特征决定了我们使用什么样的检测和开采工具去挖掘潜在的宝藏。在后面部分，我们将使用专用的工具来发掘交易机会，而我们的搜索工作首先要借助于对不同时间框架的分析。

金矿深藏在地层中，而我们的交易“金矿”则隐藏于每周、每日和每一时刻的交易活动中。这片丛林包含一个分形地形，它的小形态大规模地重复出现。股票是有性格的，或者说具有群组行为，这在周线图表中往往看得最清楚。股票的个别行为，通常在日线图表中看得最清楚。它们每天随着情绪上下波动。我们选择的时间快照，在屏幕上显示时，捕捉了股票的性格、行为或情绪化活动。

每份图表时间快照都捕捉到交易机会的一张不同画面，从中我们可以建立一幅更好的概率图像。请向后翻几页，看一下图4.3所示的美国重型设备制造商卡特彼勒的周线图。

不管整个图表，还是最近12个月的图表，这支股票“上涨趋势”的性格都非常清楚。在这种情况下很容易赚钱。当趋势已经确立后，大部分交易者都想搭上这班车。他们在牛市中期或末期告诉他们的经纪人："帮我买进正在上涨的股票，哪支都行。"仿佛市场是通向房顶的一座单向电梯。

如图4.6所示，当只观察卡特彼勒最近几天的走势图时，随着前几天价格的横盘发展，利润目标看起来就不那么确定了。这是一种情绪化的观点，各种事件都被不成比例地抛出。不像其他的投资或赚钱机会，股票的价格波动有时会非常剧烈。从理性上说，交易者知道他们是否处于图4.3所示的简单周线趋势中，价格将向上运动。从情绪上说，他们受到日线图、报纸或CNBC屏幕上价格上涨和下跌的影响。这些感觉上的反差来自不同的时间框架。如果能够更深入地理解性格、行为和情绪之间的联系，那么就会发现一些粗糙的黄金矿石。

股票，就像交易它们的交易者一样，的确具有性格。有稳重的巨人公司，也有厚脸皮的小型互联网创业公司。价格形成具有性格特征的行为组合，而这些组合会影响未来行为的概率。

价格图表上的每根柱线都与前一根柱线相关，并且决定于前一条柱线。市场情绪的每一份日线图都建立在前一个交易日的行为高点或低点之上。价格行为波动的范围受到这支股票性格的限制。每个时间快照都是几分钟、一个交易日或一周市场动作的一张快照，发出或确认各种交易机会的信号。我们需要不同的交易策略来适应每个交易机会。市场丛林中既有茂密的灌木丛——日线图，也有开阔的林中空地——只有几根月柱线在茁壮成长。

根据时间快照交易

埃尔德博士在《以交易为生》（《Trading for a Living》）一书中，把这些时间关系整理为三重滤网交易方法。这种方法借助于电脑和现代化的软件捕捉市场快照用于未来的分析。

他的方法的核心思想是在主要趋势的方向交易，同时使用短期有利行情来制定最好的入场或出场时机。埃尔德建议我们首先观察周线图表，接下来观察日线图表，然后观察数天的盘中数据。

实际上，在市场丛林中我们感觉自己非常矮小，所以我们从中期图表开始，因为这是我们的交易屏幕上最常显示的内容。有些软件在标准情况下，默认显示150个交易日，或者说大约7个月的数据。其他软件则显示260个交易日或者说刚刚超过一年的历史数据。观察时间快照的屏幕大小是个人选择问题，我比较喜欢一年或者260个交易日的数据。如果我想进一步观察详细的价格活动，那么我就使用缩放功能把细节放大。

为什么是260个交易日？主要趋势的形成需要经过较长的时间，我们希望在主要趋势的方向交易。时间较短的时间快照，有时会对我们造成误导。我们希望看到较多的合理选择。如果我们在对趋势改变的期望中过早地建立头寸，那么有时可能会“削弱”趋势。当价格接近底部，或者在新的高点绝望地挣扎时，我们可以利用这些早期的警示信号，按期望的新趋势的方向买进或卖出。

有些转折点非常干脆利落，但有些却在原地迟滞不前。有些股票在突破趋势后横盘运动数周或数月，在狭窄的交易带内运动，迫使我们的交易资金稍事休息。站得太近，会使我们的行动失去重要性。站得太远，细节会变得模糊。屏幕上一年的日线图恰好处于一个平衡位置。

日线时间

首次从屏幕上看到的时间快照，从多个方面界定了我们思维的重点。此时所做的第一个下意识的判断，会对其他时间框架中的分析造成重大影响。如果我们第一眼看到的数据太狭窄，那么我们就失去了远瞻性。在纷乱的日价格运动中，重要的价格运动迷失了方向。不重要的价格运动获得了不应有的地位，因为它们表现的空间太狭窄了。

这个问题到底有多么重要呢？还是只在学术上具有重要性呢？没有耐心的淘金者会满足于他们第一眼所看到的黄金矿石。而宝藏则等待那些花较长时间观察的人们。在下面卡特彼勒的图表中，我对每种时间快照的优点作了介绍。标A的柱线在每份图表中都是同一根柱线。我们根据对每个图表的分析寻找一个买进决定。

我喜欢使用260日的时间快照，但是许多交易者喜欢使用较短时间的默认设置。为了比较，我们从图4.1所示的150日视图开始。我们要问的问题是相同的：新的上涨趋势有多么强劲？它将持续多长时间？在该图表中，价格主要是在该“上涨趋势”上形成了多次短期反弹。最后一条柱线A，显示价格运动向上穿越压力价位。

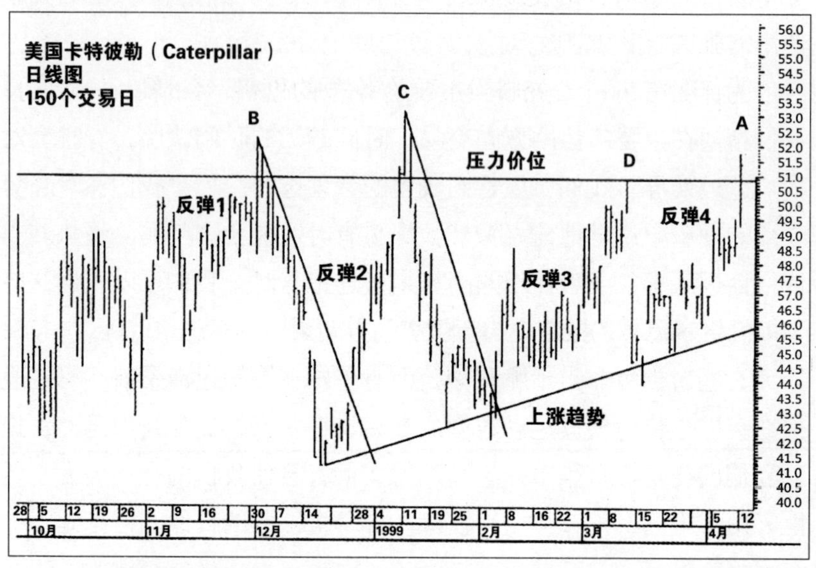

图4.1 时间框架与趋势

在这些价位上的点B和点C处，提供了良好的出场机会。最后，在点D处的反弹未能突破压力价位。在这份图表中，从这个时间框架看，在A点的价格运动看起来像是一个在短期反弹中锁定利润的卖出机会。在这块“黄金矿石”消失前抓住它。

在我的首选视图，260日数据视图上观察这支股票，如图4.2所示，此时分析结果发生了变化。标记为A的柱线与图4.1中标记为A的柱线是同一根。在这份图表中，上述反弹运动恰好被置于一个正在形成的上升三角形之内。更重要的是，该图表显示出长期支撑和压力价位的影响。这些支撑和压力位可以帮助确定未来的价格目标。从这个时间快照中额外获得的信息包括：

- 两条趋势线绘制得都非常恰当。趋势线C所示为长期上涨趋势，趋势线B所示为短期反弹趋势。短期反弹预示着价格运动的力道增加。当再考虑趋势线B和位于50美元的压力线形成的预测三角形时，价格的上涨趋势便更加明显了。对于这些价格形态的运用，下一章将进行更全面的论述，此处只是扼要地讲一下。

柱线A标志着在上升三角形的中间三分之一处产生了一次突破。对于做多的交易者（即低买高卖者）来说，这是一个非常强的买进信号。对于那些预期上升三角形形成，及早入场的交易者来说，突破当前压力价位的价格运动确认了他们的预期。

- 在50美元和51.50美元之间确立了一条压力带。出现高于该价位的一个新开盘价，表明市场情绪非常乐观。这提供了一个买进信号，而非150日图表所建议的卖出信号。
- 价格有较高的概率从51美元向上运动到下一个压力价位，55美元。这将使我们获得8%的盈利。当价格回调到短期趋势线B处时，在45美元附近买进卡特彼勒的交易者，将有机会获得22%的盈利。
- 我所建议的上侧目标是61美元。这将在周线图中得到确认。在51美元买进的交易者将获得19%的盈利，只要55美元的压力位

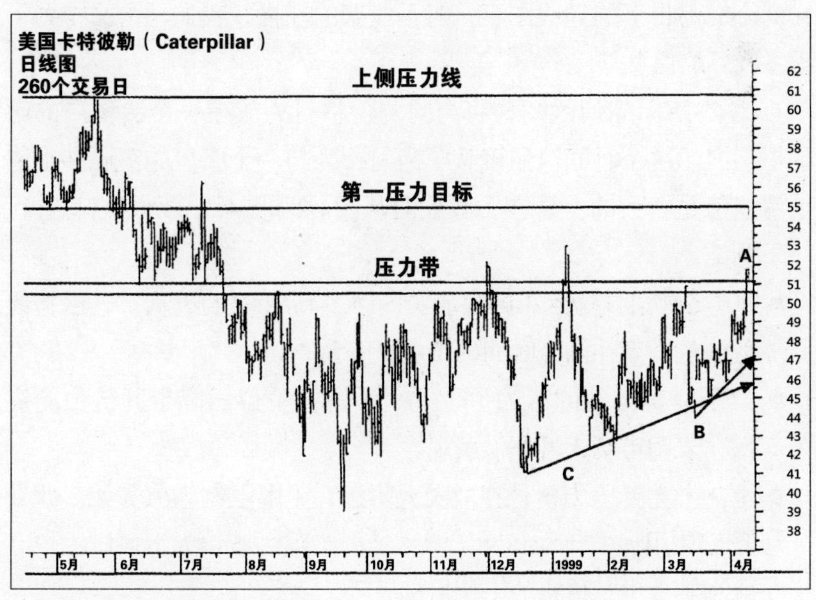

图4.2　时间框架和压力价位

被突破，便可落袋为安了。在45美元处买进的交易者，他的目标将是35%的盈利。

与使用几周或几个月长的中期数据相比，使用260日数据更容易判断股票的趋势，更容易得出关于该股票在几天或几周内的短期趋势的更好的结论。该图表啮合更有效地显示出价格的行为，辨识出51美元附近的潜在买进区域。现在，这块“黄金矿石”真的闪烁着潜在的光芒，所以我们要进一步研究它的性格。

日线时间是埃尔德三重滤网方法的第二重。第一重和第三重滤网显示的是性格和情绪的各个方面——此处既指这支股票的性格和情绪，也指交易这支股票的人们的性格和情绪。

如果价格发出交易机会正在形成的信号，那么交易者在追逐价格运动进入较短的时间段之前，需要先观察较长期时间框架内的价格走势。如果我们认为价格将恢复正常行为，那么我们就避免在价格出现临时的高昂情绪时买进。

周线确认

从显示260日数据的日线图表，转到显示3—4年数据（750—1000个交易日）的周线图表，对于股票的性格，我们马上又得到了很多额外的信息。

图4.3所示的周线图，将当前的价格行为放在一个更宽广的时间框架内。这个时间快照确认了当前行为与一个明显的突破和加速上涨趋势是一致的。现在，我们对从图4.2和图4.3得到的信息进行一下总结：

- 下侧受长期趋势线B的限制。同时得到图4.2的确认。该趋势线倾斜的角度在两个时间框架中是一致的。
- 位于51美元处的压力价位是一个重要价位。高于此价位的突破，表明市场人群非常乐观。
- 下一个主要压力价位在57美元附近，上限限制为61美元。此处我们使用1997年和1998年峰顶处的整固区域作为下侧压力位。峰顶则提供了价格的上侧目标。
- 长期上升三角形将当前价格运动置于该形态中间三分之一处

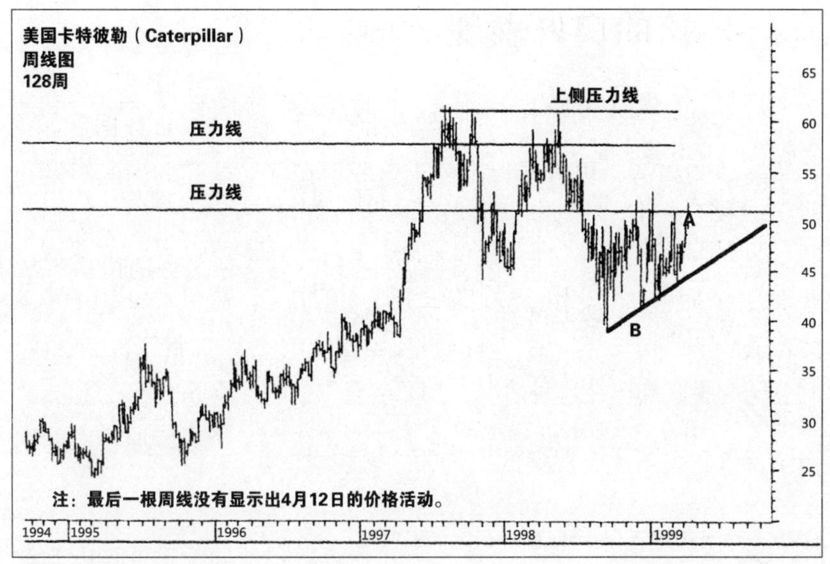

图4.3　按周线图中的趋势方向交易

的位置。这是一个看涨的形态，最好做多头交易。

这两个时间快照之间的一致显示出概率平衡的位置。在决定如何提取这块“黄金矿石”时，我们还有其他注意事项。

卡特彼勒的性格并不是反复无常的。根据两个时间框架的一致性行为，我们可以很自信地在该趋势的方向交易，并且预期会出现显著的向上突破。我们准备利用当日的临时价格回调，但如果价格在开盘时高于压力位51美元，我们还是会做好充分的准备加入这轮趋势。

注意事项。电脑屏幕是非智能终端之上的智能化镜子。当切换到周线视图时，要确认周线图显示的是我们需要的时间跨度。Metastock默认周线图显示260日，即52周的数据，除非你将X轴属性设定为750日或更长时间。设置完毕后，保存为周线模板，以备后用。

无论你使用柱线图、线图、点数图，还是K线图来观察较长期的价格行为，都没有关系。在理解股票的性格方面，任意类型的长期视图都会提供重要信息。坚持使用周线图中的趋势确认日线图中的价格行为，同时也是对股票性格的确认。稳定性是重要的，但变化也同样重要，因为其中隐藏着真正的机会。目前，我们将忽略这种常常会掩盖风险的方式。

坏男孩的良好表现

坏男孩的表现与他的性格不符，有时甚至严重不符。当市场受到某支股票的突然袭击时，便为我们创造了绝好的交易机会。阿卡迪亚矿产的周线图表，如下面的图4.4所示，这是一只在明确的支撑与压力带之间长期冬眠的股票。一种简单的交易策略，在支撑位0.07美元处买进，在压力位0.14美元处卖出，经过12—18个月的时间，盈利大约为100%。此处是一只矿业股票，但实际高科技创业公司、生物科技公司或互联网公司的股票都存在这种情况。都要注意它们的性格的突然变化。

在1月中旬，“青蛙王子”给了“睡美人”一个吻，股价立即出

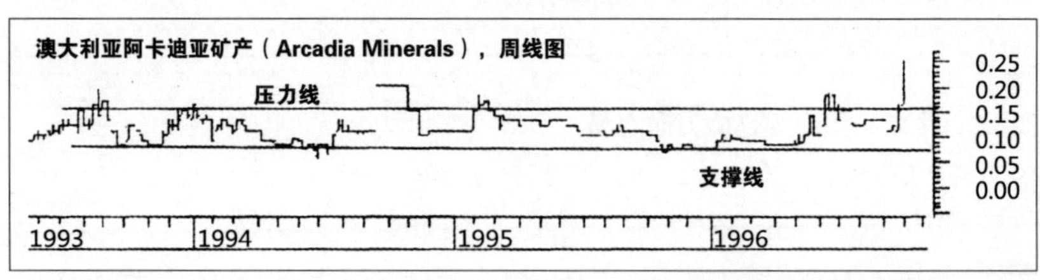

图4.4　睡美人

现了快速的上涨。相对于该股票在以前周线图中的性格和日线图中的行为来说，这是一个戏剧性的变化。

一夜之间，许多成功的交易方法变成了多余。我们采取了新的交易方法，如图4.5所示。当股票的性格改变时，我们必须改变我们的交易策略。如果我们不明白如何识别股票的性格，那么我们便不能选择合适的工具，并且仍然按照该股票以前的行为进行交易。

患“精神分裂症”的股票会让自鸣得意的交易者饱受损失。在2月份到4月份期间，市场又转变了性格，支撑和压力交易又成为主流。大多数情况下，我们是在股票与它的性格一致时进行交易的，但并非总是那样。正确理解价格运动的背景，将给你一个重要的优势。

每天的极端情绪

交易决策的基础是股票的性格与行为，但实际交易的基础是该

股票的情绪化运动。这是埃尔德的第三重滤网，最小的时间快照。此处我们放大到即时交易的情绪维度。评价这种情绪的力道和稳定性的工具有许多，在后面的章节中将对其中一些进行讨论。在这里，我们只考虑这最后一个，也是最短的一个时间快照，是怎样帮助确立更好的交易视角的。

我们对股票的微观分析究竟到何程序，取决于我们所使用的交易技术。即日交易者使用每分钟的数据，或者实时交易过程数据。有些头寸交易者使用市场深度的信息，具体方法见第15章。大多数头寸交易者使用价格柱线中的信息来获得更好的入场点。

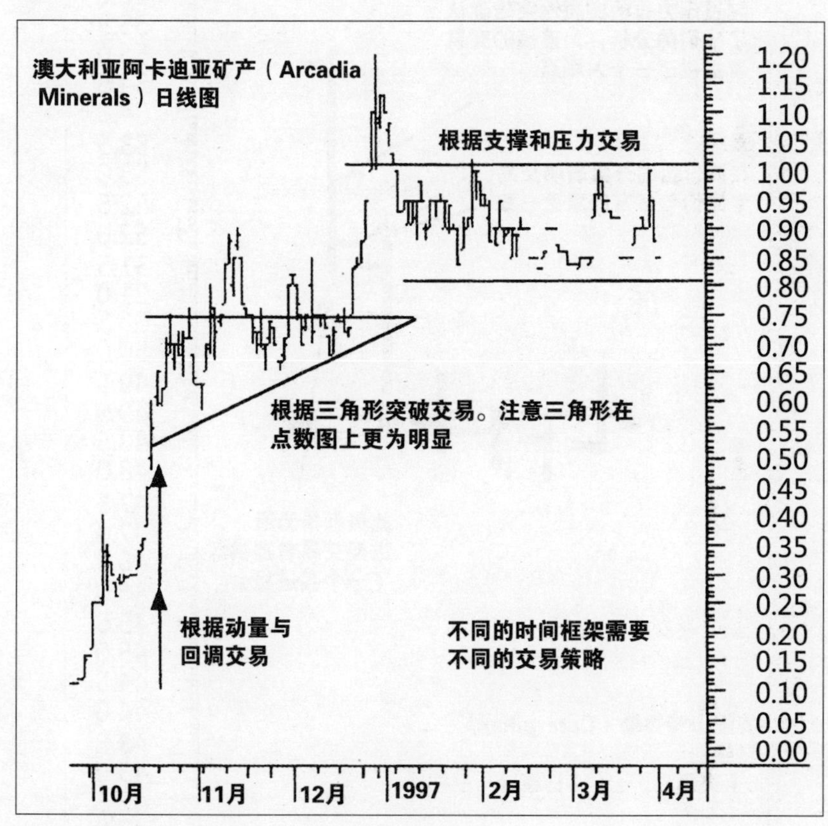

图4.5　该股票的反常行为提供了新的交易机会

作为头寸交易者，我们希望在与卡特彼勒的当前行为相一致的最佳入场点进入交易。前一个时间框架建议把51美元作为潜在的买进区域。我们通过更细致地观察该股票最近几天的价格运动来重新分析这一决定。使用屏幕缩放功能，我们将最近几天的数据全屏显示，如图4.6所示。从这幅图中，可以清楚地看到最近几个交易日内买卖双方力量的情绪平衡。在这样近的位置，我们能够嗅到恐惧的气息，品尝到贪婪的味道。

在这样近的一个位置，我们所使用的每一项工具都是用来理解该股票的即时情绪活动的。我们希望获得最有利的入场点或出场点。

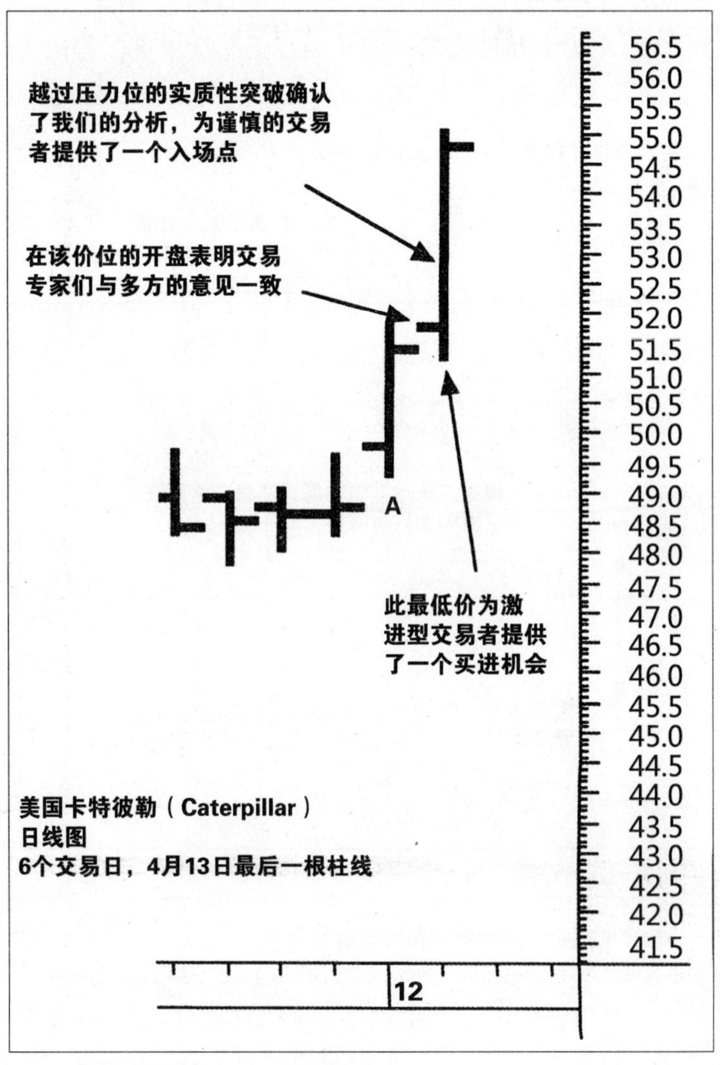

图4.6　根据柱线进行的一笔交易

我们的目标是在稍高于压力线之上的一个比较中意的价位入场。标记为A的价格柱线是图4.2中的最后一条柱线。卡特彼勒在昨天的最高价处开盘，尽管略有下跌，但很快便被买压驱动至较高的价位。成交量数字确认了这一点。我们能够在当日的最低价入场吗？机会比较渺茫，因为我们的分析表明该股票是上涨的。我们利用任意价格入场，虽然不太自信。即便是谨慎的交易者也在52美元或53美元买进了该股票，因为当日的价格活动确认了他们对上涨趋势的分析。

图4.7所示为卡特彼勒的一张扩展视图，从中可以看出实时分析是如何与未来的价格运动相匹配的。价位与符号都与图4.2中的相同。那些比目标价位61美元做得更好的交易者，很好地利用了来自互联网的市场深度的信息，我们将在第15章更详细地分析这一问题。

修改推荐的交易策略，以便利用该股票当前的情绪化运动。卡特彼勒图表中的最后一根柱线所包含的信息，确认了我们对该股票的情绪化行为的理解，使我们有信心仍将买单设置在此处。

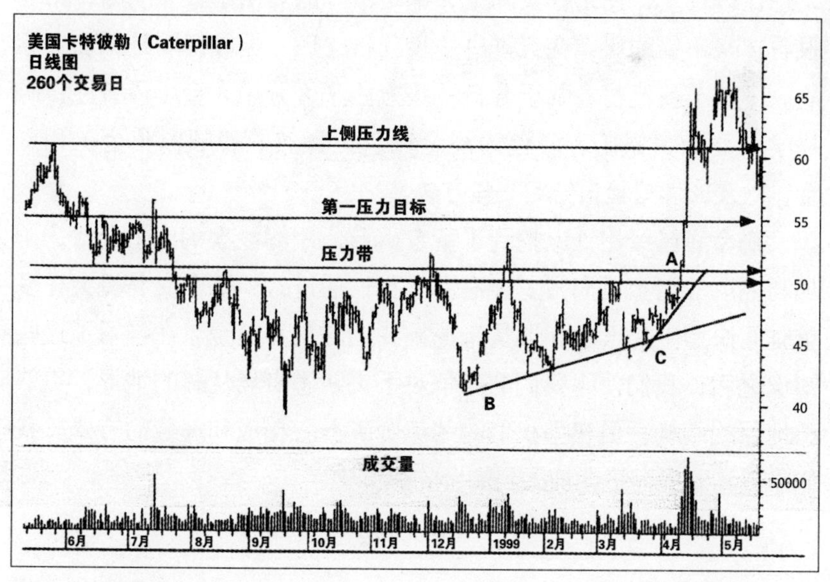

图4.7　交易结果

选择你的时间

大多数交易者从日线图开始分析，这样便限定了寻找交易机会的重点。我们希望股票的行为与它的性格一致。在下一部分讨论的辨识技术都是基于260日的日线图所提供的信息。

如果你的交易方法是基于股票的性格，那么周线图将是你寻找交易机会的首选分析图表。即日交易者使用日线图和实时数据，通过当前的价格活动，理解市场人群的情绪化活动。你的选择——股票的性格、行为或者情绪化活动——决定了你使用的交易策略的类型，以及适用的交易策略的范围。

时间框架的选择是一个个人爱好的问题，但是请坚持只使用一种。当根据某支股票的行为，决定使用某种交易方法时，在不同的时间框架上，根据该股票的性格做一个快速检查，将会确认所选交易方法是合适的、现实的，还是无法实现的。我们的目标是在当前主要趋势的方向交易，方法是在概率平衡确定的情况下，利用有利的价格行为选择最好的入场点或出场点。

我们的目标是从我们的市场数据中仅提取最好的交易机会——无论在理论上，还是在实际上，都是最好的。由于许多原因，第一眼看起来不错的股票在经过进一步分析之后，会被证明是不切实际的。下一节我们将着眼于分析一些方法来区分愚人金（译者注：矿物学名称为黄铁矿，颜色为淡金黄色，骤然一看颇似黄金）和真金，以及阅读检验报告的一些方法。

淘金者已经用铁锹挖到了黄金矿石，用淘沙盘淘出了金沙，用加利福尼亚淘金槽淘出了金疙瘩。我们通过检验每个交易机会在多重时间快照上的大小和形状来挖掘我们的交易黄金。在学习了这些知识之后，我们便比我们的竞争对手更熟悉市场丛林的地形，更熟悉地层的结构，更熟悉我们的“黄金矿石”构成和埋藏的方式。我们以更高的生存机会加入到淘金的热潮中。

第二
部分

搜索交易机会

Prospecting for trades

第5章

寻找第一个获利机会

当淘金热开始时，成千上万的淘金者都怀着发财的梦想加入其中。从20世纪加利福尼亚的康斯托克矿脉和20世纪30年代澳大利亚的滕南特克里克，到现在加拿大远北地区，或者亚洲热带丛林中的淘金热，景象都是一样的。淘金者们全副武装，铁锹、金属探测器、不锈钢的淘金盘和临时的淘金槽，到处是爆破声，似乎要把大地撕裂。只要有任何发现的每一寸土地都被认为充满了希望。但是，在每个地方都进行挖掘不会有什么结果，所以优秀的淘金者们专盯着高概率区域。

随着地质年代的变迁，黄金矿石已经从周围的石英矿中粉碎开来，被水流冲积后散落在河床上。只知道一丁点信息——黄金是一种最重的金属——有经验的淘金者便会选择恰好来自正确位置的一些河流泥沙。无经验的淘金者则漫无目的地挖掘同一区域，希望能够找到黄金，但却一无所获。他们之间的区别不是运气，而是系统化的寻找方法。河流的形状便暗示着更容易找到黄金的区域——市场数据的形态也是如此。

交易者挖掘市场信息，系统化地按照所选性格寻找候选股票。在前面的章节中，我们已经重点讲解了概率凸起的问题，概率的大小以不同的方式体现在图表中。其中比较明显的是趋势线，其次便是它的堂兄弟，三角形家族。其他指标，从价格数据计算得出，是用来显示价格运动离开比较可能出现的结果的范围，向另一组可能结果运动的时间。摆动型指标依靠超卖和超买行情，发出这种概率平衡偏移的信号。

我们希望买入在图表上看起来不错的股票。这是选择最有希望的股票的第一步。对股票的分类过程可以比较简单，也可以比较复杂，但在每种情况下，我们的目标都是辨识这样的机会：概率平衡有利于入场。这种情况可能是在下跌趋势中定位一个突破，或者是在已经确立的趋势中寻找最好的入场点。搜索的重点主要是入场点。一旦出现疑似的黄金矿石，我们就把它清洁干净，然后检验它的质量。这些搜索过程，特别是用可视扫描过程，通常是交叉进行的，但在这一部分，我们尽量将一些搜索方法分开讨论，并且将它们归纳到列表中。

开始挖掘

有些人说搜索过程非常激动人心，因为他们不知道自己在找什么。这些人不是成功的交易者。你必须知道自己在找什么。在挖掘市场数据的过程中，有五个必要的步骤：辨识交易，分析交易，对它进行金融分析，根据市场行情评价潜在交易，以及管理头寸直至退出交易。每一步都会产生一个股票列表，而后面一步的列表要比前面一步的少。在本书的剩余部分，我们将讨论建立、使用和提炼这些列表的方法与过程。简而言之，在这次冒险中首先要面对的三个问题是：

- 你的交易资金的规模。你不能利用每个交易机会，你在经济上是受限的。
- 在初始搜索中你决定使用的数据量。它可以是整个市场，或者只是一个市场板块。
- 交易类型。你需要选择自己中意的交易方法。

即便你只关注一个市场板块——互联网股票、前100名的银行和房地产开发商，只要几年的数据便会令你难以应付了。如果你要在整个市场中选择，那么情况便更糟糕。而且每天都有更多的数据加入。错过几天的数据，图表便可能产生翻天覆地的变化——大量的数据很快便会将你淹没。

第一步当然是把这一大堆的数据分成数小堆。总的来说，这也是受你的交易资金的限制。你所拥有的交易资金不足以利用每个交易机会交易，虽然这不能阻止有些人做这方面的尝试。仅仅任意产生较小的数据堆是一种浪费时间的行为，除非你拥有一套系统，可以把黄金矿石从大堆泥沙中分离出来。

扫描数据库提取交易机会，目的是获得一天时间足以处理的较小的数据堆，并且要留出交易的时间。数据堆或数据列表到底多大，取决于你的分析技能和图表软件。像Metastock这样的软件提供了快速分析数据的工具。我们稍后将讲解这些工具的使用，如果你不知道这些工具搜索的内容是什么，那么它们对你来说没有什么用处。

对于我们想要搜索的东西——黄金矿石，要有一个清晰的概念，这样我们的搜索便会更有效。我们在寻找什么呢？一种重金属。这就准确地决定了我们搜索的方式。我们希望获得交易机会，于是我们寻找显示概率平衡的信号。

对数据库的第一次扫描，目的是去除那些不符合我们标准的股票。技术交易者使用的标准与基本面交易者使用的标准不同。大多数交易者都是这两种类型的结合体，但要倾向于其中的一种。搜索工具的效率应该与你的数据库的规模和你的交易类型相匹配。如果你除了发财之外没有别的目标，那么一把更大的铁锹对你来说也没有任何帮助。就像那些没有经验的淘金新手一样，整天在河床上打转，却几乎什么都没有找到。

第一次搜索的结果将形成一份列表，或者是几份列表。它们是那些需要进一步分析的股票。后面我们将讲解交易者是怎样把它们置于“显微镜”下，使用各种指标和技术进行分析的，但是现在我们希望采取第一步行动，把不断增长的市场数据缩减到可控制的规模。

对自己的交易类型感到舒适

每位交易者都会有这样的感受，即在做有些交易时，比做另一些要感觉更舒适。有些交易者喜欢使用支撑带与压力带进行安全的交易，有些交易者更喜欢利用长期趋势交易，还有一些则喜欢在突破出现时根据预期的趋势建立较早的头寸。

到底哪一种类型令你感到舒适，很大程度上决定于你的交易个性。如果交易类型与你的交易个性、你的整个财务状况，或者你的生活方式的限制不一致，那么你注定会失败。优秀的交易者不仅与市场和谐相处，还与交易机会和谐相处，而他们所选的交易机会又与他们的个性和生活方式保持一致。例如，我发现进行即日交易的同时撰写交易书籍非常困难。但是，作为一名头寸交易者，我却有比较充足的时间。

如果一名交易者更多的时间是在家中根据大量的分析制定和使用交易决策，那么他极少有可能会成为一名成功的即日交易者。因为即日交易需要交易者根据自己的直觉和经验对市场的即时情绪进行准确的判断，并迅速做出决定。如果这样的话，那么应该很少有人会进入即日交易这个陷阱，但是互联网上的即日交易狂潮却显示出这个陷阱设得非常成功。实际上，许多人在伸出手拿钱时，往往没有事先考虑那些钱是否与自己的交易类型相一致。淘金场上不乏手持昂贵金属探测器、毫无经验的淘金新手。

从广义上说，对于交易方法，你有三个初始选择。使这些选择与自己的交易类型相匹配，将决定你扫描市场过程的成败。这些选择是：

- 追逐金罐。
- 在多个市场板块上使用一项交易技术。
- 做精一个市场板块，使用多项交易技术寻找多个交易机会。

金罐

追逐金罐非常激动人心，速度非常迅速，但往往是以失败告终。就像一些彩票中奖者鼓励没有中奖的人们继续买彩票一样，互联网上少数几位成功的即日交易者有时却得到了如此多的关注，仿佛即日交易的成功是一种必然的规律，而不是例外情况。

该方法致力于辨识价格快速上涨的那些股票。跳上这些短期趋势的脊背，需要良好的判断力、完美的时间定位和钢铁般的意志。有经验的交易者们将该方法运用得非常好。通过使用期权、期货或其他衍生工具所提供的杠杆，标的股票中较小的运动会被放大为显著的收益。

无经验的交易者却较少有成功的。他们的买入行为帮助驱动价格向更高的位置运动。他们往往在有经验的卖家逢高卖出时买进。

图5.1所示的“泡沫顶部”图表形态，便准确地揭示了这种交易活动。有经验的交易者认为该形态是一种警示，而无经验的交易者则认为它是一个机会。

追逐金罐是一种合情合理的交易方法，后面我们会对这种交易方法所专用的一些技术进行阐释。

一项技术，多个市场

第二种选择是仅使用一种或两种交易方法搜索整个市场，寻找符合标准的股票。第一次搜索可能会发现40个交易机会，第二次，根据第二项搜索标准，可能会发现40多个交易机会。很快，大量的市场数据便被缩减到较小的规模，只剩下80只初始候选股。

对于私人交易者来说，很快便会发现这种方法的限制。使用三种或四种首选的交易方法，在预选股列表上，你可能会得到100只或更多的股票。

有些交易者通过寻找相对较为稀少的市场行情组合来克服这一限制。当这些组合出现时，他们便有更大的信心认为这些不常见的行情将产生可以预料的结果。彼得·林奇在《彼得·林奇的成功投资》（《One up on Wall Street》）中描述的一些技术，以及罗伯特·哈格斯特龙在《巴菲特经营之道》（《The Warren Buffett Way》）中所述的巴菲特使用的一些技术，都是基于这种类型的思想。此类交易者在较长的时间内都在市场之外，但当他们建立头寸时，所得回报足以补偿在市场之外的这段时间。

那些在整个市场中寻找交易机会的交易者们，不得不更好地选择自己首选的交易方法，以免产生的数据量自己无法控制。有时市场也会帮忙，使某些交易策略失去作用。在牛市中使用的技术不适合于熊市，也不适用于在整固带内横盘运动的市场。

舒适的感觉有助于交易方法的选择。交易应该是一种舒适、放松、没有压力的工作。但通常却并非如此。原因是交易者使用的方法与他们的个性、风险和资金不适合。找到一种交易方法，可以让自己晚上休息得很好，那么同时也会减少数据分析的工作量。

无论你使用什么方法，覆盖整个市场的唯一有效的方法是，使

美国华特迪士尼（Walt Disney）
带成交量的日线图
此处即为泡沫顶部。
新的高点伴随大的成交量，
之后便是价格的快速下跌
和成交量的快速缩减。
在这种行情下，有经验的
交易者是卖家。
39
38
37
36
35
34
33
32
31
30
29
28
27
26
25
24
23
22
20000
15000
10000
5000
x10
10月
11月
12月
1999

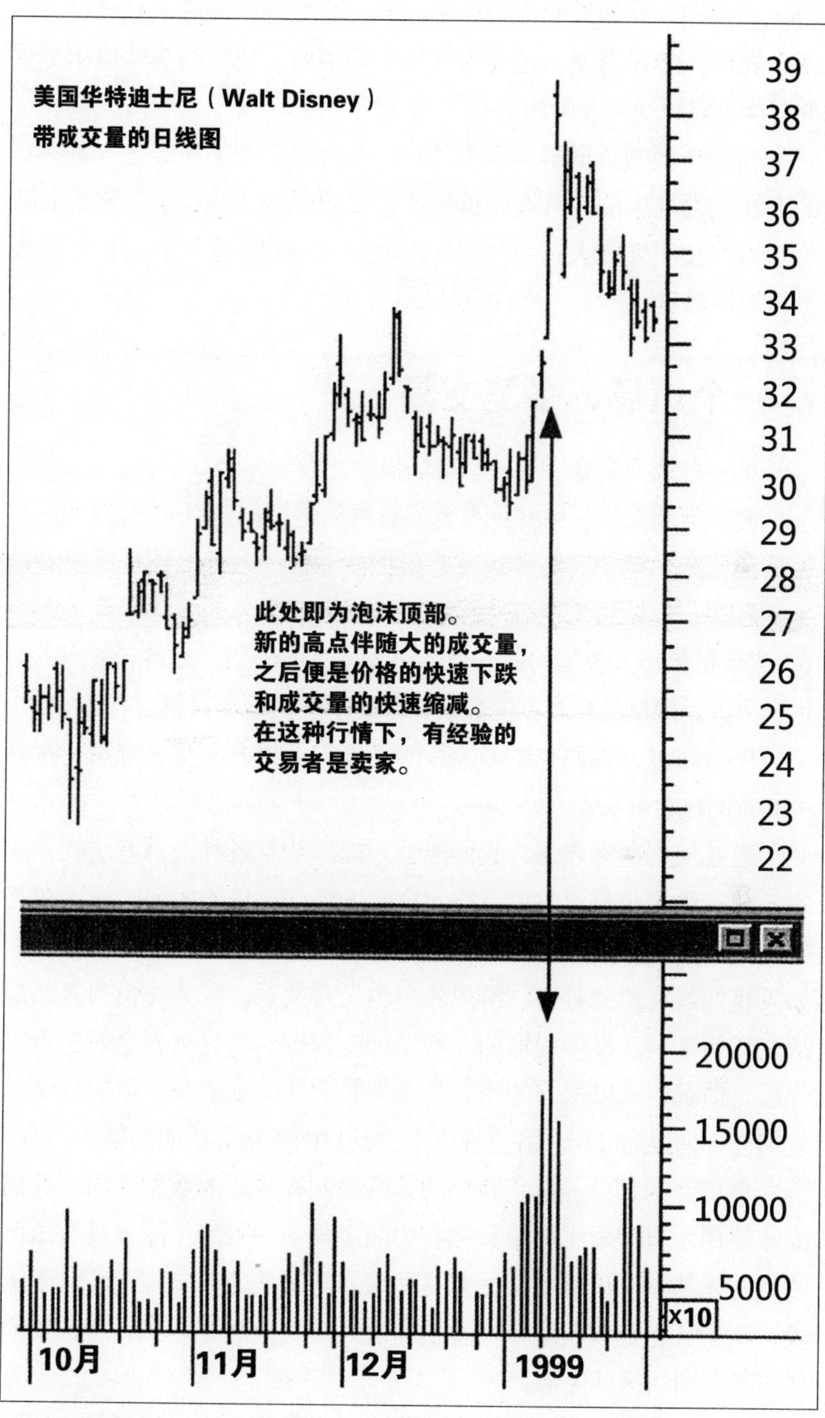

图5.1　泡沫顶部

用非常少的标准来过滤市场数据。第一份搜索列表应该足够小，以便于处理。如果需要，还要为在该市场中所要建立的头寸留出足够的时间，以供进一步分析。

根据昨天的数据辨识一个具有获利可能的交易机会是一种不错的方法。发现未能在首选的价格买进股票是令人恼火的。看着股票价格恰好按照你原来认为的那样运动，但你却是个局外人，这让人大大地不满意。

一个市场，多笔交易

第三种选择是专注于一个市场板块，搜索多个交易机会。

你如何定义该板块并不重要。有可能是根据数量——前100只，根据行业——电子商务和银行，根据波动性——标准偏差或贝塔值（译者注：股票贝塔值表示投资组合对系统风险的敏感程度）大于1，或者是你个人收集的股票和经纪人推荐的股票。交易者做出一个优先选择，限制分析数据的数量，并且忽略其他交易机会。

作为回报，我们有更多的时间仔细考虑更多的交易方法，有更多的时间进行分析。

通过使用这种方法，我们能够扫描那些与各种交易方法相一致的各种条件的股票。它们可能包含接近突破行情的股票，滞留在支撑区域的股票，以及价格和成交量之间的关系显示出异常的股票。如果我们最终得到4份或5份列表，也没有关系。因为每份列表都是从有限的市场选择中提取的，所以都比较短。而且列表之间总会出现重复情况，所以最终的组合列表中股票数目足够少，我们可以对它们进行细致的分析，并且在当个交易日内应用分析的结果。

更重要的是，通过将我们的分析限制在较小的数据库内，我们能够使用所有搜索工具中最强有力的工具——眼睛。图表具有压倒一切的优势——价格关系很容易理解。与杂乱的数字相比，对于图表，我们凭直觉观察便可很容易理解。当用肉眼观察图表时，我们便正是在利用这种优势。

眼睛所受到的限制，通常是取决于它们的主人：疲劳和速度。这项强大的扫描技术不能定期使用于成百上千张图表。它只适用于几支股票的定期选择和扫描。

列出购物清单

我们列出购物清单，或者对市场数据进行分类和缩减，生成较小的数据堆，然后我们便可以将精力放在主要任务上，而不会分心。超市中的货架都经过专家们的设计，能够分散我们的注意力，而不是只关注自己购物清单上的商品。他们的设计通常都非常成功，但与交易市场相比，仍然是小巫见大巫。

市场很容易便会令我们分心，因为在交易市场中“购物清单”必须每天更新。每一次扫描、搜索或者Metastock的搜索，通常都是用当前的数据与历史数据进行比较。许多软件包允许你设置搜索的日期参数。

如果两天没有扫描，那么以前的交易机会将不会总在今天的搜索中出现。交易行情瞬息万变，错过了重要的转折点将对交易产生很大的影响。这种游戏玩的就是及时性；如果某个事件过后四天才发觉，那么为时已晚。

在制定自己的扫描日程时，要把搜索频率考虑在内。该频率会对正在形成的，以及最新浮现的交易行情的辨识产生影响。如果你每周扫描一次，那么将会错过每天的特别行情。如果你不打算买入，那么也没有什么。但是，如果你的交易技术依靠每日的特别行情，那么每周扫描一次就远远不够了。

交易者每次将市场数据缩减的规模必须具有一致性。经过把分析工作量减少到可以控制的水平，我们很快便会将精力集中在最令人激动、最具获利潜能的交易上。我们的时间框架并未把我们从这项任务中解脱出来。即日交易者根据日末数据选择候选股票。当实时交易时，他必须提前知道哪支股票是“金子”，哪支股票是“矿渣”。

通往成功交易的道路有很多条，但是能够辨识交易机会，便可以帮助我们走上一条成功的道路。在把精力集中在具有最佳获利概率的交易上之前，要使用后续章节中介绍的四个搜索选项中任意一个或几个，把“矿场”缩小。请参照后面具体的例子。

这些选项包括可视扫描、关系扫描、绩效扫描和财务扫描。这份列表并没有列出全部可用的扫描选项。我只是对主要类型的扫描技术做了一下简要的介绍，利用这些介绍，你可以更快地找到适合自己交易类型的扫描技术。

大多数图表软件中都有内置的扫描功能，并且提供了可供设置的扫描参数。Metastock软件为用户提供了一些默认的扫描标准。用户可以调整、修改这些默认选项，也可以加入新的扫描标准。如果你知道每个指标所度量的内容，那么扫描将更有效。接下来的章节将讨论这些内容。记住一点，我们的目标是迅速寻找最好的交易机会，以便有时间评估它们，并且在当天收盘之前采取行动。

寻找黄金矿石是第一步，接下来我们在进入一个陌生的金融领域之前，分析一下通往“母矿”的两条道路。

第6章

众口难调

伯克希尔·哈撒韦公司的年度报告一经发布，便被经纪人、私人投资者和财经评论员们争相传阅。沃伦·巴菲特，可以说是当代最成功的基金管理人之一，他使用基本面方法，并且对他的方法毫无保留。相对于著名的本杰明·格雷厄姆所用的方法，巴菲特的方法要简明扼要：找到股票面值被低估的优秀公司，然后买进它们的股票。珍妮特·洛在他的《价值投资胜经》（《Value Investing Made Easy》）一书中对格雷厄姆的投资策略进行了非常详细的论述。罗伯特·哈格斯特龙在《巴菲特经营之道》中对这些方法给予了更新，《巴菲特原则》（《Buffettology》）从不同的视角对这些方法进行了分析。对这些方法的现代分析，请参考包括《华尔街证券分析》（《Security Analysis on Wall Street》）在内的一些著作。

就是这种方法，及其变种，主宰着经纪业。大多数经纪人专门提供买入建议。他们通过对行业板块的基本面，或者对个股公司的资产负债表进行周密的分析，然后提出买入建议。许多私人交易者利用自己的会计知识，与那些经纪人和公司会计一起，寻找这种不相符的估值。如果我们使用这种方法，那么我们的目标便是从广泛的市场数据中选择几只候选的交易股票用来投资，而不是交易。

我们在前面部分曾经提出建议，无论你如何选择自己的初始候选股，当实际买入、卖出时，柱线图表会提供宝贵的信息，而这些信息是其他方法无法提供的。在接下来的章节中，我们将对柱线图提供的这种信息进行更细致地分析，以便定位最好的交易机会。

在这一章当中，我们站在悬崖边上俯视金融市场的风景，为即将开始的丛林探险做好准备。像每一位淘金者一样，我们希望看到可以使我们发财的富矿，于是我们寻找穿过丛林的旧路。有两条路通向山谷，在后面的章节中，我将选择自己喜欢的那一条。

首先，我们来考虑一下选择哪一条道路。像其他交易者一样，在我们的交易决策中，基本面分析所占的比重相对较小。我并不是故意把基本面会计分析描述得毫无价值。这条路的确存在问题，我选择揭示这些问题，因为它们说明了我为什么选择另一种交易方法。作为一名严肃的交易者，你有权知道我为什么选择技术型方法，而非基本面型方法。本书专门讨论技术型方法。在之后的章节中，对于我选择的道路，我分析了它的危险性和缺陷。

许多基本面交易者使用图表备份他们的分析，并且用图表进行市场定时。许多技术分析师把重要的基本面信息同图表信号结合起来使用。杰克·施瓦格，一位美国的期货交易者，在两本书中对这种情况进行了论述：《施瓦格期货基本分析》（《Schwager on Futures： Fundamental Analysis》）和《施瓦格期货技术分析》（《Schwager on Futures：Technical Analysis》）。（译者注：书名参考台译本的译法。）虽然在本书中我们把这两种方法看做是截然不同的，但许多交易者成功地把它们结合在一起。你的方法也将是两者的一个混合体。

站在悬崖边上，本章对另外一条道路提供了一个路标式的总结。如果你愿意，有许多更专业的作者会引导你沿着它走向谷底。沿着这条路寻找金矿将使用不同的技术，但是，如同后续章节中详细论述的技术搜索方法一样，这两条道路都通向找到金矿的地点。两种方法都有一个相同的目标——在最短的时间内找出最好的交易机会，并且要足够快，以便在市场离开太远，或运动太快之前买进。

金融伪装

对于那些选择基本财务路径的交易者，首先要使用的搜索工具便是资产负债表分析，需要理解市场和公司的基本面。在这条道路上的“探照灯”是由内部人士提供的，目标是及时捕捉“估价过低的优秀公司”。

基本面优秀这一概念可以被分为三部分来理解。

第一，上市公司需要有优秀的业绩来给市场和现有股东留下良好的印象。这反映了该公司的核心业务，一个良好的账本底线是有优势的。各种会计惯例使得这一概念变化太快，让人无法适应，有时会出现难以置信的结果。近年来许多亚洲公司的舒适化会计惯例给投资者带来的风险比预期的要大得多。

舒适会计不只是一个外来术语。太多情况下，华尔街的“管理收益”都包含不恰当的收入确认，“真实性”的滥用，不合理的重组费用和会计欺诈，比如“饼干罐会计”策略（译者注：公司企业的一种做账方式：在营运良好的年度，储备部分资金以降低盈余，但在营运不佳的年度则运用这笔资金来提高盈余，给人以该公司年年获利、财务平稳的印象）。对于一般公认会计原则（GAAP）方针，虽然证券交易管理委员会主席亚瑟·列威特认为它们通常是欺诈行为的等价物，而使用此类欺诈报告的行为并没有停止。

当全球的竞争对手合并时，有时利润缩水是由于新的会计规定所导致的后果。在某些情况下，利润变为亏损。在有些国家，公司业绩的报告方式会产生离奇的影响。澳大利亚QBE保险公司对新的澳大利亚审计报告准则非常不满，短期内向澳大利亚股票交易所发了两份独立的财务报告。使用正式的会计标准，QBE的利润在一个财政年度中上升了78.5%。使用该公司董事会首选的会计标准，同期利润只上升了15.1%。很难决定哪份报告在根本上是正确的。

经纪行业的基础建立在正确解释会计惯例所传达的结果之上。如果使用国际会计标准委员会（IASC）制定的产权会计修订标准，那么许多跨国公司和国际公司的报告结果都将与原报告相差数百万美元。负责规范美国市场的证券交易管理委员会将不接受IASC报告，该委员会认为IASC报告不如GAAP。在美国和欧洲上市的同一家公司可能出具完全不同的资产负债表。

当大型公司和监管部门不能就正确的标准达成一致时，小交易者们将面临一个非常巨大的任务，那就是剖析公司的财务报告，以寻找“真正的”基本面信息。

第二，当某公司为了避免泄露竞争优势而在公开报告中有所隐瞒时，基本面概念就更不准确了。在资产负债表、公司报告和报纸简报中，商业敏感信息被合法地隐瞒了。连续披露和电话会议简报并不意味着所有内幕都被披露。经纪人们所玩的捉迷藏游戏便是建立在对这种信息的搜索上，他们要在市场中的其他人听到风声前获取此类信息。谣言、谣言的谣言和过早的爆炸新闻，构成了这个游戏的命脉。

税务问题

第三个问题，也是最重要的一个问题，基本面概念被税务问题扭曲了。当生产成本被降低时，才会获得最好的财务业绩。公开场合，这集中于降低劳动力成本，但私下里，降低税收也同样重要。公司一般会调整资产负债表，最大限度地减少税务的影响。

说句实在话，我们中的大多数人与美国国税局（IRS）和税务部门都有着一种含糊不清的关系。你认为他们征的税比正常的要多，而他们则认为你少报了须纳税的收入。这种矛盾非常地曲折离奇。

对于公司来说，这种争斗是由律师完成的，并且受到六家会计公司中最好一家的支持，因为正确处理公司账目减少了税款债务。当公司账目不正常时，相同的财务信息可能产生大量的税单。在税务前线的战斗有助于提高底线利润，其激烈程度一点都不亚于为了客户忠诚度、增加劳动生产率和商品价格或货币波动率的战斗。

一般公司太容易忽略这项因素的重要性，但是，那些在美国募集资金的公司，必须根据GAAP会计规则提交财务信息，那么这种影响是明显的。当德国戴姆勒—奔驰集团公司同意按照GAAP规则重新计算它在1993年的利润时，根据德国会计规则得出的61500万德国马克的利润，变成了183900万德国马克的亏损。自然的，国家法定公司的账户会倾向于利用最有利的税务策略，所以有些公司在某些环境下颇具吸引力，而在其他一些环境下则普通得像一条狗。税务是一项生产成本，像对待其他的成本一样，公司会寻求适当的方法尽可能降低它。

当我们站在悬崖边上观察市场的风景时，我们发现，税务问题对我们的视野造成了显著的影响，因为上市公司都不会提供两本账。如果我们能够从为了逃避税务而做的那一本账中看到真实利润，那么我们就能够对于公司的基本面给出更好的判断。反之，作为局外人，我们试图弄清公司业务中哪些是应纳税的，哪些是免税的，背后的原因是什么。我们试图在事后猜测审计师、会计师和税收官员的想法。我们中的一些人，以及一些经纪公司的分析师们，在这方面做得非常好。这些结论可以提供选股的捷径。我们中的大多数人都没有这种技能，同时也很难学会这种技能。

在没有向导的情况下，“会计丛林”掩盖了市场中的“高山与峡谷”。在这片丛林的掩盖下，有些地方是丰富的波尔盖拉黄金矿床，有些地方则布满像倒闭的不来梅X矿业公司一样的财务漏洞。《如何从数字中拧出关键信息：全面掌握财务报告的真谛》（《How to Read a Financial Report： Wringing Vital Signs Out of the Numbers》）和其他类似书籍将帮助你穿过这片会计丛林。它们是第一个野外向导，新的探险者应该随身带这些金属探测器。

自己动手

有鉴于这些警示信息，我们开始对基本面搜索材料进行大致的讲解。该金属探测器使用从金融报纸和互联网站点上的市场报告中检索到的财务比率信息。从下面的六个比率中可以找到一些黄金矿石。

- **价格／NTA**

  通过比较价格和每股资产净值（NTA），该比率显示出该股票是非常珍贵还是分文不值。公司有形资产的理论计算值除以发行股票的总数，便得到每股的有形资产净值（NTA）。用NTA除当前的股价，便得到价格与NTA的比率。如果该比率为1，那么表明该公司的股票价格与其有形资产净值是一致的。如果价格／NTA大于1，那么该股票非常抢手；如果该比值小于1，那么该股票便是处于贬值的状态。

  搜索引擎，或者“金属探测器”，当发现价格／NTA小于1

时，便开始发出尖锐的警报声。

● **债务/权益**

该比率比较的是公司债务与普通股东的权益，扣除任何无形资产。如果一家公司负债400万美元，股东资金为200万美元，那么债务/权益比为200%。

较低的债务/权益比并不总是好事。因为上市公司可以很好地利用筹集来的资金进行扩张，从而提供更诱人的交易机会。一般情况下，较低的债务/权益比会被我们的“金属探测器”注意到。

● **股东资金回报率**

股东资金回报率用每股多少分来度量，代表了发行的每一股创造的利润。该比率也叫做每股收益或者资金回报率。

作为衡量当前业绩的一种方法，通常列出当前资金回报率和最近一年的资金回报率。当前时间段包括最近的财务报告，而最近一年是上一个财政年度的最终数字。

如果某支股票的当前资金回报率显示出增长趋势，那么它会出现在我们的“金属探测器”上。

● **分红和股息收益率**

这是收益计算与红利派发之间的一个简单比值。计算方法是每年的滚动分红除以股价，最后结果以百分比表示。

每股分红是每股普通股的历史股息率。结果被作为当前最终股息显示，取自中期报告。上年结果取自上一个完整的财政年度。

通常认为该值越大越好，红利较高的股票将在我们的搜索中被标出。

● **息税前收益（EBIT）**

这是支付了利息和税款之后的收益，当除以销售额后，我们得到息税前收益率。该数据显示出销售对公司利润的贡献。合适的收益率因行业不同而不同，所以我们在每一个板块都必须对我们的"金属探测器"进行微调。

EBIT还用于计算公司从其资产中产生利润的能力。一般情况下，息税前收益率越高越好，但我们的"金属探测器"应该被调整至一般水平，以便适应每一个板块。

- **流动比率与速动比率**

流动比率度量的是公司偿还短期债务的理论能力。小于1的流动比率表明公司可能处于困境，所以流动比率一般越大越好。对于速动比率也是如此，但流动比率是流动资产减去存货的差除以流动负债。

这些比率，还有其他一些，都是从股票的市场价格与公司的内部财务活动之间的关系得出的。公司的内部财务活动，或者来自它们给交易所的报告，或者来自其他会计公告。这些比率中的许多，大致上构成了基本的资本资产评价模型（CAPM）方法。《当代投资组合理论和投资分析》（《Modern Portfolio Theory and Investment Analysis》）（译者注：英文版中少了Analysis一词，译者认为是原作者的笔误）一书详细介绍了CAPM方法。读者如果想对个股进行这种类型的更细致的分析，那么可以参照《投资：分析与管理》（《Investments： Analysis and Management》）一书。

你可能认为CAPM方法的确清除了会计丛林的影响。如果这样的话，那么请使用上述著作中详细论述的分析方法，但要记住一点，当开始制定买入决策，以及后来的卖出决策时，柱线图表会提供宝贵的信息，而这些信息是其他方法无法提供的。

资产负债表揭秘

资产负债表要比当代的任何一部悬疑片都令人感到迂回曲折，我们不打算重新发明这种特殊的图表。金融侦探们把《如何从数字中拧出关键信息：全面掌握财务报告的真谛》作为侦探圣经。

资产负债表是公司财务在单个时间点上的一张快照，典型的时间点位于财政年度末。公司的损益报告覆盖选定的时间段，一季、半年或一个财政年度，反映了该公司在这一时间段内的经营状况。从广义上说，损益报告告诉我们在近6个月内是否赚钱，资产负债表则让我们知道该公司是否还有大量的债务需要偿还，于是需要较高的盈利能力来继续经营。现金流量表是公司现金流入和流出的数量总结。

在20世纪80年代，一些悬疑片式的资产负债表具有许多迂回曲折之处：

- 不适当的收入确认。
- “真实性”的滥用。
- 不合理的重组费用。
- 价值不确定的工程，在完成后的利息资本化。
- 在联营公司中，当这些公司的股票价格受其他联营公司的市场活动影响时，持有股份在市场价值的评估。
- 不实际的资产评价，特别是不动产，所以账面价值与市场价值之间几乎没有什么关系。
- 当公司实际获得的“权益会计利润”很少时，使用权益会计抬高利润数字。

使用资产负债表搜索有价值的交易机会是非常辛苦的，需要花费大量的时间。对于像沃伦·巴菲特和彼得·林奇那样的大师级人物，才会最终取得不同一般的利润。对于那些喜欢研究公司报告这类悬疑片的交易者们来说，除了上面提及的著作，《商业算术的经济学家指南》（《The Economist Guide to Business Numeracy》）和《数字指南：商业算术要义》（《Numbers Guide：The Essentials of Business Numeracy》）都是非常有用的参考书。在投资杂志和报纸的财经版中，该主题是一株“多年生耐寒植物”，所以在此我不必拷贝别人的杰作。

与交易的要求相比，利用资产负债表和比率进行的搜索是一种休闲式的工作，特别适合于不将太多的重点放在入市时间设定上的中、短期交易者。尽管这是一种投资分析，但许多交易者仍在寻找CAPM型分析与交易策略之间的联系。他们希望交易最好的股票，而不是做最好的交易，所以他们的目的是找出最有效的方法来搜索大量的市场数据，以选出最好的股票。一些软件包提供CAPM和资产负债表方法。

软件侦探

寻找估价过低的股票，然后买入并持有直至在它们的真正价值或者高于它们的真正价值处卖出，这种思想是现有投资建议的不变的主题。财务关系是陈旧的。新鲜的是不断扩张的数据库和访问这些数据库的软件。这不仅使得搜索工作变得容易、廉价，而且还把搜索工具放在客户手中，而不是由顾问们持有，把优势交给了交易者，而非经纪人。

的确有些软件在扫描股票时考虑了这些因素，比如最新版的Windows on Wall Street（译者注：一个图表软件）。

这些软件中的一些比较接近于“灰盒子”。（译者注：类似于大家比较熟悉的“黑盒子”，使用者通过用户界面测试，但是使用者对于该软件或某种软件功能的源代码程序具体是怎样设计的已经有所了解，甚至于还读过部分源代码。因此使用者可以有的放矢地进行某种确定的条件／功能的测试。）买卖信号是自动产生的，但是不同于黑盒子交易系统之处是，在灰盒子系统中，每个因素之间的关系已经被清楚地列出。另外，用户还被授予有限的权限来控制参数。用户得到的结果是由软件决定的，但是他必须决定是买入推荐的股票，还是进行更深入的技术分析。

我们认为这种软件程序所推荐的股票，需要根据交易者特定的财务状况和交易目标做更进一步的分析。有关这一方面的讨论，在本书的第三部分有比较全面的论述。

Windows on Wall Street和类似软件，只是工具箱。用户根据自己的爱好调整参数；软件根据这些用户定义的标准对数据进行扫描、分类和评级。对于那些希望把图表技术和基本面信息结合使用的交易者来说，它们是非常强大的分析工具。

但是，它们存在一个重要的缺陷。这种软件包，以及其他类似软件，都至少需要一个数据流提供开盘价、最高价、最低价、收盘价和成交量等信息，或许还包括持仓兴趣。数据供应商还必须提供计算PE率、有形资产净值（NTA）、息税前收益（EBIT）等数据所需的基本信息。在有些国家，使用新出现的软件包获取电子格式的这类信息非常困难，私人交易者在访问整个市场的这类相关信息时也需要费不少周折。

选择另一条道路

对于市场的许多参与者来说，这种基本面和会计方法是交易信息的主要来源。在这里我们需要明白，如果你使用这些因素作为交易决策的一部分，那么需要把它们像其他重要的价格和成交量数据一样评级和分类。这种评级将有助于辨识更好的交易机会。

每个会计因素的显著性和权重，将取决于你的交易目标。当你把它们按重要性排列后，生成交易机会初始列表的搜索工作将是快速有效的。第13章将利用图表信息使交易开花结果，而第14章将描述如何根据我们的投资目标对交易进行评价。

站在即将启程的悬崖边上，有两条路通往山谷。虽然它们并非完全地互相排斥，但是大多数交易者选择的道路要偏向于其中的一条。如果你决定选择上面描述的那一条，那么我不能作为你的向导，所以请阅读我推荐的参考书。另一条道路，是我的首选，将沿着R图、股票效绩和可视扫描的路标前行。在随后的章节中，我们将透彻地探索这一条道路。

两条路在找到金子的地方相交。选择CAPM和相关道路的读者将与我们在第11章会合。

第7章
可视扫描

概率凸起的概念，我们已经在前面用掷骰子的方法阐述过，在图3.1 澳大利亚房地产投资信托公司的图表中，则被转换为支撑价位与压力价位。该图使用视觉图表形态，重点显示出可能的入场点和出场点。辨识和理解这种形态依靠肉眼观察。

可视扫描比较简单，当结束时便会得出一份最佳候选交易列表。图7.1所示为一份示例用的典型的可视扫描列表，并且带有备注，数据取自新加坡市场。每个人都有眼睛，而当把眼睛与电脑屏幕结合在一起时，它的功能便变得非常强大。

	A	B
1	股票名称	备注
2	Armstrong	支撑价位36—突破?
3	Avimo	支撑价位2.20
4	Bonvest	支撑85压力1.20
5	C K Tang	下降三角形
6	Chuan Hup	强趋势，在1.25买进，目标为1.55
7	City Dev	在支撑9.30处下一个8.00
8	Comfort Corp	趋势突破89，目标1.20
9	Gen May	尖峰——有根据的买入?
10	Haw par	通道交易2.65 – 3.10
11	IFS	突破1.00，目标1.70
12	Kepfels	强趋势——逢低买进
13	Pacific Century	上升三角形6.50，目标8.00

图7.1　用可视扫描选择的新加坡股票，并加了备注

可视扫描是所有搜索技术中最简单的，在交易过程中或多或少都会用到。那些扫描整个市场的交易者把可视扫描推迟到评价交易机会的最后几步。对于他们来说，此时已经将候选股数量减少到足够少，以便可视扫描可以有效进行。依靠基本面分析的交易者会用肉眼观察图表，以寻找交易时机。

我选择跟踪市场的一小部分——200—300支股票，所以可视扫描通常是我的起点。快速浏览这些柱线图表需要10分钟的时间。由于股票的数目较少，所以我可以对每一只都比较熟悉，所以我可以快速跳过那些数周以来已经失去竞争力的股票。

尽管计算机已经非常先进，但是软件仍然没有替代人眼。形态识别软件的性能正在提升，有些交易者利用它们扫描数据库，并且识别大量的形态。危险之处在于，在形态识别和在过去与未来价格活动之间建立因果关系之间有太大的跳跃。

SuperCharts软件可以让你“绘制”一系列柱线，以显示出现相同形态的其他结果。这是一个非常强大的功能，但是却未能在形态和未来价格活动之间建立任何因果关系。Metastock包含类似的功能。我们使用其他测试来证明这些关系的准确性。计算机可以帮助完成，但却无法自动完成这些测试。使用这种类型的形态识别软件来作为可视扫描的补充，可以对更多股票进行快速扫描。结果列表应该再用肉眼进行评价，然后才可以转到使用其他技术的步骤。

眼睛是心灵的窗户

我们在寻找什么？最强大的技术形态是趋势线、支撑线和压力线，以及它们形成的三角形。它们指明了高概率结果的位置。在有些三角形形态中，价格更容易向上运动。它们是技术分析的四大基本支柱，虽然听起来复杂，但是往往用肉眼看起来比描述起来要简单得多。下面的图表示例是从各个市场板块所取的典型示例。

这些形态的识别都需要主观判断。形态识别很难使用数学描述的程序来完成。趋势线是一个基本概念，所以软件开发商已经努力开发它的数学描述。许多软件包都带有自动趋势线，但很少有看起来“正确”的，所以大多数软件包都允许你手工绘制趋势线。

手绘趋势线有如下五条作图规则：

- 在上涨趋势中，趋势线沿着价格柱线的低点绘制。如果每天的最低价逐渐升高，那么便定义了一轮上涨趋势。最低价是我们希望跟踪的价格要素，所以趋势线位于下部。如果价格向下跌穿越趋势线，那么可能转变方向进入一轮下跌趋势。

下跌趋势由每天逐渐变低的新的高点所定义。我们通过把下跌趋势线沿最高价绘制来跟踪下跌趋势。

- 趋势线起始于价格柱线的极点——最高价或最低价。这些极值具有重要意义，因为超出（大于或小于）这些极点的收盘价将告诉我们趋势可能正在改变。这是一个入场或出场信号。
- 趋势线从极高点或极低点开始。这通常被称为轴点。而轴点只能被事后确定。
- 趋势线应该与尽可能多的价格柱线极点相接触。这就意味着我们没有排除太多极点，但是也并非追求最大的接触数量。我们希望把趋势线作为交易信号，所以我们对超越当前趋势极点的收盘价感兴趣，因为它们给出最好的交易信号。
- 趋势线与越多价格极点（而非突破）相交，趋势线信号的作用就越大。一条与10个价格极点接触，而无突破的趋势线是非常强劲的趋势象征。所以当价格的确在超越趋势线的价位收盘时，便给出一个非常强的趋势改变信号。

后面我们将严格按照这些规则绘制趋势线，但是在第一次可视扫描过程中，我们只寻找一轮大致意义上的趋势。肉眼观察仍然是最重要的，对这些简单形态的搜索，滤除了许多不具吸引力的交易机会。搜索是迅速的，它是主观判断，其本质是一种近似——这种限制是我们甘愿接受的，它将给出少数几只需要更进一步分析的股票。

寻找这些形态不需要有高级数学学位。优秀的软件可以加速可视扫描。Metastock的用户可以通过点击“下一股票”按钮来快速浏览图表。熟练的可视扫描者，从他们数据库中的第一支股票开始，每份图表只花3秒或更少的时间，便可搜索出图形化的证据来支持对于价格活动特征的直觉判断。他们寻找明确的趋势、支撑或压力价位，以及明显的三角形形态。他们利用周线图指示的方向寻找概率平衡。当某支股票的行为与其性格一致时，所选结果的概率被加强了。

以支撑为基础

支撑和压力提供了有关概率平衡的重要信息，如第3章所述。记住支撑位和压力位的形成过程：当在某一特定价位，买压连续战胜卖压时，支撑价位便形成了；而当卖压连续超过买压时，压力价位便形成了。当价格到达压力价位时，卖方提供的股票非常之多，所以买方无需抬高价格便可买进。随着时间的发展，这些价位显示出始终如一的估价。

首先在周线图中找出这种价位。注意，当价格击中某一价位数次并被弹回时，那么你便找到了支撑或压力。图7.2所示为美国零售商西尔斯罗巴克的周线图，从中可以看到位于39.00美元处明确的支撑价位。这是一条明确的分割线，但通常情况下是几美分宽度的狭窄区域。这不是一个三重底形态，因为这条支撑线还定义了上一年的价格活动，只是在这份图表中没有显示。在确认支撑价位方面，点数图是非常有用的工具。在我的书《股票交易》（《Share Trading》）和亚历山大·惠伦的《点数图技术指南》（《Study Helps in Point and Figure》）中对点数图有更详细的论述。对于不知道如何使用点数图的交易者，周线图也可显示相对清晰的支撑和压力。

在确立这些线时，关键因素是价格柱线的上下限。当价格柱线一直在某一价位完成、开始它们的价格运动时，我们便可把光标放在这一位置，绘制出支撑线或压力线。图7.2中的线恰好画在从1998年10月到1999年8月的下跌价格运动的极点下面。为了清楚起见，在本章中所有图表上绘制的线都略低于或略高于实际价位。

当西尔斯罗巴克这支股票进入我们的眼帘时，我们在便笺本上记下位于39.00美元处的支撑区域。在将这些股票加入你的股票提名名单之前，还要再进行两项观察。

第一，寻找附近的一条压力线或一个压力价位，并记下它的值。西尔斯罗巴克在51—52美元处显示一条压力带。这是未来价格上涨的一个目标，预期盈利大约为31%。

在有些股票中，支撑和压力价位非常明确。在香港上市的第一太平洋金融投资集团显示出位于6.60美元的支撑线，以及位于7.10美

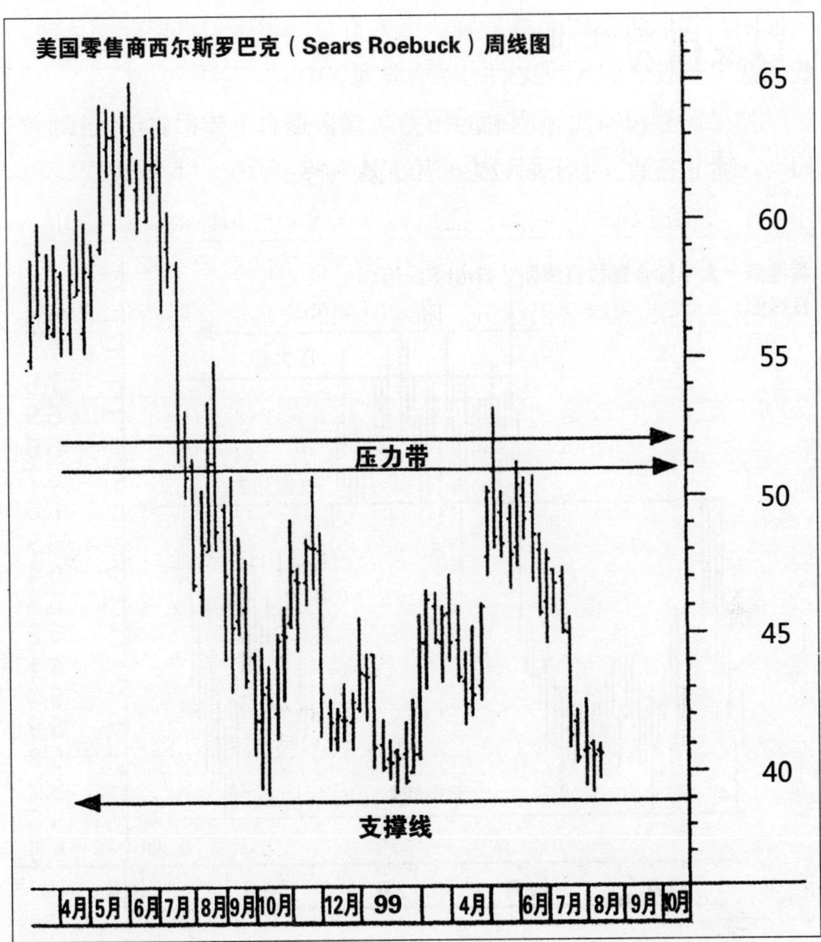

图7.2　寻找支撑

元处的压力带，比支撑价位约高7%。从6.60美元开始的下跌被位于5.60美元处的强有力的支撑线所捕获。

在整固形态中，股价在支撑价位处横盘运动，几乎不提供任何交易机会。当交易带——支撑线和压力线之间的距离——只有几点高时，交易是不具有获利性的。图7.3中上侧交易带显示出接近7%的毛利润。当股价从支撑价位1恢复到原来的支撑价位2（现在为压力价位）时，下侧交易带提供了一个18%的利润。

我们寻找在支撑线和压力线之间来回波动的股票。持续的成交量、价格运动和足够的运动空间将为我们提供合适的利润。以这些分析步骤为基础，我们后面将进行细致的讨论。在这种快速的可视扫描中，我们所希望的就是确认压力价位。当压力价位被确认后，我们就将该股票加入到我们的候选股列表中。

如果股票没有比较明确的压力区域，那么不要把它加入我们的列表，除非它通过了下面讨论的第二次观察。

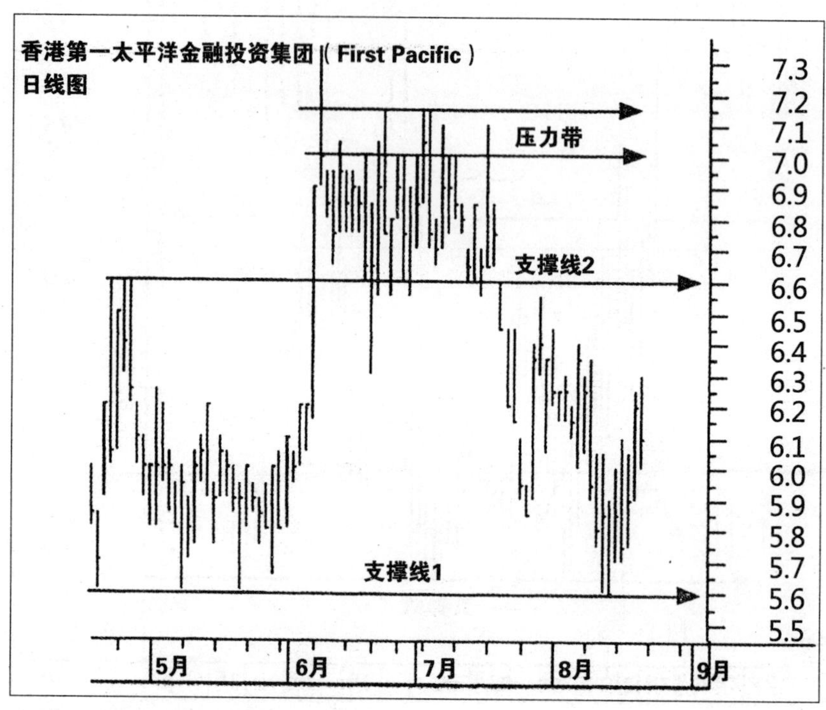

图7.3　支撑线与压力线的使用

倾斜的概率平衡

第二次观察是寻找另一个基本的图表形态——股票的趋势线。趋势线类似于支撑线或压力线，但是却向一边倾斜。它显示出市场随着时间的发展，不断调整其价格的方式。确立较大的趋势，是一个凭直觉完成的过程。图7.4所示为伊斯曼柯达公司的价格图表，线A所示的短期趋势是毋庸置疑的。你可能会对这条线的精确位置持有不同意见，但是伊斯曼柯达公司的股票的确是位于下跌趋势中。该结论是必然的。

我们寻找位于趋势线另一侧的开盘价，因为这将告诉我们一

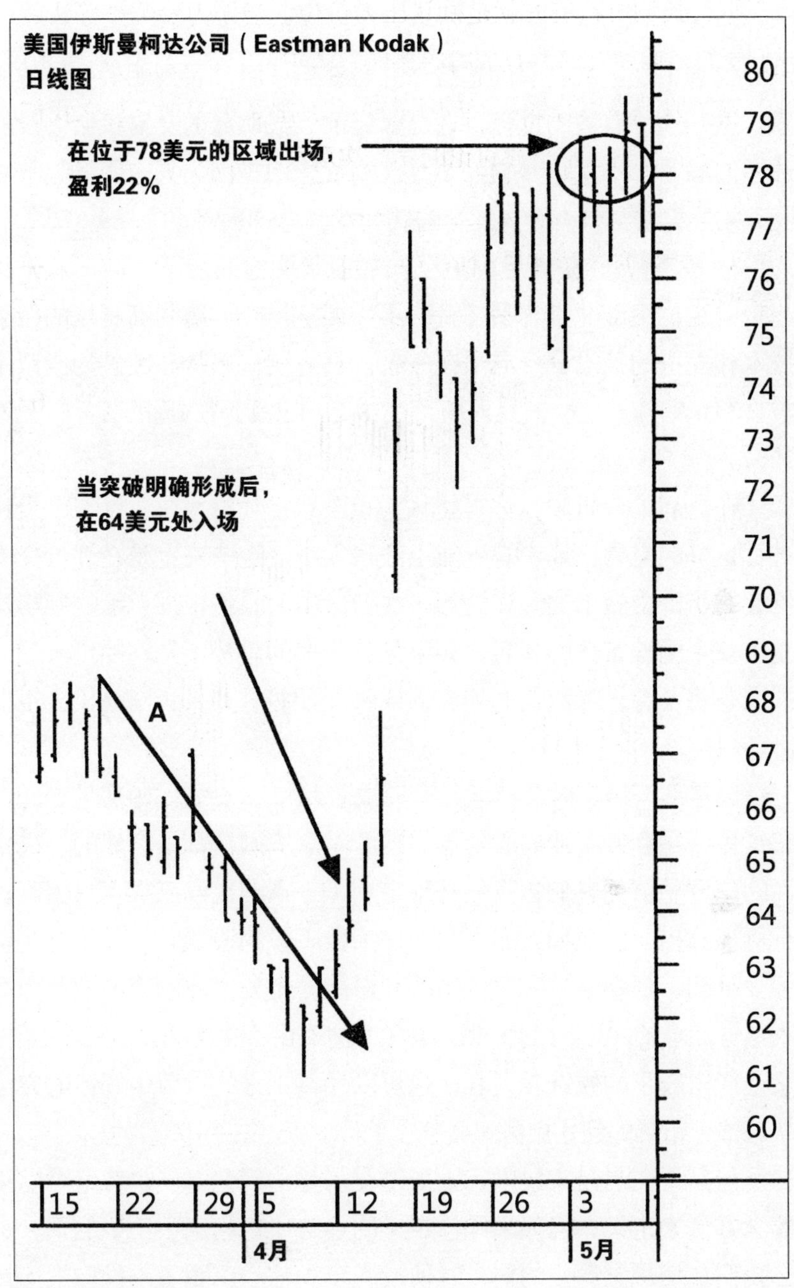

图7.4　寻找趋势和突破

个突破可能正在产生。具体使用趋势线的哪一侧，取决于我们是希望做多还是做空。在一轮下跌趋势中，当突破产生于趋势线的右侧时，我们建立一个做多头寸。而空头交易者则寻找上涨趋势线右侧的突破。

仅列出那些具有明确趋势，并且在第一眼便看到明确突破的股票。这一简单有效的过程只选择最好的、最明显的交易机会。没有选择的股票并不意味着它们不具获利性，而是因为具有明显趋势和突破的股票常常具有令人吃惊的获利性。

1999年4月，伊斯曼柯达公司的股价明显改变了方向。从下跌趋势中定位突破非常容易，我们不需要把这个问题同高科技的图表技术和先进的技术分析混淆在一起。具有明确趋势和突破的股票常常具有获利性，在64美元入场，在78美元出场，在4周的时间里盈利22%。

在之后的分析中，你可能认为该股票运动得太快，以至于无法进行良好的交易，或者有可能上涨得太少。这些决定是在评价交易机会的步骤中做出的。在这第一次搜索中，我们根据自己的判断建立了一个比较宽泛的列表。如果某支股票的趋势不是立即可辨的，那么它将不会进入我们的列表，或者即便将它列入，交易机会也很渺茫。

趋势线突破有时会持续几个月或者几年，如图7.5中房地产和汽车销售公司合发工业的股价走势图所示。突破常常是突然的、决定性的。要想抓住它们，我们必须定期（一周两次或三次）对图表进行可视扫描。当我们只用可视扫描为数不多的股票时，并不会花费多少时间，但却会带来很大的获利潜能。合发工业的交易盈利为令人感觉满意的200%。我们既可以在较小的市场板块中，通过初始搜索选择出较少的候选股列表，也可以用接下来的章节中阐述的方法从对整个市场的搜索中挑选。

与其说交易是一科学，不如说交易是一门艺术。趋势线可以用数学方法来定义，但如果那样定义的趋势线看起来不正确的话，那么我们在使用它产生的信号时便没有多少信心。图表不像魔图（译者注：指将多幅图片画面经过像素化处理合成到一起的特殊图片）那样需要我们眯着眼睛斜视才能看到隐藏的图像。如果第一眼没有看到趋势，那么就没有趋势。不要忘记这第一次搜索的目的。我们希望得到一份短小精炼的报告，列出所有的主要交易机会。

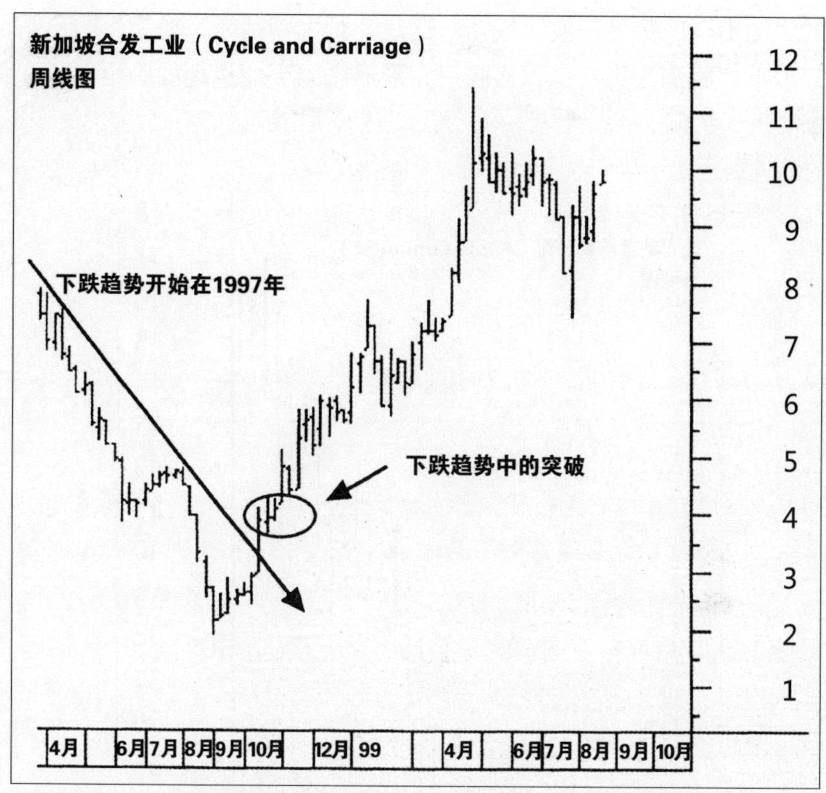

图7.5　辨识简单趋势和突破

热门股提示

当倾斜的趋势线与水平的支撑线或压力线相交时，便构成了三角形形态。在可视扫描支撑线和压力线的过程中，三角形形态是我们第二次预选观察的焦点。如果支撑线比较明确，并且成为与趋势线一起构成的三角形的底边，那么就将这支股票加入到你的列表中。

三角形是诱人的，因为它们表明价格向一个方向运动的概率增加了。三角形的水平边被分为三等分。在本章剩余的图表中，这些部分用"+"标记。在三角形形态的中间三分之一的末端，出现强价格运动的概率是最高的、最强的。图7.6中苹果电脑显示出从这种三角形区域中的一次成功突破。良好的突破常常形成于三角形形态的后三分之一处，但是它们往往具有较低的成功率。在三角形形态的尖端出现的突破一般比较弱。这是一种主观判断，如果你的初始列表中“股满为患”，那么向三角形形态的尖端运动的股票应该被剔除。

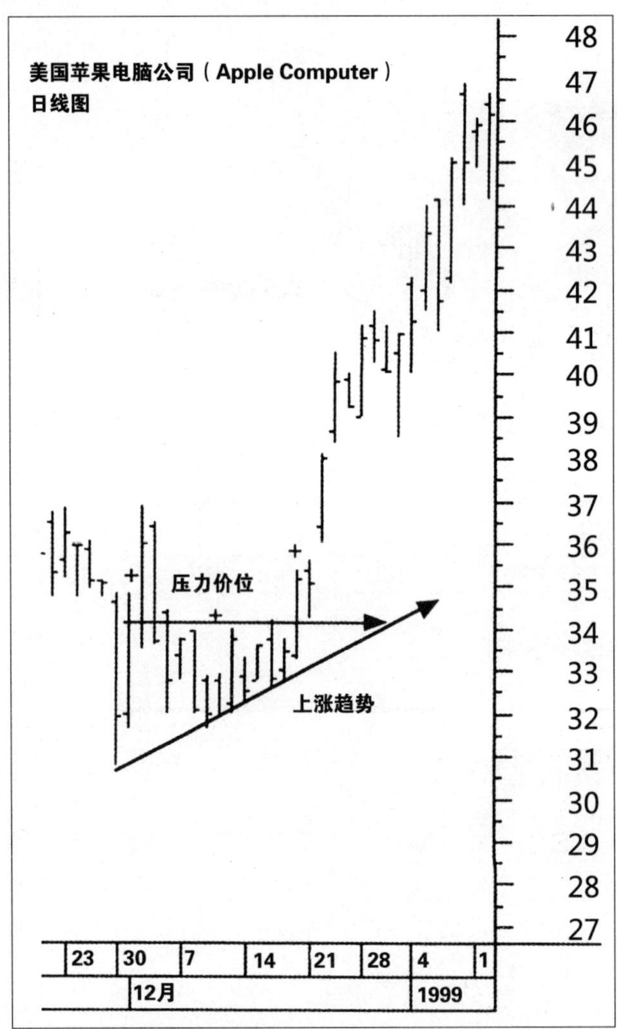

图7.6　寻找上升三角形

上升三角形和下降三角形是三角形形态中常见的两种，它们的特点是水平边由支撑线或压力线构成。电脑生产商苹果电脑公司的股票显示出一个上升三角形，顶边是由位于34美元处的压力线构成的。该三角形的斜边是由趋势线构成的。

这是一种简单的视觉形态，随着它的形成，便出现了一个完整的预测三角形。我们可以看到，后来的价格运动验证了该三角形的预测。12月，在苹果电脑公司图表的三角形形态中出现突破，可以为我们带来35％的可观盈利。该突破产生于这个三角形形态的中部的末尾。

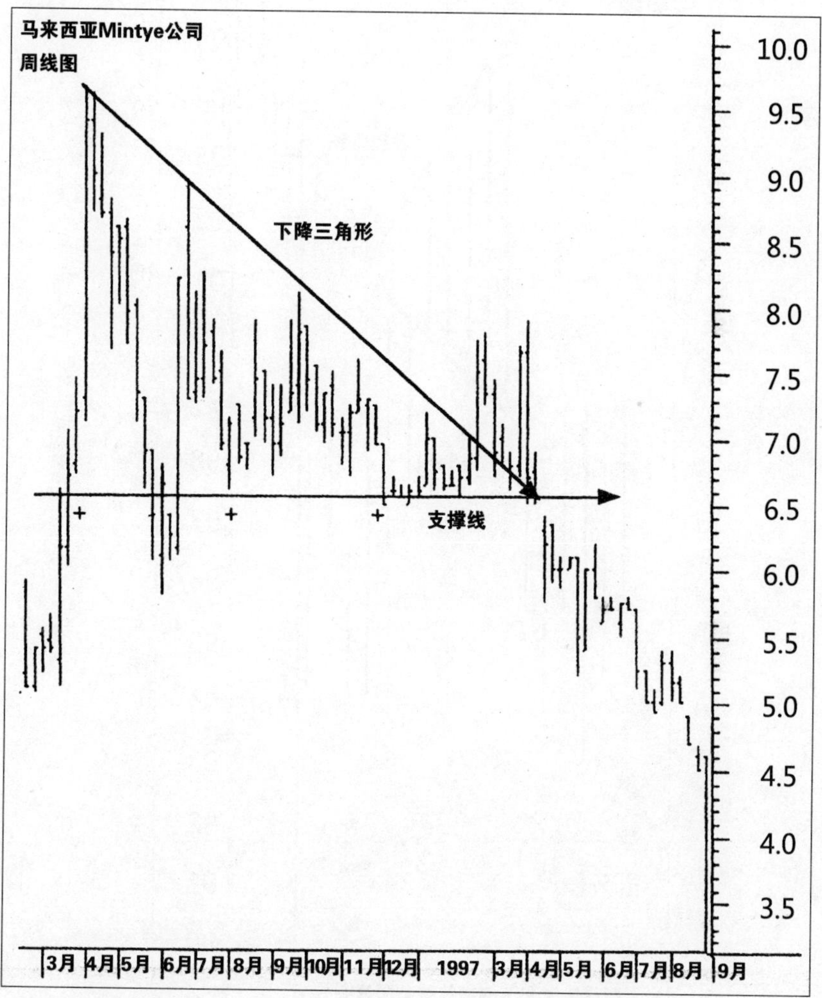

图7.7　寻找三角形

汽车部件制造商Mintye的股票完整显示出下降三角形在下跌市场中的影响。在三角形尖端形成的突破是比较弱的。一旦穿越支撑线，价格将向底部做长时间的运动。一位激进、乐观的交易者，可能已经在位于7.00美元的突破处建立了一个头寸，但是一旦反弹失败，价格下跌到低于6.50美元的支撑价位，谨慎的交易者会放弃这笔交易。这不是一个完整的三角形形态，但是市场的形状或意图是不会错的。对于交易者来说，这些图表形态可以起到向导的作用，

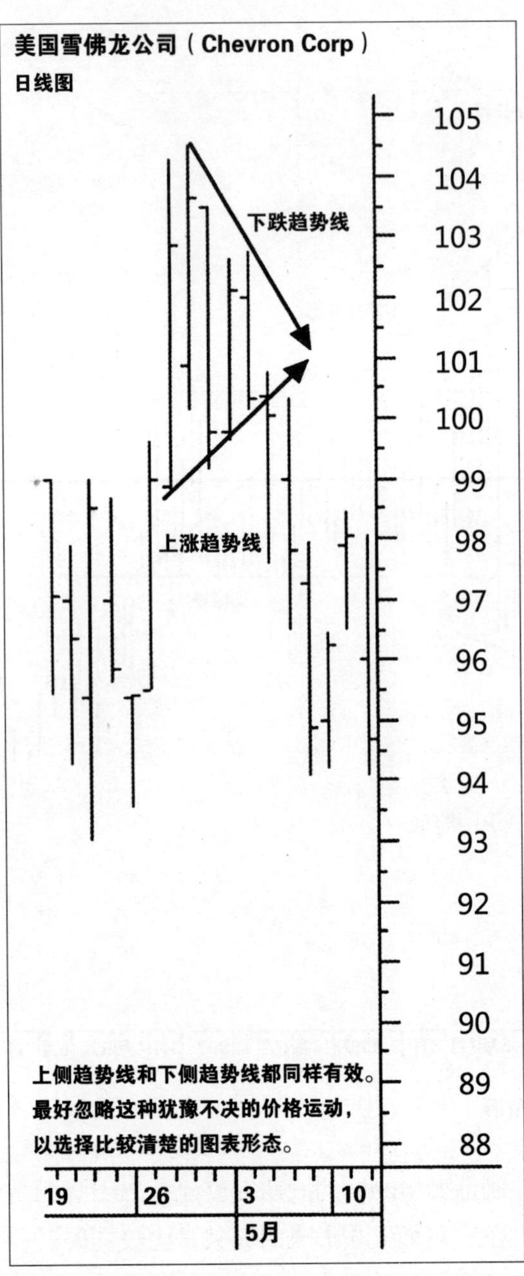

图7.8　寻找等边三角形

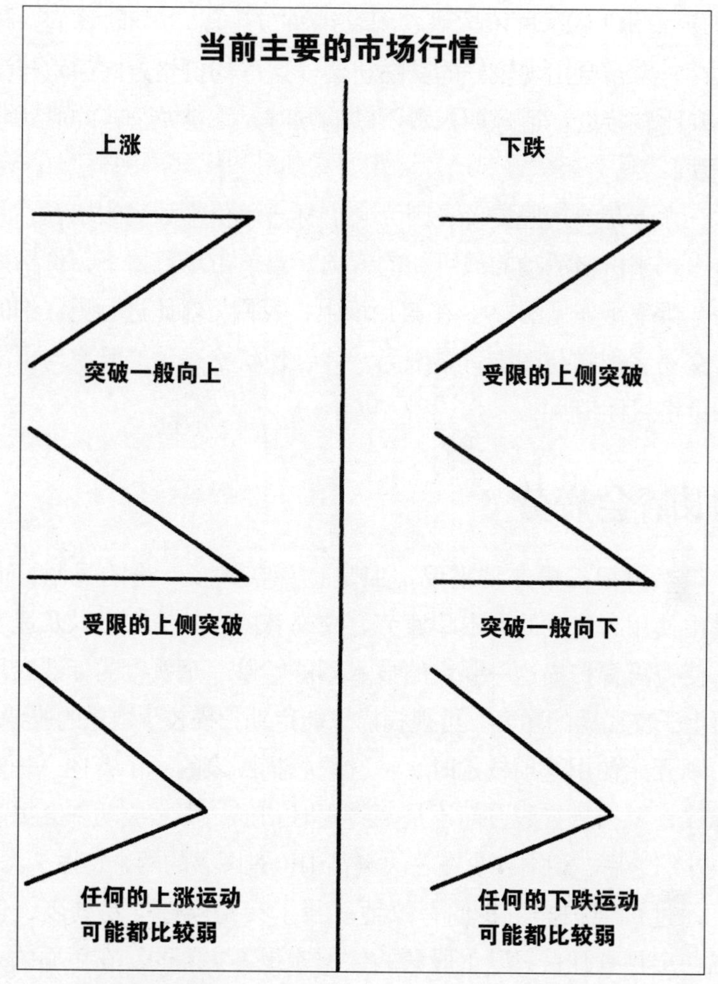

图7.9　阅读热门股提示

如果无视它们的存在，那么可能要承担更多的风险。

用可视扫描扫描这些由支撑线、压力线和趋势线构成的形态，不是一个复杂的过程。当上述形态形成时，我们便将股票记在自己的便笺本上，以备更进一步的分析。

第三种形态是等边三角形或对称三角形，当两条相反的趋势线相交时，这种形态便形成了。当在图表上很容易同时画出一条上涨趋势线和一条下跌趋势线时，我们便得到了相反的趋势线。向上的买压和向下的卖压达到一个平衡状态，两条趋势线便相交了。价格的这种迟疑不决的运动可能持续数周，也可能只有几天，比如图

7.8所示雪佛龙公司的例子。对于趋势的方向，市场同我们一样迷惑，此时常常会出现较好的交易机会。之后的价格方向通常与大盘的方向比较接近。道琼斯指数下跌的同时，雪佛龙公司的股票也跟着下跌。

三角形是热门股提示，因为它们标志着价格活动的增长，并且指示出未来价格活动的最可能的方向。当前市场行情下，价格方向的一个概率矩阵见图7.9。在第12章中，我们将对此进行更详细的论述。交易者把它与图表背景融为一体，使价格运动的概率与可能到达的价格目标相匹配。

眼睛会疲劳

虽然可视扫描非常重要，但是也存在许多严重的限制，而通常是由使用者造成的。眼睛疲劳、交易者的一相情愿，以及速度限制，使得可视扫描这一强大的技术不能够以一个例行的标准应用于成百上千支股票的图表。可视扫描只能定期扫描较少数量的股票。

刚开始使用这项技术时，一次只扫描图表的一个特性——要么支撑线，要么趋势线，而不是两者同时扫描，那么成功率会更高一些。熟练之后，便很容易在一次浏览中检查图表的两个特性了。

通过可视扫描，我们有效地获得了一份候选交易列表，但是扫描一个具有几百只以上股票的数据库是不实际的。在后面的章节中，我们将阐述如何通过更好的分析把这份列表进一步削减。搜索较大的数据库，需要借助于软件，要求该软件能够根据设定的标准评价每一支股票。软件选出的股票也要再经过肉眼选择，然后才能进行更深一层的分析。

可视扫描是如此的重要，以至于包含在每个交易决策中。我们都在观看图表，但是真的看透它们则是另一种技能。

超越肉眼的限制

让我们不要迷失了自己的目标。面对大量数据的时候，我们必须要利用自己的方法从中选出“黄金矿石”。如果没有做到这一点，那么就意味着我们一天或数小时的工作都消耗在毫无意义的活动中，永远受到错失交易机会的折磨。在市场丛林中的确藏有金矿，但找出它们却需要艰苦的工作。

交易者下载整个市场的数据，然后使用软件选择满足特定标准的股票。判断力明显被挤到了一边，取而代之的是呆板的公式。除非我们对自己的交易目标非常清楚，否则软件搜索不过是在编织梦幻神话而已。记住一点，不管我们把这一过程搞得多么复杂，这次搜索探险的目标非常简单，那就是只列出较少的最好的交易机会，而不是一长串可能的候选交易。

第8章

技术的真爱——寻找关系

如同每一次淘金者的探险一样，许多交易者充满信心地认为，有些工具会帮助他们透过地表看到真正的矿藏。一位优秀的地质工程师会因为能够从地表看出深层的地质和矿藏而名声大噪。现代化的黄金冲积矿床上，到处闪动着吱吱尖叫的金属探测器，它们在探测表层土壤下面的真相。可视扫描我们的图表，只是探测数据库的许多方法中的一种。本章的剩余部分将详细阐述如何探测更大型的矿场，通常是整个市场。而这些技术也同样适用于较小的市场板块。

我们寻找的金矿是那些概率平衡表明价格运动方向即将改变的股票。只有我们知道我们正在寻找什么时，我们才能利用计算机的力量帮助我们探测价格和成交量的数据库。市场中没有指示牌标明“利润在这里”。

Metastock、SuperCharts和其他图表软件提供的手册中，都对搜索公式有专门的讲解。在www.guppytraders.com以及其他网站上都有大量的搜索公式。它们都是宝贵的工具，但是在生手手中却不那么奏效。这一章和后面一章，不是为读者提供工具箱。我们只是展示一些示例工具，解释它们为何在某种市场地质类型，而不是另外的市场地质类型中能够比较有效地工作。

我使用的是哪一些工具呢？此处讲解的技术我都使用，但是到底是哪些组合，取决于市场行情。没有一个交易方案可以在所有的时间适用于所有的市场。我们的目的是理解一些工具和技术，从而可以更好地选择正确的组合，以与我们首选的交易类型，以及当前的市场行情相匹配。

有效的数据库搜索依靠两种主要类型的市场地质学：关系图或R图，以及基于绩效的图。这两种技术都使用原始的价格数据和成交量数据。大多数工具都属于这两类。从正确的工具类别中选择最好的工具是通往成功交易的第一步。

R图方法使用的是开盘价、收盘价和成交量之间的简单关系。它们依靠图表中的价格图和价格形态，而不依靠指标的结果。每个结果都是原本可以交易的市场价格。

它们是地质学家们的地表检测仪，可看到深层的地质真相。

基于绩效的方法则是对数据进行处理、平滑、求平均或推算。这些搜索就像航空磁测，寻找指示概率平衡的数字结果。这种搜索寻找明确的信号，希望价格运动即将按此改变。

移动平均是一种典型的基于绩效的方法，当我们观察一个移动平均值时，我们发现它未必是当日市场中出现的一个价格。当交易的股票价格在60.00美元和61.00美元之间运动时，移动平均值可能为59.00美元。交易者买进或卖出该股票时，未必是在59.00美元的移动平均价。

这些绩效或指标结果，距离市场数据约“一步之遥”，可以给交易者带来有关市场运动的另一类信息。

相反的，R图搜索带给交易者的信息，是来自当日价格实际运动的区间。这些结果更接近真实的市场活动，在某些环境下将更有用。虽然R图和基于绩效的指标之间的区别常常被忽略，但是记住它们的区别还是有用的。

绘制基本的R图

基本的R图告诉我们哪一支股票在选定的时间段表现最好。这是运用计算机强大的功能对数据库信息进行搜索、比较和评级。这一基本的扫描逐渐过滤我们的股票列表，通过把今天的价格与以前的价格进行比较来对股票进行评级。这种搜索选出名义上成功率较高或较低的股票，但是把解释的任务留给了交易者。

有许多基本的评级标准。最常用的有如下几条：

- 将今天与昨天进行比较，选出最优的。
- 最近三天或五天中的最佳股票。
- 最近一周、两周或三周内的最佳股票。
- 创造新高或新低的股票。

记住一点，我们是在利用计算机的强大功能辨识潜在的交易机会，之后可以对它们进行深入的分析。这次搜索得出的列表应该足够小，以方便我们后面进行更深入的分析。图8.1是在新加坡股票中选出的前5只。这些结果展示了前两条搜索标准的应用。

	1日绩效		**3日绩效**		**5日绩效**	
1	PCI	17.3	Roly Intl	30.6	Roly Intl	52.8
2	Kellas	11.3	Chew Eu Hock	28.2	Jacks Intl	41.5
3	Show Pla	10	Jacks Intl	25	Chew Eu Hock	34.7
4	FCC	8.9	Seaview	23.6	Drangon Land	34.6
5	Austland	7.8	Tong Meng	21.7	Tac	34.2

图8.1　R图，寻找优秀股票，新加坡股票交易所，Metastock搜索结果

Metastock用户可以在（搜索模式Explorer Module）中修改默认设置——“绩效（Performance），每日（Daily）”，以扫描自己首选的时间段。搜索公式如下：

```
Column A
CLOSE
Column B
ROC（CLOSE，1，percent）
Column C
ROC（CLOSE，2，percent）
Column D
ROC（CLOSE，3，percent）
Column E
ROC（CLOSE，4，percent）
Column F
ROC（CLOSE，5，percent）
```

该软件按照选定天数内的绩效对搜索结果进行分类。

有时，交易者可能希望找出一年中创造新高的所有股票。这适用于在牛市中买入强势股票的交易策略。图8.2所示为Metastock搜索整个香港市场的结果。搜索公式如下：

Column A

High

Column B

HHV（High，260）

Filter

（Col A －Col B）= 0

哪些股票运动迅速、哪些股票创造了新高，这些信息都是非常有用的，而且很难通过其他渠道获得。每日交易快讯中刊登的信息只是关注最流行的那些股票。在大型市场中，只看流行股是远远满足不了交易目的的，因为它排除了太多的股票。

年度新高

整个香港市场

只列出最准确的结果

结果　排除　搜索

股票名称	收盘价	最高价
Aeon Credit	3.5500	3.5500
Bank of Gre N97	99.6200	99.6200
BZW-CKW W98May	8.4000	8.4000
Chintex Oil&Gas	0.3200	0.3200
Dah Sing Finan	35.2000	35.2000
Englong Intl	1.4500	1.4500
Formosa Growth F	15.0000	15.0000
HK Daily News	1.6900	1.6900
HSBC Hold-GBP	282.0000	282.0000
Jiangxi Copper	1.5000	1.5000
Kong Wah Hldgs	1.0800	1.0800
Lion Asia Ltd	2.9000	2.9000
Mandarin Res	0.0840	0.0840
ML-HSBC W97J	12.2000	12.2000

图8.2　R图，整个香港市场，年度新高

大多数情况下，交易者可能希望对基本的R图结果再进行略微深入的分析，然后才投入时间和精力进行下一步更深入的分析。

高级R图

所有R图搜索都是将价格活动与预置形态，或者另一个数据要素（比如成交量）进行比较。它们不比较指标结果。

最常见的高级R图搜索包括：

- 内包日（译者注：当日所有的交易价格都在前一日的交易价格范围内）。
- 缺口日。
- 收盘价靠近最高价超区间日（译者注：超区间日是指同时兼具比前一日更高的最高价以及更低的最低价）。

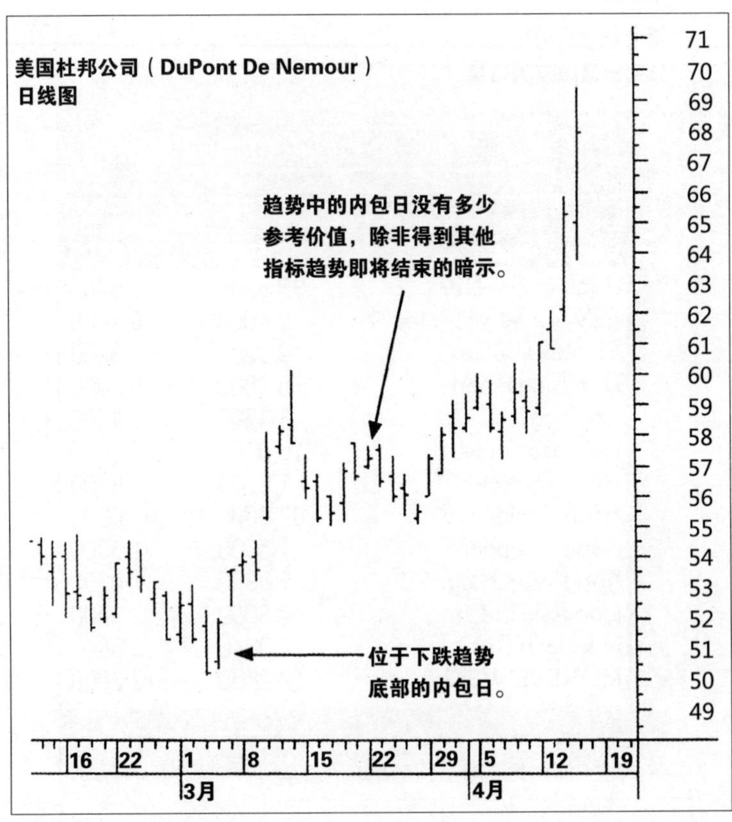

图8.3　R图，内包日

- 价格和成交量突破。

高级R图通常比较当日价格活动与前一日或前面数日的价格活动。内包日，如图8.3中杜邦公司的图表所示，指当日最高价和最低价都在前一日的高低价差范围内。明显的特点是价格柱线与其他价格柱线之间的关系——较短、较长，或者成交量的变化。

还有很多其他类型的R图。例如等量图（译者注：即等成交量走势图），使用条形图的宽度变化来表示成交量的变化。这些R图到底有没有用，取决于你的交易类型和技术。关键问题是在开始搜索之前选好搜索的标准。

目前的大多数图表软件都带有默认的搜索标准。许多人不分青红皂白地使用这些默认标准。如果你能够使用其他一些标准的话，那么将获得一种凌驾于众人之上的优势。同样的，通过以这些默认标准作为起点，交易者使用自己的专家标准，对这些初始选项更进一步地提炼。后面的几个例子并未列出所有的可能结果。举这些例子的目的是说明如何将R图因素融入数据搜索中，以便你可以更好地利用你喜欢的因素。

内包日

当当日价格活动——从最低价到最高价的范围——恰好落在前一日的价格活动的范围之内时，便出现了一个内包日。图8.3所示为美国化学公司杜邦的柱线图，其中有两个内包日。当内包日出现在主要趋势的尾部时，是一种重要的反转形态。对趋势结束的进一步确认是需要的，但是在找出这种关系之后，我们把该股票加入我们的观察列表。

内包日通常作为一个领先指标，提前向交易者发出价格突破的警告。这种警告是从价格柱线之间的关系得出的。杜邦恰好在下跌趋势的转折点处出现一个内包日。这些关系足以将杜邦加入我们的潜在交易机会列表。

一些K线形态，比如十字星形态，也可作为R图。如果某个交易日的开盘价等于收盘价，那么该日的K线为十字星形态。看涨或看跌取决于十字星K线的烛芯向上或向下延伸的长度。

利用K线方法时，如果希望做多，那么我们会对蜻蜓十字星比较感兴趣，如图8.4所示马来西亚上市公司Maypak图表的底部出现了一个蜻蜓十字星。这种形态在已经确立的下跌趋势中最为明显，特别是出现灾难性的一天，趋势接近尾声时。价格大幅下探，在图中表现为一条非常长的尾巴，由于只剩下几位受到惊吓的卖家，所以收盘时价格又恢复到开盘价。这次价格活动使最后几位卖家出场，设定了一个新的低点。发现这条信息之后，我们在下一个交易日继续观察该股票，寻找确认信息。

如果下个交易日的开盘价和收盘价位于前一个交易日的高低价差之内，那么便得到了明显的确认。这表明卖方拒绝加入市场，除非他们得到一个更好的价格。此时，市场群体的态度发生了变化，从原来的恐惧——“我最好现在卖出，否则价格将跌得更多。”——转变为现在的贪婪——“我将继续持有，因为行情总会好转的”。

作为一位做多的交易者，你希望寻找那些正在形成比较值得入

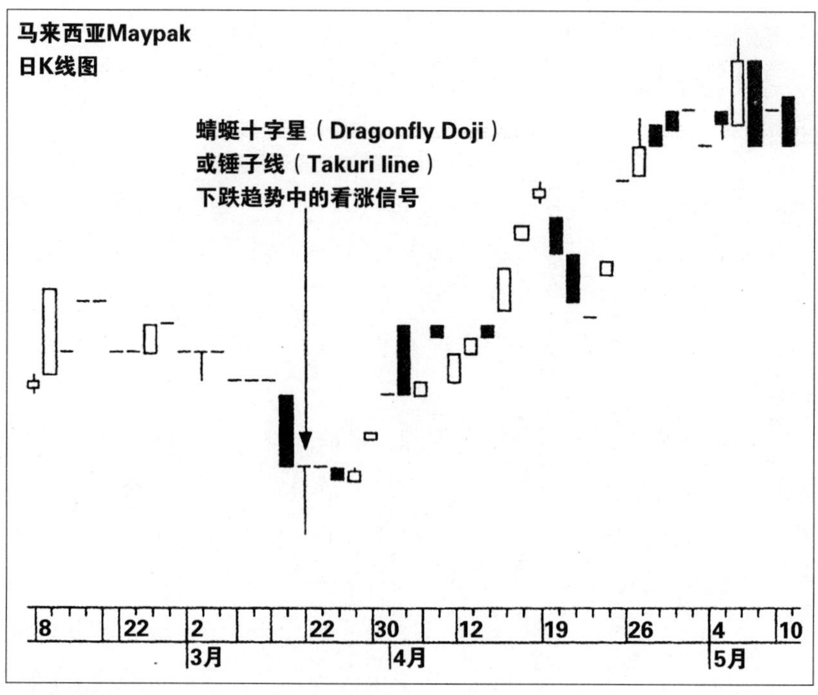

图8.4 使用K线

场的新交易机会。使用Metastock的搜索功能扫描内包日。搜索公式非常简单，就是在分析工具（Analysis Tools）中选择Inside（）。

寻找K线形态通常是比较直接的，但是Metastock中并未提供默认的蜻蜓十字星工具。我们不得不使用程序逻辑和功能列表中的几个K线函数来自己构造一个。下面的搜索公式展示这一构造过程。

```
Column A
Close
Column B
If（LongLeggedDoji（）,l,0）
Column C
If（LongLowerShadow（）,1,0）
Column D
If（Doji（）,l,0）
```

对于每只分析的股票，这次Metastock搜索将返回一个布尔值。符合标准的股票返回值为1，不符合标准的股票返回值为0。我们是在公式中告诉Metastock这样做的，在日常英语中，1一般代表“是”，而0一般代表“不是”。

三个同时搜索的逻辑定义了蜻蜓十字星日。说得简单一些，任何返回值为1的股票肯定具有蜻蜓十字星日，这是因为：

- 这一天将有一个非常长的尾巴位于十字星之上或之下——Column B（B列）中的LongLeggedDoji（长腿十字线）。
- 尾巴位于当日K线实体之下——Column C（C列）中的LongLowerShadow（下影线较长）。
- 开盘与收盘价相同——D列中的Doji（十字星日）。

这些逻辑条件定义了一个蜻蜓十字星形态，在“搜索过滤器列”（Explorer Filter Column）中显示如下：

```
When（colB， =，I）AND When（colQ =，1）
AND When（colD， =，1）
```

复杂问题建立在简单问题的基础上，对于这一话题我们下一章将重点阐述。我们此处的目的是展示日本K线图在辨识R图形态方面的应用。如果你感觉价格R图比较重要，或者是最重要的因素，那么有必要学习一下如何设定搜索标准。如果你不具备这方面的技能，那么像North Systems CandlePower5这样的专家软件可能会节约不少时间。

缺口日

当价格在62.00美元收盘，并且下个交易日在64.50美元开盘时，一个价格缺口便产生了，如图8.5所示可口可乐公司日线图中的区域E。该缺口的宽度为2.50美元。在区域F，前一根柱线的收盘价为67.00美元，而后一根柱线的开盘价为68.00美元——出现宽度为1美元的一个缺口。这份图表中整整有7个缺口，都用字母标出。除了最后一个缺口G之外，其他缺口都已经被“回补”。回补缺口的意思是说之后的价格运动又将缺口覆盖，如图8.5中的箭头所示。价格可以向上跳空，也可以向下跳空，有些分析人士认为每个缺口都会被回补或填回。这便引出了一条明确的交易策略，但在使用该策略之前，交易者必须把显示缺口运动的股票选出来。

缺口是一条柱线和另外一条柱线之间的一种图形关系，或者说一种R图。当某些买家非常想得到股票时，他们的出价便高于市场中的其他买家，于是便出现了一个向上的跳空缺口。在这样的交易日内，价格被竞相抬高，直至卖压枯竭。当卖家在61.00美元处看到有大批买家时，他们知道自己可以报出62.00美元或更高的价格。在这种沸腾的市场中，有些买家将走出人群，在高价处买进。

当一天的交易结束后，买卖双方都会对行情进行重新分析。并非所有的市场参与者都亲眼目睹了当天的交易活动。对于头寸交易者或投资者，他们交易的根据往往是日末数据、经纪人的建议，以及他们从电视或金融快讯中搜集到的信息。当市场中的卖家看到价格加速时，他们便撤回自己的订单。他们希望在更高的价格卖出。对该股票一无所知的买家决定参与到该股票的交易中。他们跳到下单的人群中，喊出了一个较高的价格。其他消息灵通的买家特别希

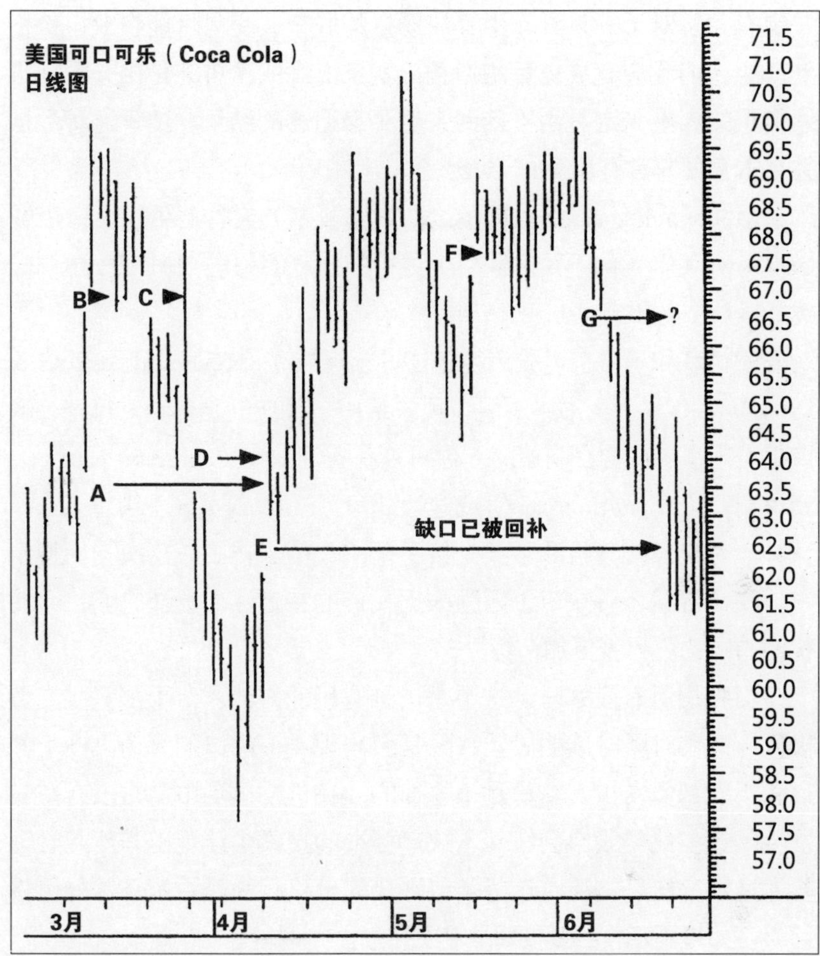

图8.5　R图，缺口日

望在高于前一日收盘价之处开始出价。

在下次开盘时，当买方出价满足了卖方叫价时，第一笔交易便产生了。较高的买方出价将使价格产生一个向上的跳空缺口。只有之后所有交易的价格都持续高于前一天的收盘价时，价格缺口才被确认。如可口可乐所示，这种价格活动的确在蓝筹股中形成，但在流动性飘忽不定的中型股票中最具有获利性。

当然，当相同的事情以相反的方向发生时——在下跌趋势中的向下跳空——便预示着一个做空的交易机会产生了。

这种价格活动常常会伴随着价格和成交量的突破，但是也并非一定有关。对于一只具有中等流动量的股票，交易可能在缺口价格处产生，而不会有成交量的增长。卖家提高叫价可能是由一系列因素引起的，不一定是由于受到大量买家追逐的结果。搜索这种数据关系本身便非常有用。

Metastock允许用户使用公式GapUp（）（向上跳空缺口）或GapDown（）（向下跳空缺口）进行扫描。K线用户则是搜索Rising Windows（上升窗口）。

爱德华和马吉在《股市趋势技术分析》（《Technical Analysis of Stock Trends》）一书中对缺口现象给出了经典的诠释。对每一种缺口都给出了明确的交易策略。你可以在普通缺口（common gaps）、衰竭端口（exhaustion gaps）或逃逸缺口（runaway gaps）中重点选择一种。对缺口的分析和分类是接下来的一项工作。在这次初始搜索中，我们寻找各种缺口，因为根据我们的特定标准选择它们，会使我们的候选股列表更加精炼。

当扫描所有股票时，这不是一种有用的方法。对于那些成交量极低，或者时断时续的股票，经常会出现类似端口的行为。由于卖家和买家都非常少，交易是不规律的，在价格运动中常常没有交易发生。许多此类股票会在基本缺口标准的搜索中浮现出来。此时，要通过观察图表，决定这些类似缺口的价格行为是否是正常的价格行为，如果不正常，就要将它们去除。

虽然对缺口教科书式的理解在美国市场非常有效，但有时在其他市场中却不起作用。

围绕缺口的回补，交易者需要特别仔细地建立交易策略。有些缺口永远没有回补，而有些缺口在数月或数年之后回补。

超区间日

当日价格运动的区间大于正常值时，便表明买卖双方出现了一种不平衡。如果这种不平衡的方向是向上的，那么就表明买方出价将更高，以满足卖方的要求，因为供方——卖家——是有限的。如果供大于需，那么所有买家将在更低的价格买进。

超区间日使得R图和指标之间的界限变得模糊。这一概念将开盘价和收盘价之间的价格运动“区间”纳入考虑范围，并将它与前一日的价格区间进行比较。这有时是一个简单直观的过程。图8.6所示为盘面较小的澳大利亚矿业公司Carpenter Pacific的股票走势图，其中的价格柱线A毫无疑问远大于正常的价格运动区间。

这是一个极端的例子，虽然非常容易发现，但是这样的价格运动带给交易者的有用信息很少。价格运动速度太快，交易者无法在这样的行情中交易。如果我们使用的是日末数据，那么我们将处于不利的位置，因为这种尖峰形态可能是个孤立的事件，之后未必会出现持续的上涨运动。只有未来的价格运动才能告诉我们，在必须发生的价格回调之后进入交易是否值得。然而，如Carpenter Pacific所示的这种类型的价格运动，在中盘股票和投机性股票（译者注：投机性股票为新成立，尚不知未来潜力的公司；或是投资人不看好的公司所发行的股票）中却频繁出现。单个大型的超区间日提供了交易线索，根据这种类型的价格运动交易是令人恐惧的，但获利潜能却非常大。

这种手指形图表形态是一个价格尖峰。价格显示出很大的高低价差，伴随着较高的成交量。价格返回到第一个尖峰的中点之下，急剧下跌标志着该形态的完成。价格常常会在尖峰的四分之一处暂停，交易者可以在这样的回调中入场。尖峰的中点为我们提供了一个出场目标。

这是一种戏剧性的例外情况。通常，我们寻找这样的行情：某个交易日的价格区间明显大于前一个交易日的价格区间——或者前面数日的平均价格区间——但不能太大，以至于失去交易机会。要识别这种行情，有几种方式。在第一种R图中，当日价格区间与前一日的价格区间进行比较。第二种方法模糊了R图和指标之间的界限，利用一个平均的计算区间与当日的价格区间进行比较。

标准的R图方法使用日本K线图，因为它在比较当日价格区间与前一日价格区间方面提供了一种有用的方法。对于Metastock用户，可以利用Big White Candle（长阳线）这一R图进行搜索。当用作搜索标准时，用户必须依靠软件的判断来识别Big White Candle。软件判断有时会出错，应将那些图表尽快剔除。

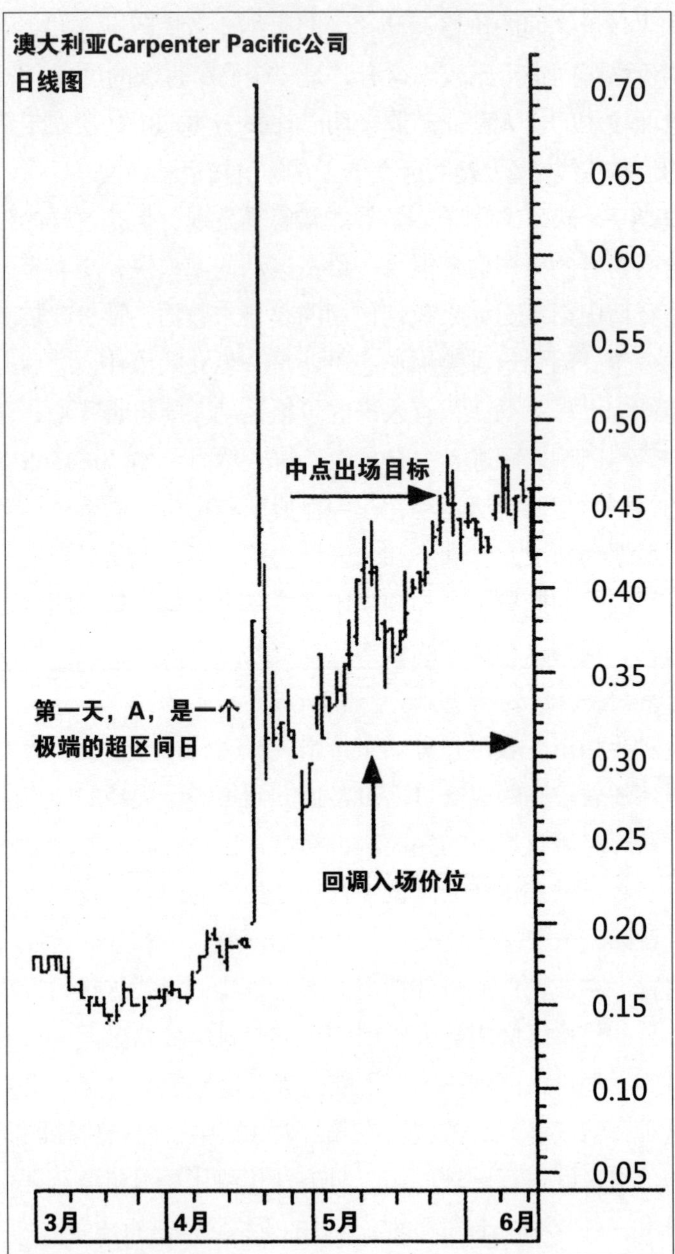

图8.6　R图，超区间日，手指形图表形态

第二种方法将当日价格区间与前面数日的平均价格区间进行比较，方法是求出前面5日、10日或21日中最高价和最低价之差，然后用求平均的方法得到一个数值。当日数据——也是最高价和最低价之差——与这一平均值进行比较。较高的数字表明当日价格区间较大，未来价格运动可能正在建立。起类似作用的指标包括平均真实区间和ADX型指标，它们显示的是当日价格区间和前面既定周期上的平均价格区间之差。

注意我们是怎样从R图转移到指标的。这种转移改变了我们搜索数据的方式，会影响到搜索结果。常见的危险情况是搜索结果与我们原先的意图不一致。搜索黄金矿石，并且忽略在搜索过程中发现的一些白银矿石，并没有什么错误。但是当搜索忽略了黄金矿石，只选择了白银矿石时，肯定是哪个地方出错了。如果我们使用指标寻找主要的R图行情，那么我们有时会错过黄金矿石，而找到白银矿石。ADX指标搜索的便是白银矿石，因为它是基于平均化的指标，所以反应比较迟缓。R图搜索的是黄金交易机会，利用Big White Candle搜索可以快速发出交易信号。搜索方法必须与我们的目标相匹配。

R图传达的是一种视觉信息，这种信息标出了未来价格运动的潜能，并且对于入场价格提出了合适的建议。绩效指标远离了这种简单信息，把当日价格置于一个比较宽的背景之中，更加适合于另一种类型的交易。

我们此处的目的，只要知道搜索标准可以非常简单——一根长阳线，也可以非常复杂——一个平均真实区间指标，便足够了。调节这些参数以满足你的交易需求。

价格和成交量突破

金融作家们在为市场信息分类时，加入了相当多的人为因素：基本面、图表和技术。优秀的交易者把这些信息糅合在一起，以增强他们的交易能力，辨识那些与他们理想的交易行情相匹配的完美的和近乎完美的交易机会。

成交量是驱动市场运转的燃料。上涨趋势要想持续，必须有新的买家加入，并且得到小心的、不情愿在低价卖出的卖家的支持。稳定的成交量是重要的。要想推翻现有的趋势，必须有大批的买家或卖家，有足以改变价格的力量。

价格和成交量的变化为R图提供了基础，但是要分析这种变化，交易者需要使用指标这样的工具。

成交量通常以实心柱状图的形式显示。如果成交量一反常态，那么便提供了交易线索，但怎样才算是违反常态，却很难定义。锯齿样的形态需要平滑，所以此时需要一个数学的解决方案，而不是视觉方案。

利用成交量作为搜索依据的关键是测量当日成交量与以前成交量的长期平均进行比较的结果；比如说当日成交量高于50日移动平均50%。价格突破的选择是以百分比方法为基础的，比如价格比昨日收盘价上涨了5%或更多。

只有定义的搜索标准与我们的交易意图相一致时，搜索才有意义。对于整个市场的搜索可能需要使用略有差异的标准重新搜索数次。我寻找价格比昨日收盘价上涨5%或更多的短期突破。我把这一标准再应用于成交量高于50日移动平均50%的股票上。

在Metastock中的搜索公式如下：

```
ColA CLOSE， ColB REF（CLOSE，–1）， ColC
ROC（CLOSE，1，PERCENT）ColD VOLUME， ColE
MOV（VOLUME，50，EXPONENTIAL）， ColF
（（VOLUME–MOV（VOLUME，50，EXPONENTIAL））/
MOV（VOLUME，50，EXPONENTlAL））*100， Filter
WHEN（COL>= 5）AND WHEN（COLD>=COLE*1.5）
```

大约有846只证券，包括认股权证，在香港上市。Metastock只花了不到两分钟的时间便选出了所有满足这些默认标准的证券。图8.7列出了在整个香港市场中搜索出的前14只证券。并非都是真正的候选股。有一些可能太超前，所以并不值得交易。其他一些则由于图表形态较弱或者其他指标并未验证突破潜能而被拒绝。

我们从这份列表中选择庆铃汽车。图8.8中的图表展示了价格和成交量之间的关系，暗示交易机会即将开始，并给出一个入场点。从这份图表的剩余部分中我们可以看出这笔交易是怎样发展的，并

整个香港市场
Metastock搜索结果

"价格和成交量突破"

结果 | 排除 | 搜索

股票名称	收盘价	昨日收盘价	收盘价涨幅%	成交量涨幅%
Nam Pei Hong W01	0.8900	0.6800	30.8823	348.9117
Capital Automatn	0.1680	0.1360	23.5294	444.4616
HSBC Hold-GBP	282.0000	236.0000	19.4915	82.1070
Tian An China In	0.3000	0.2550	17.6471	547.2927
HSBC China Fund	7.9000	7.0000	12.8571	285.1385
Qing Ling Motors	1.7000	1.5200	11.8421	112.4649
Founder (HK)	2.3250	2.1000	10.7143	213.3460
Leung Kee Hldgs	0.1700	0.1570	8.2803	146.5071
Mei Ah Intl	0.6000	0.5600	7.1429	200.7835
MANYUE	0.3200	0.3000	6.6667	354.4949
Jilin Chemical	1.0200	0.9600	6.2500	183.4278
Perfect Treasure	0.5600	0.5300	5.6604	57.9110
BZW-CKW W98Ma	8.4000	7.9500	5.6604	174.3218
Ocean Grand	0.2950	0.2800	5.3571	272.7139

图8.7 寻找价格成交量突破

且最终得到80%的盈利。

我的交易风格决定了R图的结构，以及我所使用的Metastock搜索参数。它们不是默认的搜索公式。我们对默认公式进行了修改，以反映我对市场行为的特定信念。你对市场的信念，以及你的交易风格，可能不同于我，所以你最终的公式设置也将与我的不同。

我设置的截止数字，比如5%或50日平均成交量，目标是去除尽可能多的股票，只留下具有真正交易机会的那些股票。有些大鱼可能从网中逃走，但我们只要抓住够一天食用的便足够了。

在设定搜索标准时，我们所做的选择应该帮助排除那些在近期内不大可能形成交易机会的股票。

尝试复杂标准

我们搜索黄金矿石的方法，可以是简单的，也可以是复杂的，这取决于我们的选择。只要我们没有迷失自己的目标，搜索就是富有成效的。同样的，180吨级卡特彼勒5230挖掘机看起来令人激动，但也不过是一个大铁锹。美国期货交易者琳达·莱斯基和拉里·康纳斯使用的对NR4行情的搜索在概念上与上面讨论的R图同属一个类别。

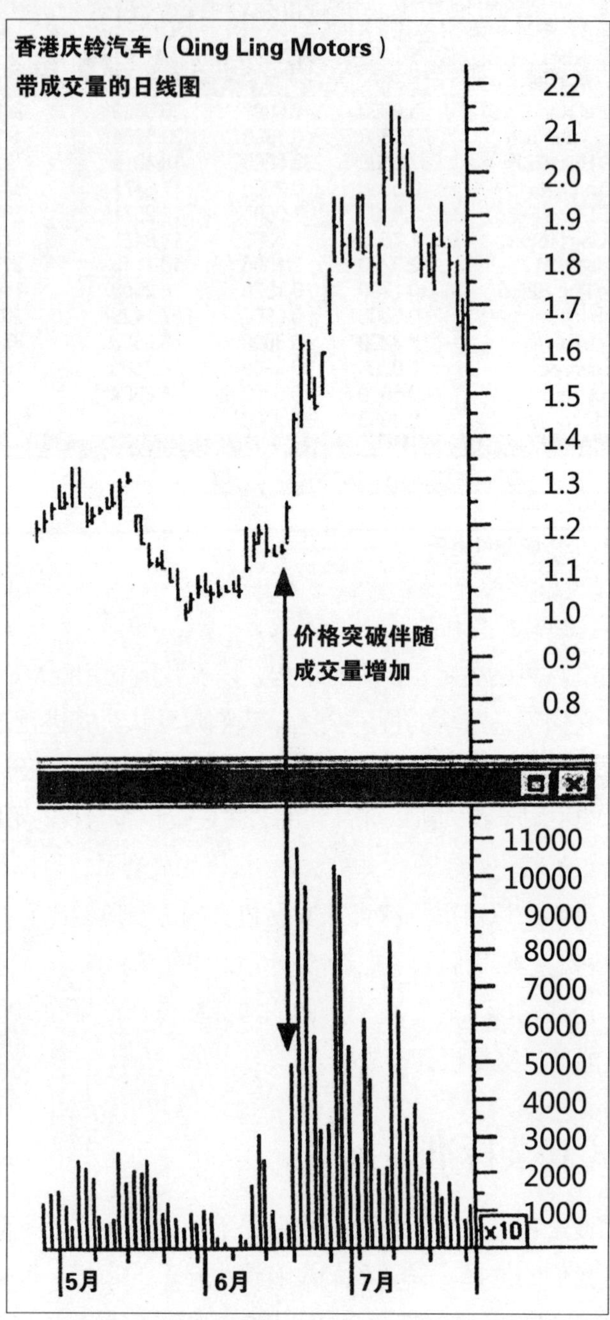

图8.8 价格、成交量突破

在NR4行情下，市场一般会从价格整固期快速运动到新的价位。高波动率、狭窄的4日区间行情（NR4），在市场开始动作之前，便可帮助交易者发现市场的动向。

莱斯基和康纳斯把托比·克拉贝尔在《利用短线价格形态做即日交易》（《Day Trading with Short—Term Price Patterns》）中介绍的狭窄4日区间形态与过去的波动率和内包日结合在一起。他们所用的关系需要观察50日平均波动率。当50日平均波动率降低时，便表明市场同意当前的价值，而与最近4日相比，一个狭窄的价格区间更确认了这一点。这种平衡状态不会持久，所以在看到这种形态时，我们便得到一个价格突破的信号。

这是一种基于R图关系的波段交易技术。用数学方法对它进行定义是复杂的，但主要的使用过程与任意R图相同。这种技术在1996年8月的《股票和期货技术分析》（《Technical Analysis of Stocks and Commodities》）期刊中有所论述，在莱斯基和康纳斯的《华尔街精灵》（《Street Smarts》）一书中则有比较全面的阐述。如果读者希望进一步研究一下这一概念，那么请阅读上述论文或著作。

我们此处的目的是想说明，复杂方法的构成方式是从普通的基本概念得出的。下面的搜索公式与我们第一次搜索缺口日的公式区别非常大，但是它们却都是根源于相同的概念。

莱斯基和康纳斯使用的高波动率NR4行情Metastock搜索公式如下：

```
Column A
Std（Log（C／Ref（C，−1）），5）／Std（Log（C／Ref（C，−1）），99）
Column B
HIGH≠LOW<Ref（LLV（H−L，3），−1）
Column C
HIGH<（Ref（HIGH，−1）AND LOW>Ref（LOW，−1））
Column D
HIGH
```

Column E

LOW

Filter

colA<.5 AND（colB= 1 OR colC= 1）

Column A所示为6日和300日波动率之比。如果当日是一个NR4日，那么Column B将使返回值为1（是）。如果当日是一个内包日，那么Column C将使返回值为1（是）。最高价和最低价，Column D和Column E，帮助决定入场点。

复杂性并不保证成功，但是，如果复杂性是建立在对概念的正确理解之上，那么复杂方法在辨识高概率行情时是非常有用的工具。通过开发更好的搜索标准，我们减少了挖掘黄金矿石的时间，于是我们可以有更多的时间来清洁我们的矿石。

初始列表变大了

到哪里寻找，寻找什么？答案取决于你选择的市场，以及你选择的工具和你的交易风格。既可以用肉眼根据形态搜索，也可以用软件根据价格、价格区间和成交量之间的关系进行搜索。这是一种事前的先验决定，确定了初始候选股列表的内容与大小。一些免费的即下即用的Metastock搜索公式可以到www.guppytraders.com下载，这些公式都会定期更新。

在获得一分钱的利润之前，交易者必须花费金钱和时间进行搜索和分析。即将在下一章讨论的基于绩效的搜索，提供了对交易矿石的这种常规搜索的最后一部分内容。

第9章

绩效搜索

至此，我们都是在使用简单直接的方法——可视扫描，以及较为复杂的搜索方法——R图，寻找交易的金矿。现代矿业的繁荣是建立在推断结果的基础之上。有利于金矿形成的地质运动为我们留下了线索。这种线索便是指标，寻找指标常常比寻找金矿容易。当这种方法被应用于我们的市场搜索时，潜在的风险被带有线索的指标驱散了，于是我们可以在矿场上面清晰地看到金矿。

在这一章，我们着重讨论基于价格绩效的指标家族，以及利用这些指标进行搜索的方法。这些绩效指标会建议哪个价格运动正在形成的概率比较大，就像现代化的金矿淘金技术一样，但是我们需要进一步挖掘以确认金矿的存在。我不能告诉你哪种绩效指标的组合是最好的，因为具体情况会因每个人的交易风格不同而不同。相反的，我将向你展示你的选择将如何决定搜索结果。如果你的选择与你对市场活动的信念不一致，那么金矿将是难以找到的。理解这一过程，建立一种较好的搜索机制，以便识别概率平衡。

不像R图，指标取的是价格数据，然后对它们进行处理，以提取附加的有关价格运动发展的“隐藏”信息。例如，通过比较当日与最近数个交易日的价格区间的标准偏差，我们获得了有关价格的速度和动量的详细信息，而这些信息在R图或可视扫描时是无法获得的。

R图这一群体和绩效指标家族之间的区别在于，指标的值不是一个市场价格。绩效指标是来自计算结果的一个数值。了解这一点，对于使用技术分析指标是非常关键的。

埃尔德在《以交易为生》中认为，可以把技术指标分为三大类：趋势跟踪指标，摆动指标和零杂指标。本章重点讨论前两类，但并没有对某个指标进行更深入的讨论。相关的参考书，在本章的合适位置已经注明。之后我们将提供一个成功运用指标的测试。

指标被构造的方式，告诉我们它在试图度量的内容。如果它度量的因素与我们希望度量的相同，那么用它设置我们的扫描标准就是安全的。如果它不是度量我们的首选因素，那么我们就不应该使用它，因为产生的结果可能会对我们的交易造成威胁。强大的指标会给出诱人的复杂结果，使得我们太容易对我们的有效分析产生猜疑。许多软件提供的，以及许多交易者正在谈论、使用的指标，往往具有非常诱人的名称，一些交易者便禁不住诱惑，同时使用许多相互矛盾的指标。

从广义上来说，这两组绩效指标——趋势跟随和摆动指标——是用来回答两个简单的问题：

- 我们在哪里？——这些是趋势跟随指标。
- 我们突破了速度限制吗？——这些是摆动指标。

在本章的第一部分，我们将讨论趋势跟随指标。它们都是基于移动平均的概念，我们来看这一简单的概念是如何被逐层累积为一些复杂指标的。它们都是回答的同一个问题：与之前一个时间段内的价格相比，当前价格处于什么位置？

从0到1，到更大

利用强大的计算机搜索大规模的股票数据库，只需要点几下鼠标便可搞定。不过，理解报告结果却比较困难。

根据使用的软件不同，有一些扫描结果会给出一些数值。另一些则使用布尔逻辑，返回值要么为1＝是，要么为0＝否。对于Metastock和其他类似软件，如果可以把这些0和1转换为等价的日常英语，那么将是一个很大的进步。通过使用Metastock中的“sort”（分类）功能，搜索结果将被从高到低排序。这样就把所有为1（是）的结果放在了一起，更容易帮助我们生成有用的列表。

“是”结果表明转折点，在这些转折点处，概率凸起达到了最大的水平。这些点通常不是得到柱线图表中价格运动的支持，而是该指标确认或者反对价格变动的思想。首要任务是找出位于转折点的那些股票，在这些转折点处，入场信号被触发。为了出场，判断下一个转折点将是另一项任务，见第三部分。

我们在哪里？一个平均的答案

老淘金者们寻找黄金的微粒。通过从几个区域收集足够的标本，他们得出一个平均含量，以及可能的母矿位置。最近，当代一些地质学家观察到迪雅克族人淘取金沙，并且预测到不来梅X矿业公司的毁灭。当代的其他一些淘金者在一片较大的区域上空用飞机探矿，他们在空中收集大量的数据，然后对它们进行处理，最后得出有关矿体规模和位置的一个更好的平均数据。利用绩效指标搜索市场时，我们具有同样的选择。

趋势跟随这一组的绩效指标，把某支股票的当前位置与计算出的以前的平均位置绘制在一起。结果告诉我们当前所处的位置。

价格不断波动，有时甚至是反复无常。一条绘出的价格线是由一项价格要素——比如收盘价的快照构成的，有点像把很多点组合在一起。当与过去的平均价格相比较时，这条线变得更加有用了。我们希望知道，与过去一段时间的价格活动相比，我们处于一个怎样的位置。简单地回顾历史数据只是一种解决方案。

另一种是比较当日价格与移动平均的价格。有点麻烦的是，价格数据具有四部分——开盘价、最高价、最低价和收盘价——我们必须选择一种来作为移动平均计算的基础。大多数情况下，我们选择收盘价，并且预定一个计算的时间段。许多交易者使用3日、4日、5日、7日或20日移动平均。选择单个价格要素——收盘价或最高价——立即减少了可用信息的数量。如第2章所讨论的，线图不如柱线图有用。

另一种解决方案是把四个价格要素结合在一起，形成单个“平均”数字。选择中间价格——当日最高价和最低价的中点——会比其他单个数据点（比如开盘价）捕捉到有关价格的更多信息。这种价格数据关系作为一个数据点被绘制在图表中。计算出过去每个交易日的值，然后把这些点连接起来，构成方式与把每个交易日的收盘价连接起来得到一条线一样。

我们可以对中点数据进一步处理，绘出该值的10日或15日移动平均线。然后我们便有了一个数据点，可以作为与当日中点价格比较的依据。从概念上讲，这与收盘价的20日移动平均没有什么不同。区别在于细节方面。我们绘制出一条中点价格的10日均线，然后从中获取有关价格行为的一些不同信息。

这主要是一个对均值求均值的算术概念。计算过程比较复杂，但对于高速、呆板的计算机来说，却是非常适合的任务。通常，我们选择移动平均的计算方法，把计算过程弄得更复杂。

数据处理

求平均有多种选择，包括简单移动平均（SMA），指数移动平均（EMA）和加权移动平均（WMA）。你的选择标准可能是简单易用，或者比较接近你对市场的明确信念。利用现代化的软件，所有选择在计算时都一样简单，所以值得仔细考虑每种方法对搜索结果的影响。

我们的选择真的与搜索结果有关吗？图9.1列出了使用EMA和SMA在Metastock中的搜索结果。道琼斯指数股票的数据库是相同的，但是两个搜索列表的内容却有较大的差别。这些列表中的一个会令你抢先一步。具体是哪一个，取决于你的选择与信念的匹配方式。搜索结果应该支持并加强你的交易策略。

在童话故事《狮子王》中，聪明的老猴子用他的拐杖打了年轻狮王的头。他告诉生气的狮王，他是在过去打的，所以按照年轻狮王的哲学，现在应该没有关系。摸着自己的头，小狮王不得不承认，过去对现在和未来都会有影响。同样的道理，我认为近期的价格数据，要比前面的价格数据对现在的影响更显著。

今天发生的事情会立即对明天将要发生的事情产生较大的影响，而10天或20天前的事情却没有这样大的作用。因此，我使用指数移动平均计算，因为它与我对市场的理解相一致。我的交易列表来自第一列。

将其中任意类型的均值计算方法应用于单个数据要素——开盘价、最高价、最低价或收盘价——给出了有用的数据结果，但是它们并不是简单的交易市场数据。

用EMA搜索的结果		用SMA搜索的结果	
1	AT & T Corp	1	Union Carbide Co
2	Alliedsignal Inc	2	Minnestota Mng &
3	Aluminum Co of A	3	Aluminum Co of A
4	American Express	4	Chevron Corp
5	Boeing Co	5	Exxon Corp
6	Caterpillar Inc	6	Procter & Gamble
7	Chevron Corp	7	Goodyear Tire
8	Coca Cola Co	8	Johnson & Johnson
9	Disney Walt Co	9	Eastman Kodak Co
10	Dupont De Nemour	10	Caterpillar Inc

图9.1 绩效指标，移动平均交叉3/10，道琼斯指数股票，Metastock搜索结果（仅列出前10只）

当我们使用价格之间的关系时，搜索标准的复杂程度增加了。我们可以选择中点价格来对数据进行操作。在这个例子中，如果最低价是40美元，最高价是80美元，那么中点价格便是60美元。

其他一些交易者则愿意使用平均价格，即我们常说的均价。接着上面的例子，如果开盘价是42美元、收盘价是64美元，我们要考虑四个量：开盘价42美元，最高价80美元，最低价40美元，和收盘价64美元。四个量合计为226美元。用该合计值除以数据要素总数便得到平均价格56.50美元。

平均价格与中点价格之间有一个3.50美元的差距。如果你的交易方法是依靠移动平均线的交叉产生信号，那么这种差别便不能忽略。

指标的复杂性几乎是没有限制的，并且这种复杂性会让人上瘾。还有一些数据处理方法是计算标准偏差，然后比较当日价格活动与以前的价格活动。有些则使用平均偏差求出全体数据点和平均值之差的平均绝对值。

再问一遍，这些选择会对我们的结果造成影响吗？答案是肯定的。图9.2列出了使用收盘价、中间价格和均价（或典型价格），在整个马来西亚市场中，指数移动平均交叉的搜索结果。这些结果按照所求指标高于或低于交叉点（交叉点处被设为0）的值进行排序。

我们只列出了候选股的名称。这些列表的构成和顺序都是不同的，反映了用作EMA计算基础的价格数据之间的关系。有些候选股，比如Commerz、PSCI和Ptgtin，有时便没有在其他列表中出现。

当沃尔特·斯科特（译者注：英国诗人和小说家）遗憾地说“啊，我们刚刚学会欺骗，就编织出如此混乱的丝网”，他说的不是数据价格的处理，但效果是相同的。如果你使用基于复杂计算和价格数据处理的指标，那么你要确信理解并同意它们的构造原理。

利用收盘价的结果		利用中间价格的结果		利用典型价格或平均价格的结果	
1	Kluang	1	Kluang	1	Kluang
2	Dialog	2	Repco	2	Repco
3	Repco	3	Dialog	3	Dialog
4	Ekovest	4	Ekovest	4	Ekovest
5	SPK	5	SPK	5	SPK
6	Imcken	6	Incken	6	Incken
7	Amolek	7	Amolek	7	Btota
8	Kossan	8	PSCI	8	Kossan
9	Btoto	9	Btoto	9	PSCI
10	Commerz	10	Kossan	10	Ptgtin

图9.2 绩效指标，移动平均交叉3／10，整个马来西亚市场，Metastock搜索结果（只列出前10只）

复杂指标并不总是最好的指标，所以不要把复杂性作为选择指标的理由。当然，也不应该仅仅依据简单性选择指标。当代软件强大的计算功能使得我们在构建和绘制指标时不用考虑自己的计算能力。指标的选择应该基于与你对市场的理解最接近的组合和方法，而你对市场的理解体现出你认为哪种关系是重要的。你在寻找的金矿的特征与其他的特征只是略有不同。

交叉信号

所有形式的均值，都是帮助我们确定当日价格与过去预定周期内的平均价格之间的关系。它们帮助建立概率平衡，并且告诉交易者他的预期入场价格与以前一段时间的价格行为相比，是有所降低，还是有所升高。

交易者是一个多疑的群体。就像护身兔脚、幸运咖啡杯一样，人们总是感觉指标越多越好。在合理范围内这是事实。所有指标结果的确认可以帮助“证明”最初的结论。为了达到确认的目的，许多交易者画出两条移动平均线，使用它们的交叉作为交易信号。

通过在一条长期移动平均线（它将给出比较可靠的信号）之上叠加一条短期移动平均线（它给出的信号不十分可靠，但却可以比较快速地响应市场的变化），交易者便得到了确认信息，并且希望可以得到两全齐美的结果。如果当前价格高于短期均线，而且短期均线向上穿越长期均线时，便发出一个买入信号。

简单策略识别概率平衡中的凸起，正如大家所期望的，我们可以在稳定的程度上将它做得更加复杂。指数平滑异同移动平均线（MACD）指标搜索均线之间关系的变化。

这一鼎鼎大名、广为流传的指标，测量的是两条均线之间的距离，通常为12日和26日指数移动平均（EMA）。计算出两条均线之间的差值，然后绘制为实线的快速MACD线。计算出快速MACD的9日EMA，并将结果在图上绘制为虚线。

简而言之，MACD的交易规则如下：

- 当快速MACD线向上穿越信号线时买进。
- 当快速MACD线向下穿越信号线时卖出。

如果再进行更复杂的处理，那么就得出了MACD柱状图指标。这个指标的名称来自于它的绘制方法，它是用竖直的柱状实体表示快速MACD减去信号线的值。图9.3是这种指标的一个实例，Metastock中显示的英国上市公司书籍和音乐零售商 WH Smith的价格走势图。

在从数据库中遴选符合这些标准的股票时，Metastock用户可以选择默认的MACD买入信号。图9.4所示为利用MACD交叉信号搜索整个香港市场的部分搜索结果。在846支股票中，这次扫描选出了30只符合要求的股票。这份列表必须被进一步缩减，既可以通过与另一种不同类的标准（比如R图）得出的列表进行比较，也可以使用

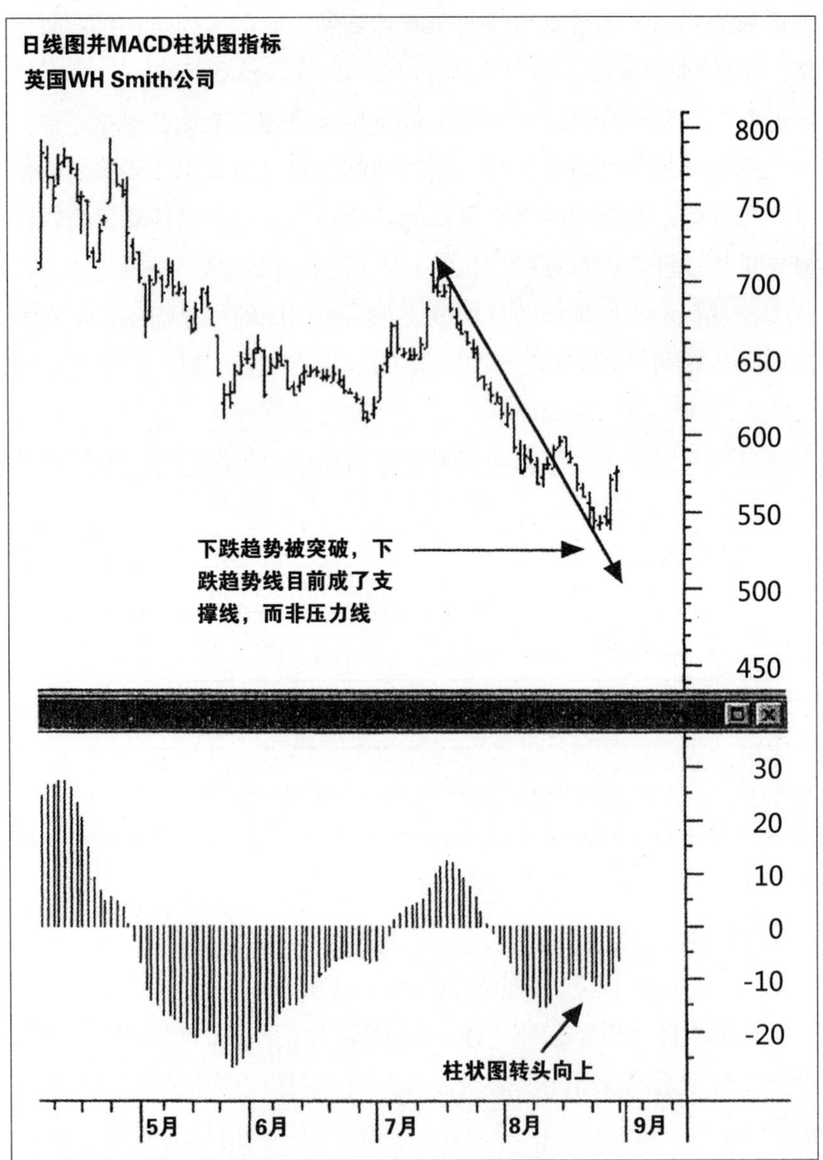

图9.3　绩效指标

下面即将讨论的趋势跟随绩效指标。最后，还必须用可视扫描的方法来确定最终的候选股列表。

我们的目的是展示如何使用这些绩效指标来寻找特定类型的市场活动信息，并且为进一步的分析建立一份候选交易列表。如果读者希望进一步探索这些绩效指标和其他相关趋势跟随绩效指标的构成与应用，那么请参考科尔比和迈耶斯合著的《技术指标百科全书》（《The Encyclopedia of Technical Market Indicators》），以及埃尔德的《以交易为生》《Trading for a living》。

趋势跟随指标告诉我们当前所处的位置。从我们比较熟悉的简单指标开始，我们逐级增加复杂性，一直达到军用全球定位系统的复杂水平。搜索的目标保持不变，总的来说就是找出当前趋势正在改变的股票。利用指标的有效过滤都要具有清晰的目标，并且能够清楚地理解每个指标所传达的信息。

1	Kowloon Dev	Liu Chong Hin Bk	GOLDEN POWER
2	Daido Concrete	China Assets	SOLARTEC
3	Leung Kee Hldgs	Cosmos Machinery	CL Fin – FPac W97
4	Nam Pei Hong W01	Recor Hldgs	Magnificent Est
5	Mandarin Orient	Chaifa Hldgs	Herald（HK）Ltd
6	Theme Intl	K M Bus	Peaktop
7	Cafe de Coral	Chevalier OA	Asia Comm Hldgs
8	Shaw Brothers HK	Same Time Hldgs	Mansion Hldgs

图9.4　绩效指标，指数平滑异同移动平均线（MACD），整个香港市场，选取结果，根据高于交叉点的百分比进行排序

从0到100%

本章的剩余部分将阐述第二类指标：摆动指标。

知道今天的价格在以前的价格区间内所处的位置是有用的，但市场并非站在原地不动。良好的交易要按市场的方向运动，并且要与市场的速度相同，或者更快。价格运动的动量是重要的，但是速度也同样重要。

如果我们在公路上超速行驶，那么便是不自觉地在为国家的债务作贡献（译者注：此为作者幽默的说法，是指因超速而被罚款），这便促使我们减慢速度。戴上一顶破旧的拖拉机手帽子，把狗拴在皮卡车后面，在低于限速的速度下慢行，后面的司机会吼叫着让我们快一点，以便跟上车流。车流的平滑前行使得司机们在太快和太慢之间来回调速。某个司机可能在这两个极端之间来回摆动，但是前后的车辆总会迫使他返回到一个中等的速度。

这种前后车辆给司机带来的压力便代表着一个概率凸起。在这种摆动的极限状态，事件向相反方向摆动的概率增加。这些思想便是交易中所使用的摆动指标的核心思想，我们把这类指标包含于基于绩效的搜索标准中。对于摆动指标来说，交易代表着两个问题：第一个问题，如何测量速度限制。第二个问题，当极端速度限制变化时，如何找出中点或平衡点。

在路上，我们测量速度用的是绝对数值——每小时从0到100英里或更多。在交易中没有绝对数值，所以我们测量动量或速度时用的是百分比——下限为0%，上限为100%。在百分比计算中，平衡点总是50%。在极端情况下，这些指标有时会出现大于100%，或低于0%的情况，但非常罕见。

经验和试验都表明，在这些上限和下限之间，价格活动将在一个非常宽的价格带内产生。软件标准随机指标在做这方面测量时是非常理想的。该指标比较当日收盘价在最近10个交易日的最高价和最低价所形成的区间内所处的位置。通过添加一个慢速周期，对于最近10个交易日上的最高价和最低价，我们选择一个平均数字，并且将当日收盘价与这个平均区间进行比较。这使得%K减慢了5。

有些随机指标图还要更复杂，绘出了一条%D线。它是%K线的一条均线，在概念上与其他的10日移动线没有什么区别，不同之处在于它是平均值（%K）的平滑移动平均（慢速周期）的一条移动平均线（%D）。

简单也好，复杂也罢，随机指标都是在一个上限和一个下限构成的带状区域内来回摆动的一个百分数，这个下限通常是20%，上限通常是80%。相对强弱指数（RSI）使用平均上涨价格区间和平均下跌价格区间。然后用该值与当日价格区间进行比较。RSI设置的限速带水平在30%和70%。

大多数价格运动，以及价格运动的速度，都位于一个平衡区间内。随机指标绘制出当前计算值在该区间内的位置。上限和下限图表带定义了接近极端情况的区域，特别像汽车速度计上位于高速区域的粗线。价格的动量或速度也被限制在一个平衡区间内。RSI型的绩效指标用红线标出了上、下极值。

在平衡区间内，买方的情绪与卖方的情绪几乎是完全匹配的，所以对于当前市场价格的意见高度一致。在这样的平衡区间内，极少出现交易机会。如果没有特殊情况，价格将返回这种平衡状态进行休息。当价格运动到一个极值时，它返回平衡点（而非另一个极值）的概率便增加。就像超速驾驶的司机一样，减慢速度到正常限速之内，他的位置同时发生了变化。

路面减速带

摆动指标显示的是速度信息，而不是位置信息。在下端极值处的价格活动被定义为超卖。根据概率平衡的原理，价格将向上运动。该指标显示出供需双方力量的转移。

按照交易行业的话说，卖方力量弱于买方力量。

当摆动指标的值超过80%时，便表明价格将返回正常状态。这表明价格在出现新的不平衡之前，将稳定地在它们确立的区间内运动。按照交易术语，当卖方力量强于买方力量，将促使价格下跌。

向极值方向运动的股票一般会返回到平衡状态，有时甚至会冲过平衡点，向另一极值点运动。图9.5所示为在Metastock中利用RSI搜索整个澳大利亚市场所得结果的一部分。这些股票正向超卖区域运动。这次对近3000支股票的全市场搜索花了大约4分钟。该列表要进一步通过肉眼对图表扫描，找出那些已经开始从超卖位置返

1	A. 1 ENGINEERING	HARRINGTON GROUP	CORDUKES LIMITED
2	ADVENT LIMITED	HARTLEY POYNTON.	CORNWALL RESOURC
3	AJ LUCAS GROUP	INMOB INDIAN MIN	CPCN CARPENTER P
4	ALPHA HEALTHCARE	INNERHADDEN LIMI	CSR LIMITED
5	AMP LIMITED	INTERNATIONAL AL	DATA ADVANTAGE
6	ANACONDA NICKEL	INVESTOR GROUP	DEVEX LIMITED
7	ANGLO AUSTRALIAN	IPYCA INDUSTRIAL	DIAMOND ROSE NL
8	ANZOIL NL	ISPOA ISP NL	EASTERN GOLD COR
9	APER A.P. EAGERS	IXLA LIMITED	ECTEC LIMITED

图9.5 绩效指标，相对强弱指数，整个澳大利亚市场，提取Metastock搜索结果的一部分，提取股显示RSI超卖，并开始向上运动。

回，向平衡点运动的那些股票。这种明显的迹象显示出可能的黄金矿石。

摆动绩效指标显示概率中的三个凸起，我们调整搜索标准以识别这些凸起。每个极点处都有一个凸起，在中部还有一个非常大的凸起，交易者可以把所有候选交易放在一条优化曲线上。对于大多数股票来说，大部分时间都位于中间区域，这便表明一种基于削弱趋势的策略，引发从极点返回正常区域的交易。如图9.6中Pacific Dunlop的图表所示，画出这种指标，是进一步评价该交易的可行性的第一步。知道当前价格所处的位置，以及价格运动的速度，我们正在踏上这次交易的旅程。基于绩效指标的数据库搜索向我们提供了这些信息。

摆动指标是非常复杂的。通过修改计算参数、价格要素和时间周期、百分比或百分点的变化，用户可以建立更加灵敏的指标。有些交易者在指标中寻找分歧或者背离，作为一种明确的指标附加信号。当柱线图中价格出现新的低点，而RSI却反其道而行之，从超卖水平形成一系列新的高点，于是便出现一个背离，如图9.7中HIH Insurance的图表所示。有些交易者把这种背离作为一种领先趋势变化的信号，可以是在市场顶部，也可以是在市场底部，认为它揭示了柱线图中隐藏的绩效关系。通向复杂分析的大门是很容易打开的，但使用者应该注意不要被混乱的云雾遮蔽了双眼。

在选择指标时，是选择职业的纯种马、健壮的一般役用马还是农场马，都是你的个人爱好问题。对于每一种指标，市场都会产生盈利的结果，但你是否骑着自己的马到达终点，取决于你的交易类型。复杂指标不是能够带来利润的灵丹妙药，所以不要把搜索不断增加的细微痕迹与搜索黄金矿石混淆在一起。

指标的成功性测试

绩效指标显示出趋势和趋势的力道。可以利用它们寻找用于进一步分析的候选股，或者验证我们基于肉眼观察的初始结论。这些列表提供的是候选的交易机会，而不是最终的交易方案。通过正确使用搜索工具，而不是仅仅依靠复杂性，我们可以得到更好的列表。

澳大利亚Pacific Dunlop公司
日线图和RSI指标
趋势突破
趋势反转
2.9
2.8
2.7
2.6
2.5
2.4
2.3
2.2
2.1
超买区域
RSI在图表上没有任何
迹象之前，显示价格
运动高于超卖区域
超卖区域
70
65
60
55
50
45
40
35
30
25
20
4月
5月
6月
7月

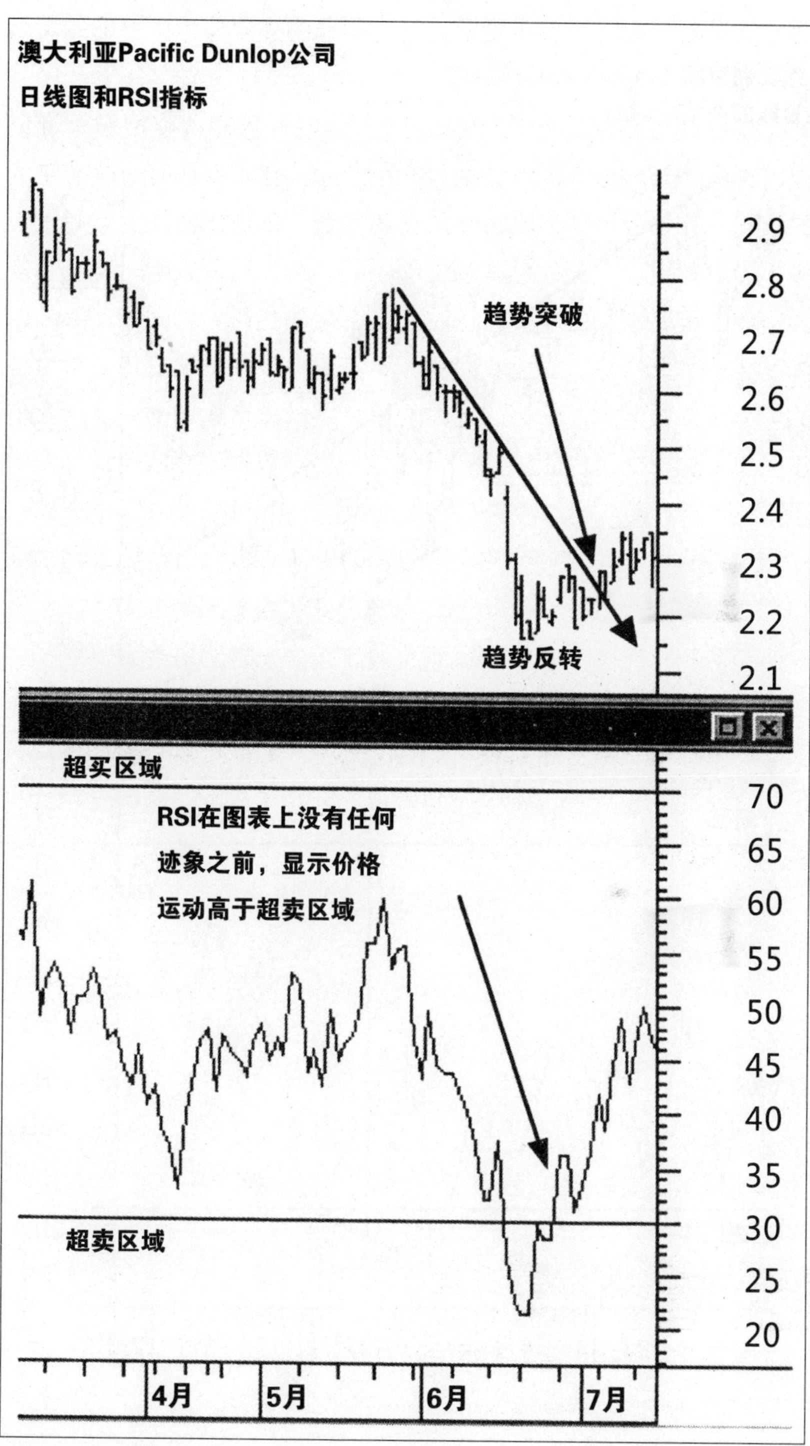

图9.6　绩效指标

澳大利亚HIH Insurance公司的
日线图并RSI指标
下跌趋势
背离
超买
超卖
2.2
2.1
2.0
1.9
1.8
1.7
1.6
1.5
70
65
60
55
50
45
40
35
30
25
3月
4月
5月
6月
7月

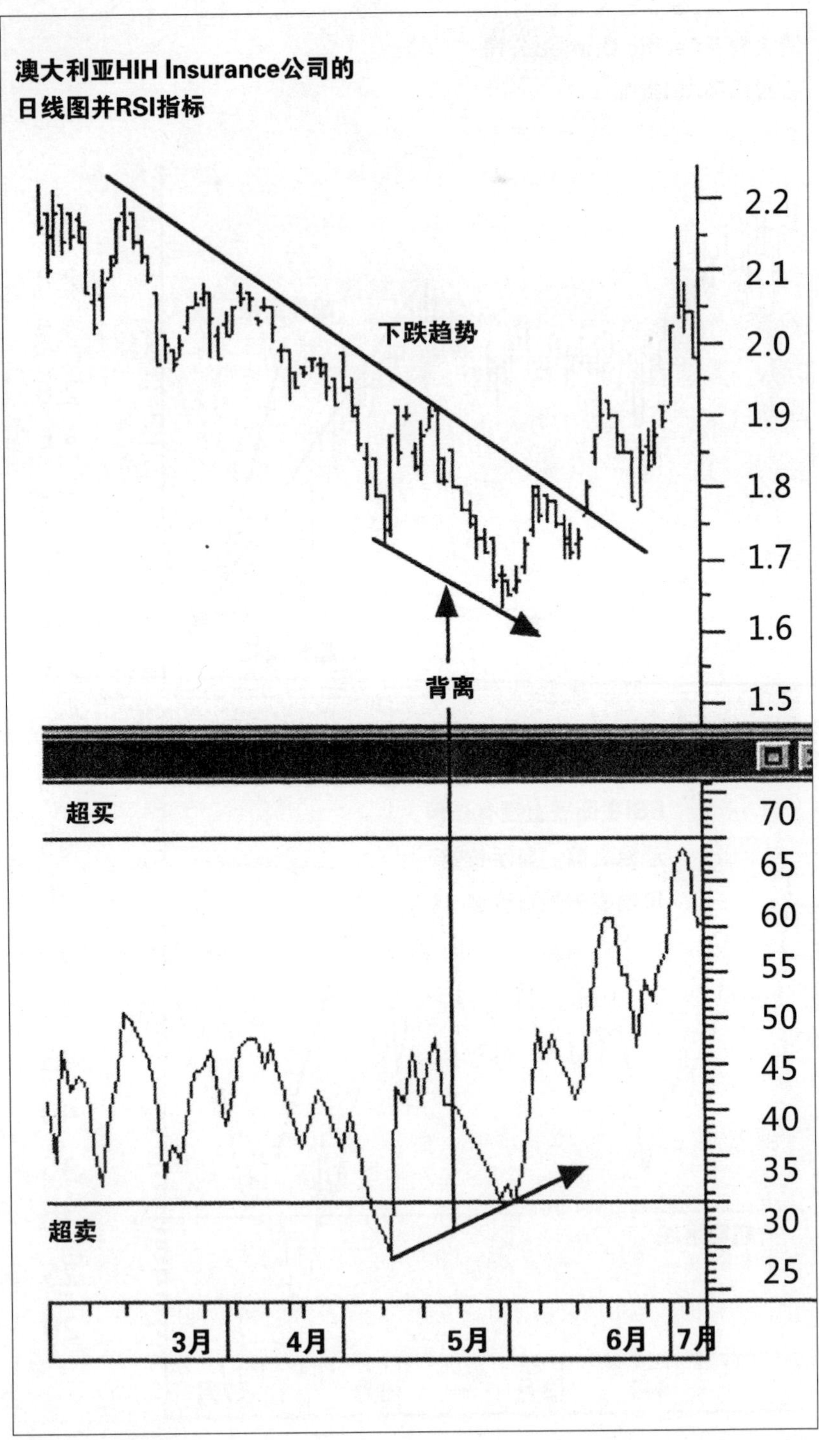

图9.7 RSI背离

通过将我们所选指标的屏幕显示和参数设置，与正在分析的股票的柱线图进行对比，我们评价所作选择的有效性。所有指标必须通过这一测试。过去的柱线活动显示出非常好的交易机会。如果我们所选的指标能够发现这些历史上的交易机会，那么它一般就会发现未来的交易机会。

交易者必须正确认识这种关系。指标反映的决策点已经在柱线图上。用指标信号去适应柱线图，而不是柱线图去适应指标信号。有些交易者会叹着气说，“指标发出了趋势突破的信号，但是价格却继续下跌。”价格确认指标的结果，你离开市场价格越远——更复杂的指标运算——与市场之间失去联系的危险性就越高。

在图9.8中，英国上市公司De La Rue便显示出这种问题，请你比较价格走势与RSI指标。通常，交易者会以敏锐的眼光盯着背离信号。最初，De La Rue新的价格尖峰与RSI新的价格尖峰是对应的，如线A和A1所示，这也确认了上涨趋势。下一个位于B点处的价格尖峰却与RSI中在B1点出现的新尖峰不匹配。在尖峰C和D处，这种背离形态继续发展。在这种情况下，RSI背离信号将某些交易者带出了强劲的上涨趋势，从他们手中夺走了之后出现的大额利润。RSI背离并未正确预测De La Rue趋势的变化。在交易这支股票时，只根据RSI背离建立交易决策不是一种有用的策略。

如果你选择的指标未能捕捉历史转折点，那么它当然不会捕捉未来的转折点。基于这样一个指标的数据库搜索，最终都变成了在寻找“愚人金”。

判别候选股列表

利用绩效指标从数据库中挖掘具有特别标志的价格运动，并不能替代更进一步的分析。像前面我们所做的搜索一样，这种搜索通过滤除不相关的价格运动，帮助我们有效地管理我们的时间。那么通过检测的候选股未必会提供良好的交易机会。

如上所述，列表中的每一只候选股，最终都要经过可视扫描价格走势图这一关。于是，把我们找到的黄金矿石清理并检验一下，丢掉那些“愚人金”。图表给出附加信息，任何交易决定都需要第

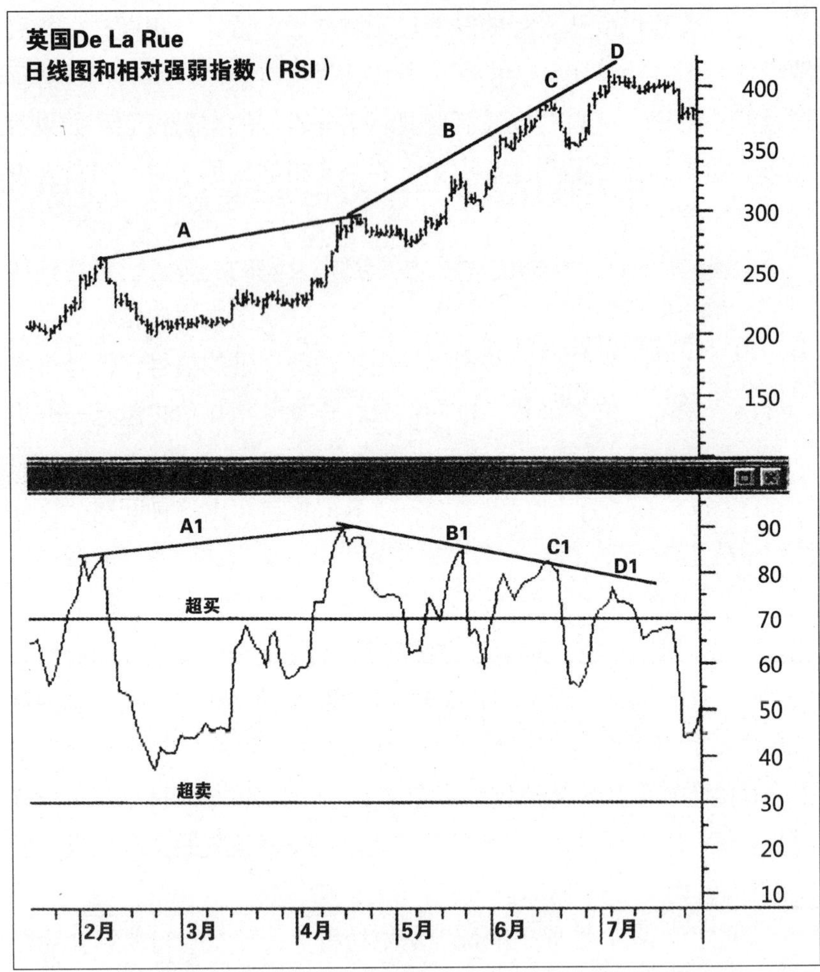

图9.8　价格走势图与指标信号之间的匹配

一组补充数据。当其他市场数据确认概率平衡时，交易被建立或被了结。

有些黄金矿石是假的，所以在开始把这些黄金矿石转变为美元符号之前，我们需要一些简单的检验以找出真金。接下来的章节便讲述这些检验方法。

第10章

检测试验——寻找真金

在18世纪，多疑的商人们通过敲打金币，以确保它们不是用软铅镀金做成的。我们的第一份交易金块列表必须要经过类似的质量检验，因为有些潜在的交易是仿制品。有时，每个指标都闪烁着买进信号，但是价格却在原地徘徊，或者虽然运动了，但运动的距离或速度都不能满足我们的交易目标。我们需要决定市场是否看到了即将临近的价格运动，因为有些突破会令市场横盘运动，而不是上涨。我们加强了搜索的重点，寻找市场认为股票需要重新被估值的标志。

虽然在交易过程中需要耐心，但是如果花费太长时间等待一笔交易出现利润，常常也是危险的。在评价不断缩减的候选股列表时，我们需要一种方法来评价在合理的时间内价格运动形成的概率。

随机指标和动量型指标在这时给我们指明了方向，但是我们需要额外的确认信息。我们通过进一步探索移动平均线之间的关系，以及对市场特性的进一步观察来做到这一点。

为此，我们使用顾比复合移动平均（GMMA）指标来确认市场是否正在采取行动。就像一条压缩的弹簧，市场有时会出现爆发式的动作，我们需要对此做好准备。其他指标告诉我们运动的方向，但是GMMA告诉我们它是否已经逼近。这个指标告诉我们概率平衡正在向对我们有利的方向倾斜，因为价格即将开始动作。这种动作并非无处不在。市场的运作机制要求价格在特定情况下才爆发。

固定价格

在热带岛屿度假时，旅行者常常感到困惑，他们发现购物的真正含义是讨价还价。“固定价格”的商店涌现出来，以适应这种不安全感。市场摊位及海滨旅游市场中，讨价还价的喋喋不休声比比皆是。对于许多人来说，购物是不愉快的，因为没有固定的价格。

这是两种不同的营销手段中的一种。我们习惯于固定价格模式。当我们谈及买便宜货的地方时，我们通常指的是那些在我们想要的商品上面用最好的条形码标价的商店。在美国百货公司购买同样一篮子杂货要比在西夫韦零售店省不少钱，在郊区和乡村的商店中也可能存在差价。但是，无一例外，商品的价格都是标在货架上，并且贴上了条形码。在收银处结账时，没有任何讨价还价的余地。

那些投机商人寻找提供最好价格的最佳位置。有些投资者试图利用这种方法在股票市场中找出买进机会，但是金融市场却几乎不采用定价的方式。

金融市场是建立在度假岛屿市场的模式之上。这里没有固定的价格，买家和卖家彼此之间不停地争论每一支股票的交易价格。如果乐观情绪战胜悲观情绪，那么我们便称之为牛市；反之，如果悲观情绪战胜了乐观情绪，那么我们便称之为熊市。正如我们在下一章所要阐述的，市场有早晨的价格和下午的价格，既提供特殊价格，也提供旅游者的价格。一句话，它没有固定的价格。

这一重要的发现告诉我们，市场一直处于一种不稳定的平衡状态，就像一个球在旗杆顶端找到了平衡，但最轻微的风便可以使它直线下降。它的倾向是从一个平衡点向另一个平衡点运动。

相反的，当球位于谷底时，便是处于稳定平衡状态，要花费相当大的力气才能把它推到一边。它的倾向总是返回平衡点。

股票市场显示为一种不稳定的平衡状态。它也必须如此。如果不是的话，那么便有一个对价格的长期认可，于是，便没有股市了。没有了对于价格和价值的分歧，交易者便成了在美国百货公司或西夫韦超市购物，搜寻定价最合理的商品。

价格的不稳定性意味着当价格在某个价位暂停时，是一种异常事件。同时，当价格表面稳定时——市场人群对价格高度同意——也是价格最容易变化的时候。驱动市场的这种力量变化使市场瞄准稳定的价格，因为难免有人看到一个比当前价格更好或更差的机会。

与定价商店广泛接受某个商品的价格一样，市场参与者在大多数时间里都广泛接受某支股票的价值。我们的交易机会是利用入场价格与出场价格之差，所以在市场对某一价格广泛接受时，不存在交易机会。但是，有时市场会对价值产生近乎完美的一致。这种稳定性不会持久。

通常会出现严重分歧的信号，我们便是利用这种分歧进行交易。临时的稳定性和一致意见点暗示着不稳定性即将发生的概率变大。下面讨论的GMMA指标便是用于寻找这种一致意见点的。

市场启动

稳定性和稳定价格都是相对的术语。当我们以这种方式讨论金融市场时，交易者常常使用一条移动平均线来比较今天的价格与过去的一些平均值。所有形式的移动平均都告诉我们有关价格与以前价格序列，或者在选定周期上有关价格行为之间联系的大量信息。

在这一级别的分析中，我们希望知道市场对于我们的候选股的看法，以及当前价格是否与市场的看法相一致。如果当前价格低于市场认为的价格，那么我们就比较难以做出决定，因为我们正在用自己的看法与市场的一致观点相抗衡。如果当前价格高于市场认为的价格，我们不得不判断该股票是否估价过高了，当与该股票的潜能相比时，它是否代表较低的入场价，这是否只是一个不会持久的情绪泡沫。

基本上，任何移动平均组合都可以提供有关这些问题的信息和答案。从最基本的讲起，常见组合是比较3日移动平均和10日移动平均。简短地概括一下，3日移动平均告诉我们当日价格与最近3日的平均价格相比，处于一个怎样的位置。这种对当日价格的比较，从最基本的层面上告诉我们，该股票是处于估价过高，还是估价过低的状态。对于美国飞机制造商波音公司，3日平均给了我们一个参考点（图10.1），但是对于大多数交易目标来说，它度量的趋势或者价格运动太短。

所以，我们利用波音公司的价格数据作为基本数据，使用一条10日移动平均线来平滑价格运动中的一个个锯齿。这给了我们另一个参考点，于是我们能够以一个更加确定的趋势为背景，更有效地比较当日价格的位置。对于投资者，而非交易者来说，这些数字常常从3日变为3周，从10日变为10周。而在另一个极端，即日交易中，我们将使用3分钟和10分钟即市图表。在所有情况下，原理都保持不变。通过使用两个参考点，加上一个未知点——当日价格——我们可以实现三角定位。

大多数移动平均给出的交易信号都是基于交叉；也就是说，短期均线穿越长期均线，或者两条均线都朝同一方向运动。这通常被理解为一个良好的暗示：价格将持续向那一方向运动。

另外，每个交叉点还标志着多空双方对价格一致同意的一个时刻，这是我们希望得到的一条重要信息。在两个时间框架中，两个估值是同步的，如图10.1中从A点到G点所示。这种短暂的一致不会

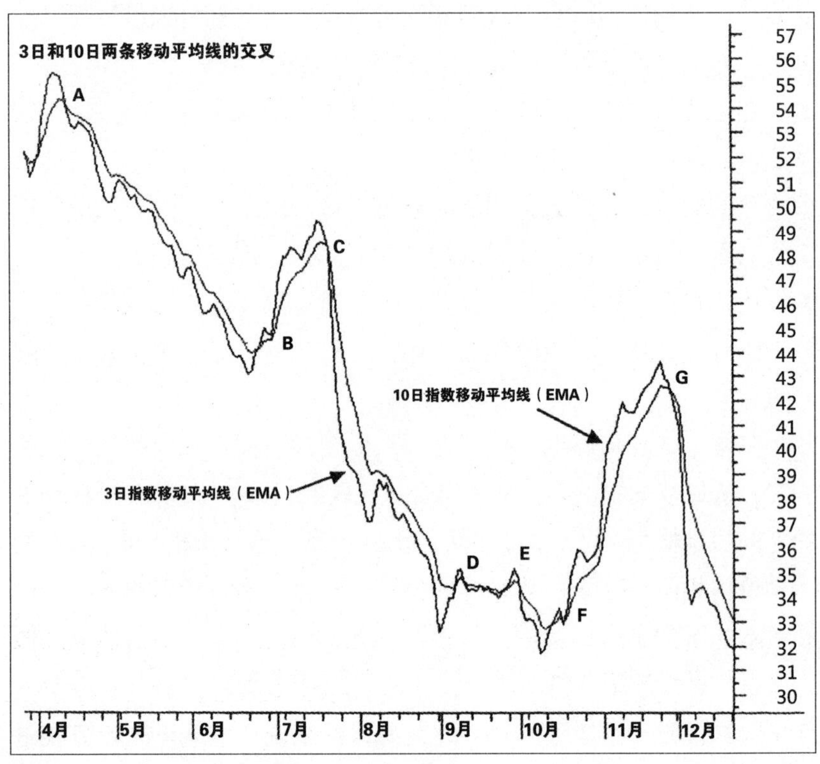

图10.1　美国波音公司（Boeing Co.）日线图

持续，常常瞬间即逝。通常，我们忽略这种信息，因为我们在寻找另外的交易信息。

让我们暂停一会儿，忘记我们通过使用长期均线确认短期均线的信号，来使用两条均线平滑价格运动中的锯齿，并且分析这种交叉点。我们在潜意识中使用这种交叉作为信号，以确认市场估值，因为我们比较的是当前柱线价格与交叉点价格。很少有交易者使用两条以上的移动平均线，但是如果他们用的话，将发现它们形成的明显关系。

美国期货交易者，琳达·莱斯基，在短期图表和当日图表中使用动量图表和负反馈环，便注意到了这种关系。捕捉动量、摆动指标信号、分形和临界点之间的关系，同时滤除市场噪声，她开发出了一些包含这种信息的波段交易技术和风险控制策略。①这种类型的另一个例子被用于第8章。我们此处的目的是在一个复杂性稍低的水平上进行讨论，所以我们使用这些概念中的一条，以基本的指数移动平均为背景（EMA）。我们的意图主要不是像在波段交易中那样按照市场的后续行为管理头寸，而是利用这种信息来确认之前的分析，即寻找那些即将产生的价格运动的概率增加点——凸起的点。

通过绘制一组六条短期均线——3、5、8、10、12和15日——新出现的关系更加清楚了。图10.2显示出带有这组移动平均线的波音公司的股价趋势图。此处，我们把多个短期框架组合在单个电脑屏幕上显示。它并未包含收盘价曲线。

正如我们所期望的，这些不同时间框架中的每一个，或者这些不同移动平均线中的每一条，都给出了有关价格运动特性的额外的有用信息。当每个点在随后形成时，我们可能预计交叉点偏向右侧，形成时间取决于我们所用均线的周期。相反的，交叉点几乎是

作者注

①波段交易就是以最小的风险入场，并且根据市场的后续行为管理头寸。它并不像形态识别或基于趋势的策略那样去预测结果。在交易者可以同时做多和做空的市场，波段交易是一种有用的方法。这些概念，以及其他一些概念，请参考琳达·莱斯基和拉里·康纳斯的著作《华尔街智慧：期货和证券市场的高胜算交易策略》（Street Smarts： High Probability Trading Strategies for the Futures and Equities Markets）。本书可以直接从Oceanview Financial Research购买，传真：美国818 353 2099。

同时产生的，如点A、B、C、F和G。每个交叉信号大致都出现在同一位置，而无论它们使用的时间段是什么——3、5、8日等等。整个短期均线组都在一起汇聚，在由点A到点F非常短的时间内，全部出现交叉，这些点几乎都与图10.1所示的位置一致。注意市场在点D和点E的迟疑不决是如何通过短期均线组的显示被排除的。后面我们将对此进一步讨论。

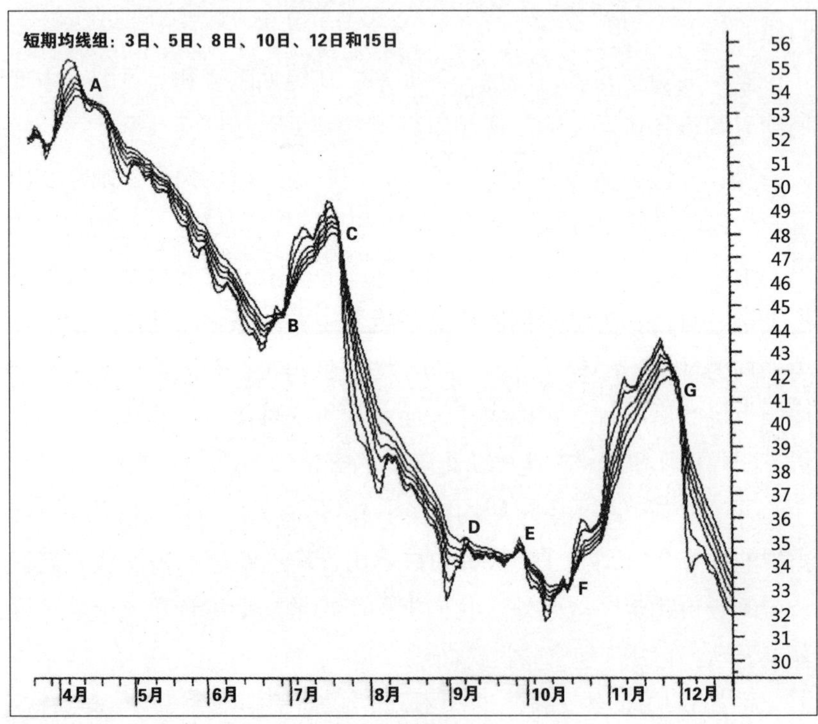

图10.2 美国波音公司（Boeing Co.）日线图

由两条均线捕捉到的价格稳定时刻，几乎在同时得到短期均线组中其他每一条均线的确认。均线组的活动告诉我们的信息是单根均线无法显示的。多时间框架上均线的收敛显示出重要的市场转折点。

这发生在一个时间窗口中，没有明显与当前的价格运动脱节。这种收敛并没有显示出价格运动的方向。它警告我们，价格运动的潜能增加，因为我们知道，在市场中对价值的一致意见不会持续太久。

这些短期均线的组合表明，在明显的转折点处，对股票重新估值的要求非常强烈，于是它把以前所有的估值都拉在一起。正如我们可能预计的，短期均线组没有向前飞奔，因为它们只是测量在非常短的时间段内的重新估值。

今非昔比

使用一组短期均线，当在市场压力下价值的临时一致性瓦解时，交易者看到了价格运动增加的潜能。投资者，使用较长的时间框架，也看到了这种方法的可行性。

投资者通常是从较长远的视角观察市场，但是他仍然希望选择明显的转折点。识别这些转折点，而非转折的方向，使用一组长期均线便可得到帮助。长期均线组的构造逻辑与出现信号的解释与上述短期均线组完全相同。

当从投资者的角度绘制均线时，我们有两种选择。第一种是转到周线，仍然使用数字10作为时间值。于是便自动成了10周，因为我们正在使用周线图。第二种选择是使用日线图。当我们这样做时，我们必须将周线图中的时间周期转变为等价的日线周期。于是10周变成了50日。

为什么是50日呢？周线图上的10周意味着10个交易周，每周5个交易日。日线图上的等价周期便是50日，而不是70日。

在选择短期均线组时，我们使用半周为起点，然后延长到整周。在选择长期均线组时，我们将短期均线组中的最后一条加倍，从30日均线开始。每次加一周，我们加上了35日、40日、45日和50日移动平均线。我选择以60日均线结束，并用作最后一条确认线。

传统交易理论，把长期均线穿越作为交易信号，入场和出场都是比较迟的。这些信号是滞后的，因为时间框架太长。我们预计长期均线组的任何收敛或汇聚，将在数日或数周后分散开。

相反的，长期均线之间的关系存在突然的、决定性的转变，反射出短期均线组的活动。仍然分析波音公司的股票，图10.3清楚地画出了这种图像。这些交叉点同图10.2中所示的一样引人注目，但是在这幅图中只有3个：点1、点2和点3。

这条图表信息告诉我们，当市场达成对价值的长期一致时，长期均线收敛。在收敛时刻，长期均线出现交叉，市场经历一次对该股票的明显重新估值，引导一次主要的价格变化。如同交易者可以使用短期信息交易一样，投资者可以使用这种类型的信息投资。

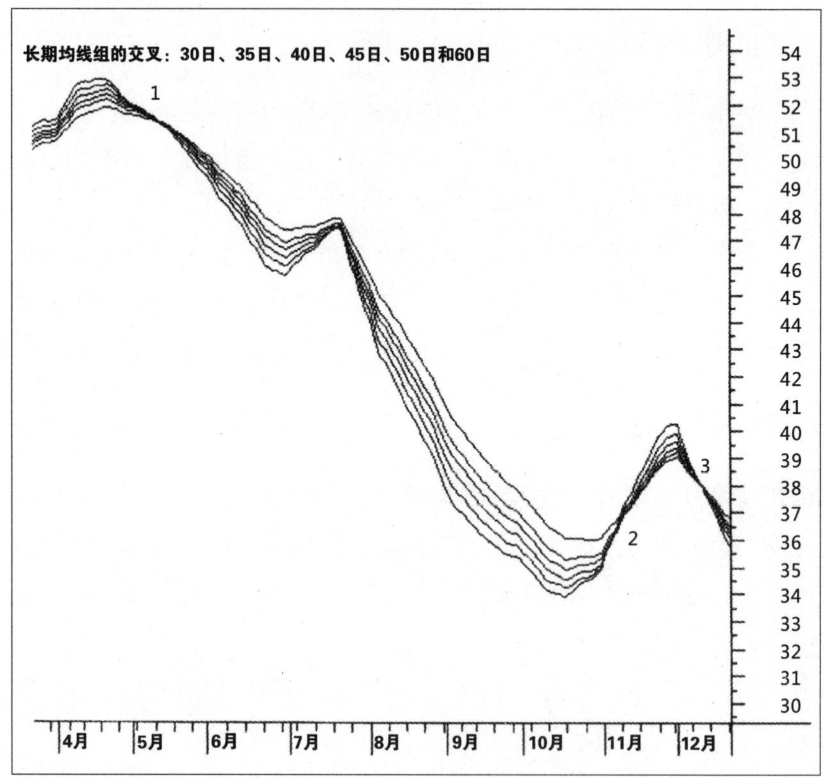

图10.3　美国波音公司（Boeing Co.）日线图

但令人惊奇的是，对于交易者来说，两种均线组都得到了出乎意料的应用。

全都利于交易者

与我们对均线的滞后影响的理解相反，短期组和长期组都可以识别出重要的市场关系。潜在的滞后被减小了，因为我们阅读的信号不是价格，而是行为。

其暗示是惊人的。当把图10.2和图10.3结合起来，构成图10.4

时，我们看到在多个市场框架里，在主要的转折点处，市场对价值的观点达到一致。这是一个分形重复，价格活动以逐渐增加的比例被复制。在投资者的长期均线组和交易者的短期均线组中，一致和分歧的形态是明显的。当在两个市场框架中的一致意见相统一时，便引起强烈的价格变化。字母和数字标注与之前波音公司的图表中所标注的位置是相同的。区域A1、F2和G3是主要的一致点，给出了明确的、毫不含糊的、及时的交易信号。

区域A1给出了一个出场信号，但是只有与其他指标联合使用才有效。更恰当地说，区域A1确认了短期均线组显示的价值的一致。

在点B和C区域进行对比。尽管强力上推，但并未完全得到长期均线组的验证。短期交易者未能说服长期投资者为波音公司的股票

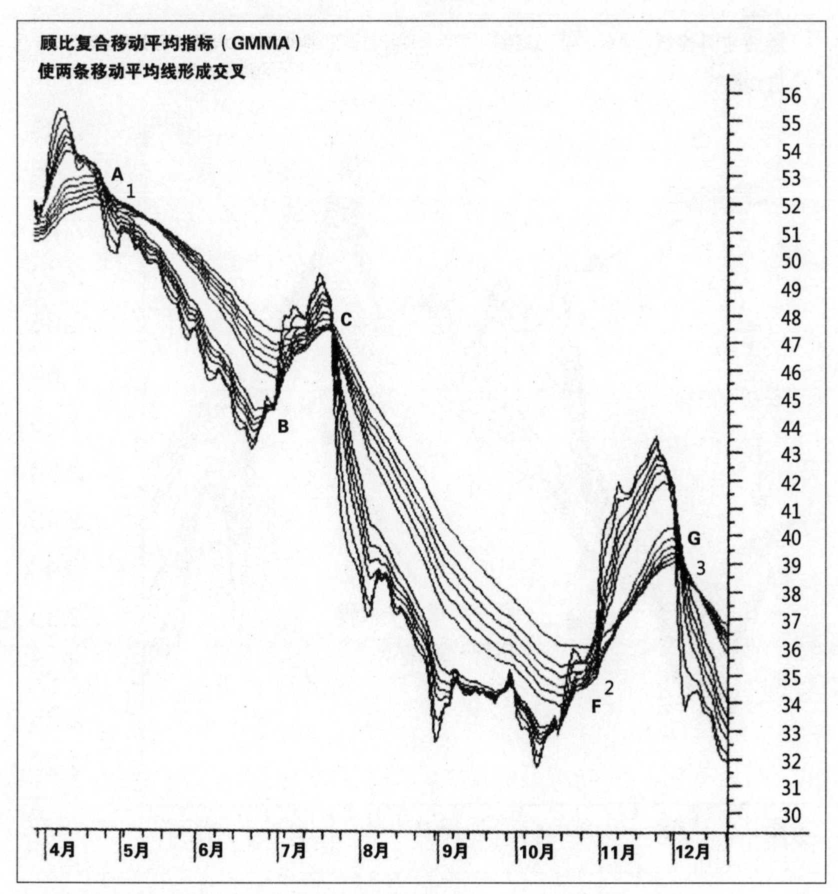

图10.4　美国波音公司（Boeing Co.）日线图

出更高的价格。在C点处的抛售很快得到长期投资者的认同。不是说在这一区域没有交易机会。这是一个反弹机会。GMMA的确表明价格运动即将以相当快的速度崩塌，因为没有对价值的一致意见的强有力的支撑。

区域F2发出一个出场信号，但是只有当价格运动的方向得到其他指标确认后才可能被接受。而且，更恰当地说，该区域显示出对价值的高度一致，所以出现严重分歧的概率增加。这在几天前，当短期均线组聚合在一起并将长期均线组拉近的时候，便已经有所暗示。之后我们将重点讨论如何把这些区域转变为更加准确的信号。

淘金者通常都有他们的样品，我们也有完美的例子。通过将一份混乱的每日图表与完美的示例进行比较，我们可以提高对交易工

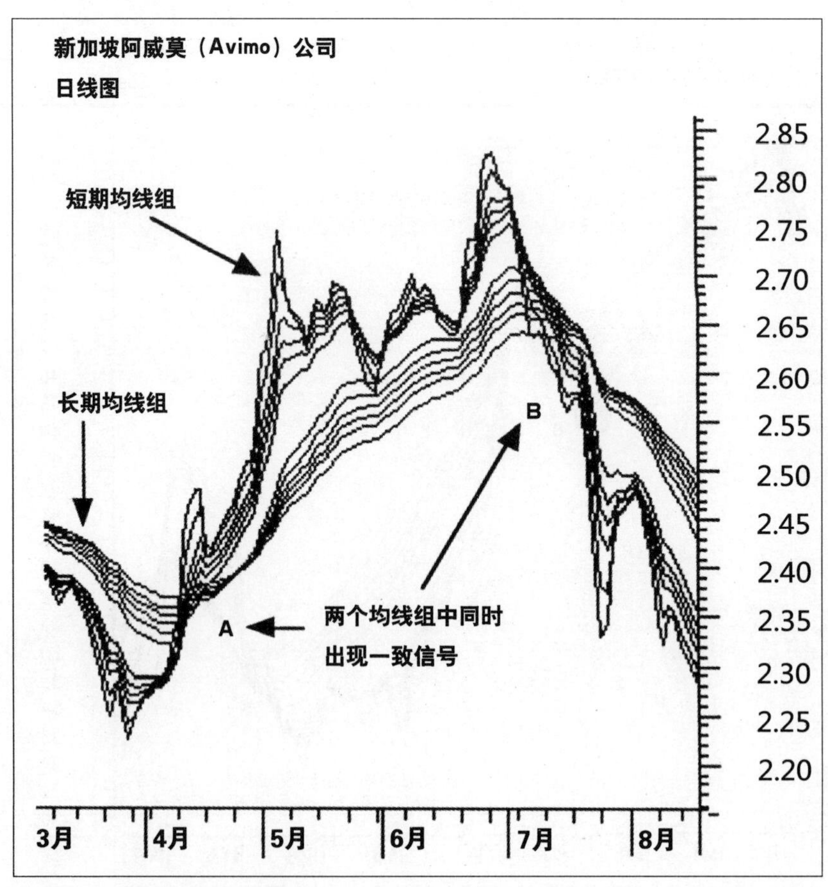

图10.5　顾比复合移动平均线

具的使用水平。如图10.5所示，当把这种技术运用于新加坡上市公司精密光学仪器制造商阿威莫的股票时，这种组合同时出现在两个时间框架中。在这份图表中，点A和点B及时向交易者发出了信号，使得他们能够跳入并跳出主要的价格运动。

真实交易中不得不处理非完美的情况，这也是我们主要讨论波音公司股票的原因。图10.6所示为该公司的日线图，图中绘出了顾比复合移动平均线（GMMA），图中字母和数字与之前的图表相同。由GMMA指标产生的确认交易信号，使交易者在点A从波音公司的头寸中退出，避免了较大的亏损。GMMA评价测试保护交易者，能够避免位于点B的诱人交易——将会带来灾难性亏损的交易。GMMA测试使交易者在点F及时进入一笔交易，在点G出场时获得了可观的利润。下面我们详细阐述交易规则。

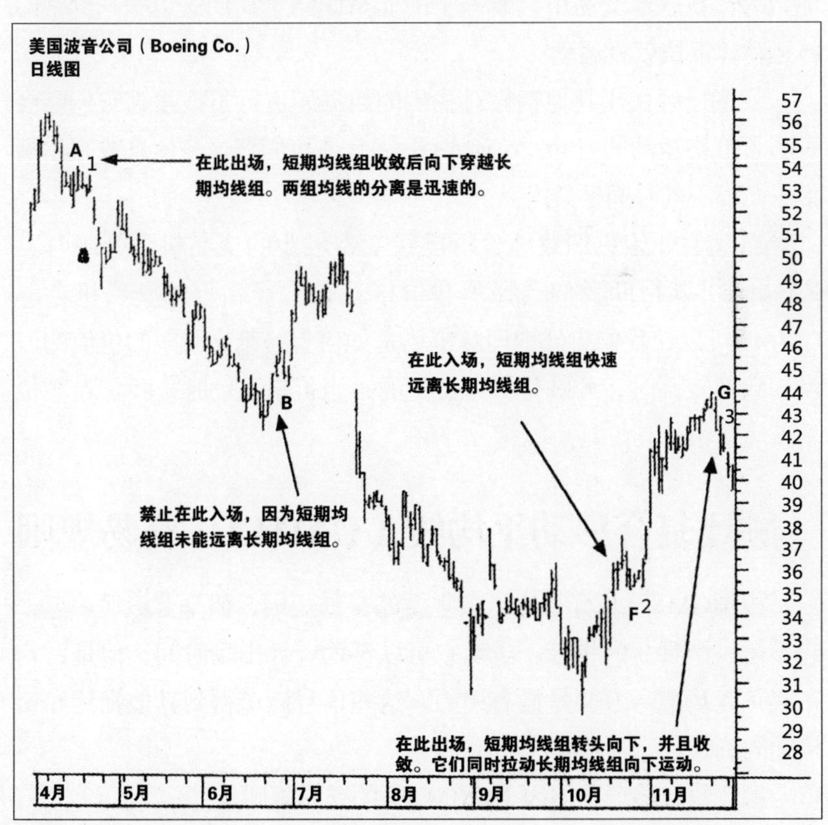

图10.6 GMMA信号与价格行为相匹配

当把这两组均线结合在一起，按照此种方式使用时，我们把它称作顾比复合移动平均指标（Guppy MMA indicator，英文缩写为GMMA）。该指标并不会显示一个值，比如12.00美元。它只是从视觉上把多个时间框架上对价值的一致凸显出来。这是长期投资者和短期交易者对价值的一致。这种一致信号表明之后出现重要价格运动的概率比通常情况下要大。

当市场在两个市场框架中对某支股票的价值达成一致时，爆发性的价格运动常常随后发生。与我们的直觉理解相反，长期均线组并未滞后于短期均线组，长期均线组也提供了交易信号。在爆发性的市场点，股票被重新估值——如价格所反映的——是如此的重要，以至于每条均线都受到影响。当每组均线都达成一致，当两组均线都在单个狭窄的时间窗口内同时交叉时，我们可以非常有信心地认为，在这笔交易中，概率平衡非常倾向于我们这边——价格即将运动，很快就将运动。

我们已经使用其他指标对我们的数据库进行了搜索，它们已经表明了价格运动的方向。GMMA指标允许我们把这条信息放在由概率平衡缩小的时间框架内。

当我们开始更细致地分析已经变得较少的交易机会列表时，GMMA可以帮助我们选择那些价格运动已经临近的交易机会。GMMA可以使我们更好地理解市场是如何看待某支股票的价值的。当一致性较高时，分歧是不可避免的，当价格运动时，我们希望位于市场之中。

顾比复合移动平均线（GMMA）交易规则

根据GMMA指标得出七条主要的交易规则，但是要记住一点，它不是一个独立的指标。虽然它可以帮助计算出场时间，但是，它在确认入场信号方面是最有用的。这些信号应该得到其他指标和价格图的确认。

顾比复合移动平均线（GMMA）的交易规则是：

- 当两组均线都开始变窄，并且收敛时，应该准备好迎接对价值的一致意见崩溃时，即将出现的价格运动。对于那些在波段交易法中使用GMMA的交易者，做多头寸和做空头寸的组合横跨在潜在价格运动的两边。如果价格飞涨，那么亏损的头寸便被了结，而盈利的头寸则被继续持有。

- 在交叉的方向交易。如果交叉在上侧，则做多。如果交叉在下侧，则做空或退出做多头寸。
- 两组均线的快速分离确认了突破的力量。
- 长期均线组验证趋势的方向。
- 短期均线组产生的泡沫显示出有利的出场点。这可能是短期反弹交易。判断趋势顶部是困难的，所以我们寻找领先的两条或三条均线在分得很开的长期均线组之上收敛或向一起靠拢的情况。利用其他指标读数确认这一早期信号。
- 当短期均线组向上击打分得非常开的长期均线组时，假突破便被识别出来。把这些看做反弹交易，而不是趋势交易。
- 激进型交易者在对GMMA突破的期望中入场。保守型交易者则

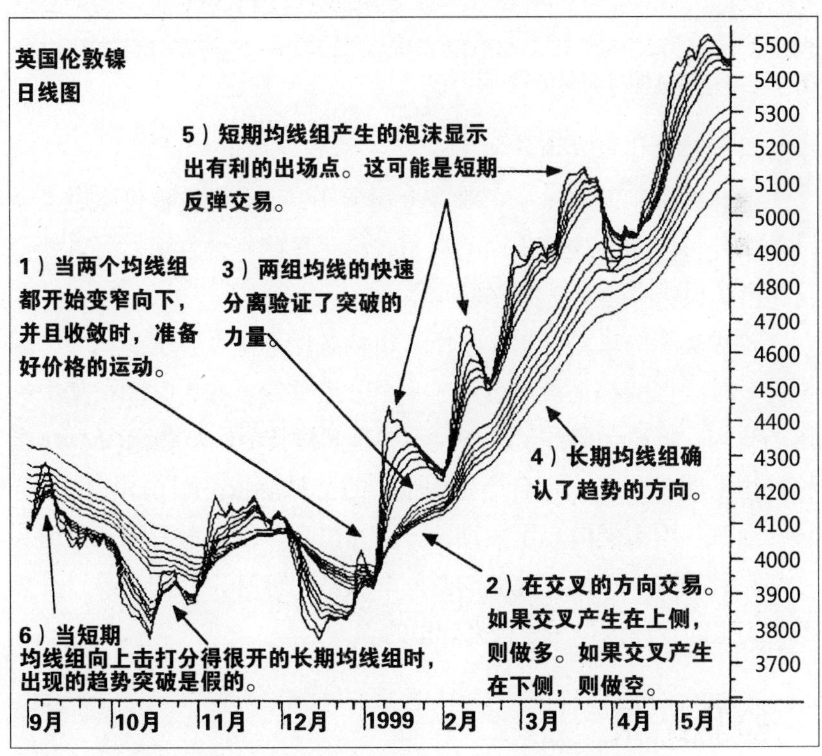

图10.7　顾比复合移动平均指标（GMMA），交易规则的运用

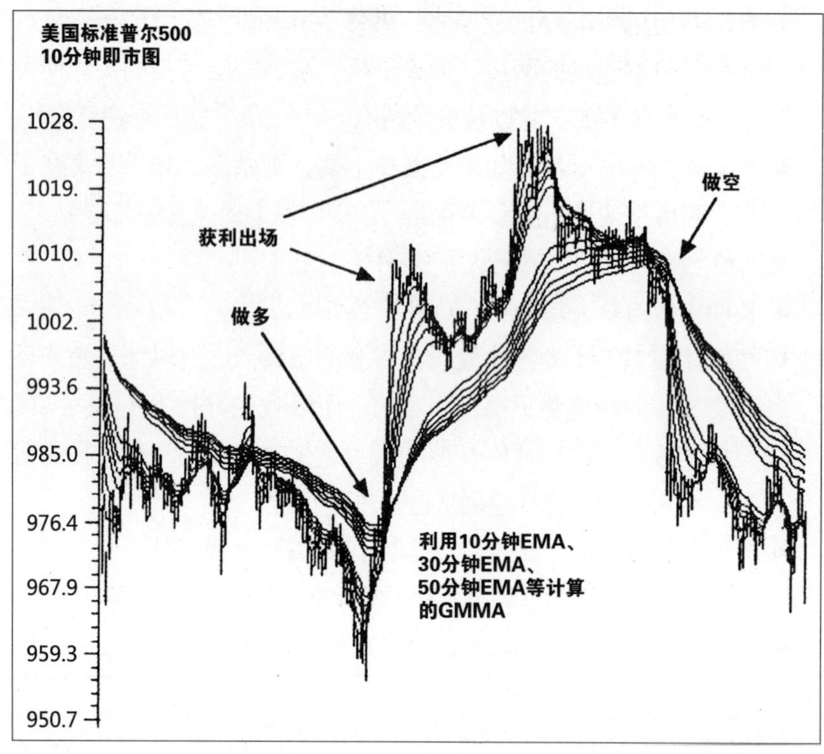

图10.8　GMMA即日交易信号

等待确认信息。

这些规则中的每一条，都被应用于图10.7中伦敦镍价格令人激动的飙升行情中。这些规则的应用，给了我们一种方法，可以评价这一市场板块中的交易机会的质量。

这种类型的市场分析，在所有市场条件下提供了交易机会，因为每个时间框架都是价格运动的一个分形重复。在大时间框架中的市场结构，将被保持并反映在较小的时间框架中。当顾比GMMA指标被用于即市图时，也会产生相当棒的交易信号。图10.8中的10分钟标准普尔即市图揭示了短期即日交易机会，就如盘后图表帮助头寸交易者的方式一样。此处的时间框架是用分钟，而非交易日计量的，均线的计算也是用分钟来计量的。

检验结果

GMMA只是用于把已经由其他过程选出的交易机会进行精选。

就像商人对接手的每个金币都要咬一咬一样，我们使用GMMA评价前期搜索得出的候选股票。要把GMMA简单地定义为一条搜索标准并不容易，因为仅仅一条或两条均线的交叉，并不能揭示图表上所有均线一起提供的信息。

我在使用GMMA时，把它作为评价其他搜索方法识别出的交易机会的最后一步。你可能希望把它用作一项筛选工具，并应用于你的整个数据库。一系列紧密相关的用户公式和随后的Metastock GMMA搜索公式都被展示在下面的附录中。通过返回一个“是”——1——作为股票的响应，可以加速数据库的搜索。这份列表中的图表被从视觉上检查这种相互作用的关系。作为交易者，对GMMA收敛程度的判断是主观性的，因为没有一个公式会给出一个最完整可靠的答案。

协同作用是一个令人厌烦的术语之一，每个人都知道，却很少有人理解。在那些不太做作的日子里，人们使用“总和大于部分”来描述协同情况。GMMA指标通过揭示与市场系统的动态有关的信息来做到这一点，而任意单条移动平均线是无法做到的。

没有单个计算结果——没有单个数值，比如大于80或低于20——可以揭示这种动态变化。通过GMMA检测的股票是活跃的，它们得到了肯定，因为总的来说，价格爆发的概率比较大。未通过GMMA检测的股票将被放弃。

在这一轮筛选结束时，我们希望得到一份满足我们所有条件的候选股列表。软铅镀金的假金币被丢到废物堆中，真正的金币按面值分类。通常情况下，满足所有这些条件的股票只有一两只。有时只有一只。我们可以用这些幸存的股票进行交易，但就像19世纪的商人在没有货币兑换标准的情况下交易一样，我们首先需要做出一些决定，决定西班牙古银币在用葡萄牙银元衡量时的价值。我们必须决定，我们发现的黄金矿石是值得熔为金条，还是作为别具特色的金块更好一些。我们的人生观在很大程度上影响了我们的决定。

附录

要想在Metastock中显示GMMA指标需要如下几个步骤：

- 打开一只具有较长交易历史的股票的柱线图。
- 删除显示成交量的内嵌窗口。点击柱线图，使其高亮显示。从编辑（Edit）菜单中选择剪切（Cut）。系统将提示你当前操作将删除这只基本的股票。点击确定。现在你得到了一个空白屏幕，但是当前数据却未受影响。
- 从指标列表（Indicator List）中选择移动平均（Moving Average）。添加每一条短期组的指数移动平均线（EMA）到屏幕上，方法是拖动该指标，并改变移动平均值。使这些均线都以相同的颜色显示。我使用蓝色。
- 仍然停留在上述屏幕上，开始绘制长期组均线。从指标列表（Indicator List）中选择移动平均（Moving Average）。添加每一条长期组的指数移动平均线（EMA）到屏幕上，方法是拖动该指标，并改变移动平均值。使这些均线都以另一种颜色相同地显示。我使用红色。
- 当定制结束后，从文件（File）菜单中选择另存为（Save As）。在保存类型（Save As Type）后面的对话框内选择模板（Template）这一项。给模板起个名字，然后单击保存（SAVE）。现在，这个模板可以用于所有的图表上了。

要调出这个模板，右键单击柱线图，然后选择使用模板（Apply Template）。在对话框中选择GMMA模板，便看到了新的指标。

交易者鲍勃·莱德劳曾经做过类似的探索，但是同GMMA指标不完全一样。他为GMMA增加了一层复杂性，但这与前面讨论的基于简单概念开发复杂的、有辨别力的指标是一致的。Metastock用户可以向他们的指标列表和搜索（Explorer）模式中添加用户自定义指标。

莱德劳使用的七个客户自定义指标是：

```
MMA 10 / 45
If（OscP（10, 45, E, %）>0, +1, -1）
MMA 12 / 50
If（OscP（12, 50, E, %）>0, +1, -1）
```

```
MMA 15 / 60
If ( OscP ( 15, 60, E, % ) >0, +1, -1 )
MMA 3 / 30
If ( OscP ( 3, 30, E, % ) >0, +1, -1 )
MMA 5 / 35
If ( OscP ( 5, 35, E, % ) >0, +1, -1 )
MMA 8 / 40
If ( OscP ( 8, 40, E, % ) >0, +1, -1)
MMA TOTAL ( Note space between MMA 3 / 30 must be retained )
Fml ( "MMA 3 / 3O" ) +Fml ( "MMA 5 / 35" ) + Fml ( "MMA 8 / 40" ) +Fml ( "MMA 10 / 45" ) +Fml ( "MMA 12 / 50" ) +Fml ( "MMA 15 / 60" )
```

搜索公式如下：

```
Column A
Close
Column B
Ref ( C, -1)
Column C
Ref ( C, -2]
Column D
Fml ( "mma 3 / 30" ) +Fml ( "mma 5 / 35" ) +Fml ( "mma 8 / 40" ) +Fml ( "mma 10 / 45" ) +Fml ( "mma 12 / 50" ) +Fml ( "mma 15 / 60" )
Column E
Ref ( Fml ( "MMA 3 / 30" ) + Fml ( "MMA 5 / 35" ) + Fml ( "MMA 8 / 40" ) +Fml ( "MMA 10 / 45" ) +Fml ( "MMA 12 / 50" ) +Fml ( "MMA15 / 60" ) , -1)
```

Filter source

Formula

When（colD，＞，0）AND When（colE，＜＝，0）

该搜索公式将帮你获得所要的结果，但是你仍然需要对每个结果进行目测。我们不建议你使用这个公式作为交易候选股票的初始搜索。读者可以从www.guppytraders.com上剪切、拷贝并粘贴到自己的Metastock中。

第11章

同一枚金币的两个面

“了解你的敌人”是一条战术格言。许多交易者认为自己的敌人是位于交易另一方的那个人。相反的，他们只要照一下镜子，而非电脑屏幕，便可得到答案。交易者通常是他自己最大的敌人，在交易战斗开始前便把自己打败了。

简单的问题：你是看多还是看空？告诉我们这是怎样发生的。当手中拿着黄金矿石时，我们必须每天问这个问题：我们是买还是卖？

根据直觉我们做出一个决定，又根据直觉把我们的偏见带进行动。我们对这种直觉的偏见毫不在意，集结了一连串指标来支持已经无意识中做出的决定。毫不奇怪，最初良好的交易机会看起来更好了——即便它们可能赔钱。

当选择在数据库中搜索交易机会的方法时，当选择我们使用的指标类型时，当寻找特定类型的图表形态时，我们都是根据自己的偏见在行动，之前甚至都没有对当日价格瞅上一眼。当黄金矿石挖掘出来后，我们没有彻底地进行检验，看它们是否是愚人金。我们认为自己拥有优良的淘金工具，而通常是这些想法把我们带入麻烦的境地。

当混淆了客观结果和主观结论后，我们便进入了麻烦的境地。每一个指标，比如说随机指标，一直是以完全相同的方式度量相同的关系。最后一个数据点的放置是一个客观计算的决定，根据是该指标的构建规则。数学计算本身定位了这条线。指标结果的出现是客观的，这便是常常被称道的技术分析的力量。

没有这样的逻辑限制交易者，所以我们主观地解释这些指标的结果。如果随机指标跌至20%以下，那么我们认为股票处于超卖状态。而随机指标高于80%，我们则认为市场处于超买状态。这些结论是正确的，因为它们在过去的市场行为中出现过，但是我们对未来潜在价格行为的解释却是非常主观的。我们根据自己的解释交易，所以无法隐藏我们的偏见，以及它对概率平衡的影响。

如果我们没有认识到我们的偏见，那么当交易失利时，很容易便去埋怨我们的指标，或者我们的技术。我们不是在处理真正的问题，我们是在追逐不相关的结果——购买更加昂贵的软件或者尝试其他交易技术。真正的问题则仍处于未解决状态。

解决的办法是理解我们的偏见，并且利用它增强我们的优势。对于那些具有看空倾向的交易者，下面讲述的过程可以帮助进入做多头寸。对于多方来说，决定出场是特别重要的，虽然它也可用于评价入场。这一步骤刚好放入你个人的交易过程，在你辨识出你的弱点的位置。我们在此已经包含了它，因为它在入场决定中，对于看多者和看空者都起作用。

那儿有一头熊

（译者注：《那儿有一头熊》是澳大利亚儿童教育节目中的一个系列片，由Play School制作。）

许多交易者认为，只要知道当前市场总的行情或者某个市场板块是看涨还是看跌就足够了。这条标准的确可以帮助辨识更好的交易机会，利用或者反对市场情绪，利用这些市场线索的方法将在下一章讨论。这是交易决策的最后一个过程，通常都是根据我们的偏见，走捷径得出的。

理解和利用我们的偏见包含两个步骤和决定，一种先验方法——事前——我们如何观察一份图表。在第一步中，我们学习认识我们的偏见。在第二步中，当交易前分析图表时，我们要一直考虑这种偏见的影响，从而不至于使它不适宜地扭曲我们的入场和出场决定。

当达到我们的获利目标时，出场是没有问题的。当我们认为正在下跌的价格即将停止，并开始上涨时，出场便成了一个问题。我们屈服于诱惑，在我们的初始获利目标之上继续持有这笔交易。或者价格在达到我们的获利目标前摇摇欲坠，我们却继续持有，忽视了反转信号，逐渐跟随这笔交易进入亏损。

在理想的世界里，这些情况永远不会出现。而在真实的市场中，它们却以惊人的频率出现，所以我们不可忽视它们。我们需要研究战略战术来应对这些情况，保护自己的利润。如果一笔交易最初显示获利，因为你持有它并希望它将返回原来的获利价位，但最终以亏损被迫放弃，那么这是一笔差劲的交易——即使最终的亏损小于交易资金的2%。

第一步——为你的偏见验明正身

你怎样决定你的偏见是在多方，还是在空方呢？下面的两份图表给出一个简单的测试，展示了看涨偏见对围绕简单趋势线建立的交易分析的影响。在两种情况下，我们都寻找最好的入场点。在图11.1中，我们希望继续一套可获利的交易带策略。在图11.2中，我们想实现最好的潜在多头入场，在对价格上涨的期望中买入。它们是同一枚金币的两个面，我们看到看涨偏见是如何令我们过早进入交易，又过迟退出交易的。

图11.1中的股票UKN提供了一个正处于一轮上涨趋势中的入场机会，这是基于交易带的长期策略的一部分。让我们来分析一下鼓励我们在点A入场，并且到点B一直处于交易中的原因。

- 一条确定的趋势线D处于恰当的位置，在A处的回调与12月份的价格运动是一致的。
- 一个逻辑止损点在如C所示的支撑／压力价位附近。如果在点A的入场后来被证明是不正确的，那么近期的价格运动显示价位C确认了这一个错误判断，同时是一个良好的出场点。
- 回调到趋势线，比如点B，提供了另外的买进机会。该趋势非常明确，我们可以相当自信地认为在它之下的任何长钉形态都是短暂的。
- 我们在平行通道趋势线的上边设置了一系列保守的获利目标。上侧目标的设置是以上侧趋势线为参考的。有效目标也是基于显示为粗线的上侧趋势线。

交易总结

在点A或点B的入场，与基于交易带的看涨交易策略是一致的。在点B并未发出出场信号。趋势线和支撑线提供了良好的止损位置。

第二幅图是图11.2所示ILM走势图，我们在其中寻找看涨突破，以决定在点A建立头寸是否值得。下面我们把所有有利于在该突破处买进的信息总结一下。

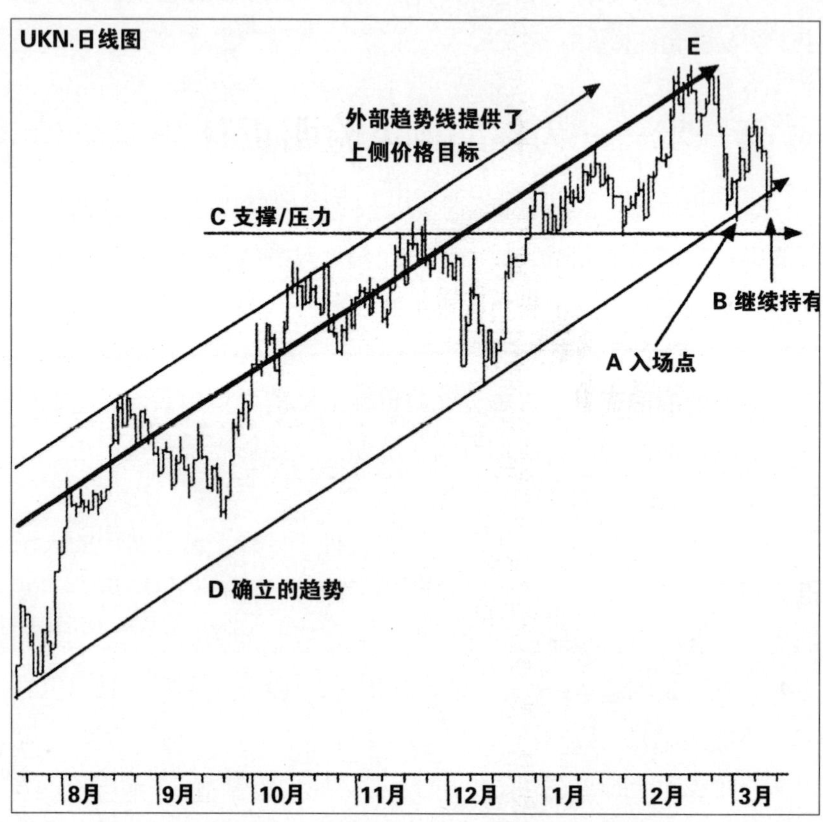

图11.1　在一轮上涨趋势中，基于交易带确立一笔交易的看涨观点

- 趋势线E是被准确绘制的，因为它接触到了最多数量的极点。把它向右移动，如线F所示，完全忽略了9月的尖峰。在它的当前位置，1月份的价格行为把它用作一条支撑线。
- 保守型交易者等待出现在趋势线F右侧的一个收盘价。激进型交易者利用返回B点的回调作为上涨趋势的确认。
- 点B帮助确立一轮新的上涨趋势，我们暂时画出趋势线C。低于这条线的任意收盘价都是我们的出场信号。

- 止损条件由短期压力线设定，如线D所示。

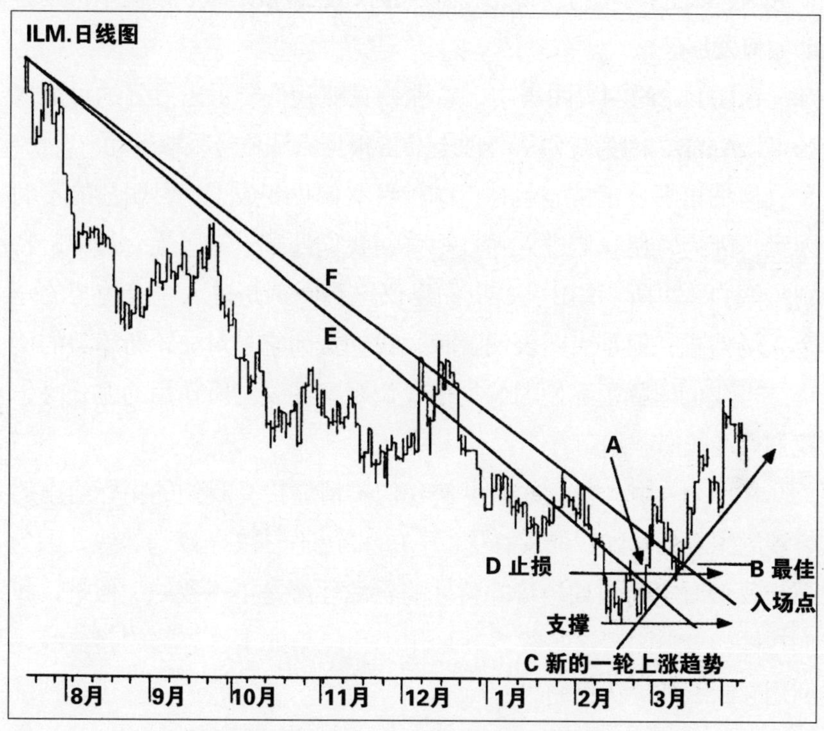

图11.2　对于一轮下跌趋势中基于突破的交易确立看涨观点

交易总结

这是一个看涨的入场点，最终提供了一笔持续6周的交易。入场点由对趋势线的重新测试而确认，止损被清楚地设置在原来的支撑价位，稍低于我们的入场点。

利用看涨偏见做空

在两种情况下我们都使用看涨的偏见来确认趋势的正确性，开发我们的交易策略，支持我们提早入场的决定，或者在临时回调中继续持有。对这些图表的分析似乎是直截了当的，是我们闭着眼睛做图表分析的典型方式。

但是存在一个主要的问题。

两份图表都属于澳大利亚所有普通股市场指数，但是图11.2已经利用Metastock的Y轴属性（Y—Axis Properties）菜单中的倒置缩放（Invert Scale）功能上下颠倒了。同时，它也被延长，以展示市场运动如何发展。

在图11.2的倒置图表中，看涨偏见使我们辨识出最好的可能入场点，A或B，因为我们从心理上准备根据看涨信号采取行动。

当把该图表正常显示时，这种看涨偏见变成了一种明显的不利因素，因为它使我们进入并且一直使我们处于一笔亏损交易中，特别是图11.1中所示的B点。我们建议这次回调是进入原有趋势的一个入场信号，但是当图表倒置时，我们认为它是对一轮新趋势的确认。当我们理解了我们的偏见在我们观察图表时所作用的方式时，我们只能权衡利用。

在图11.1中，我们的偏见使我们不情愿接受我们的指标给出的客观的出场信号。我们没有从位于E的高点作一条下跌趋势线，因为那与我们对之前长期趋势的整体的看涨理解是不一致的。但是，我们在图11.2中画出这条线，并且作为一轮新的上涨趋势的趋势线，利用它判断和确认我们的入场。

为什么会出现这样的区别呢？在两种情况下，我们都在寻找证据证明我们的看涨观点和认为价格上涨的偏见。我们在每份图表上都加了一线上涨的希望。

我们的乐观情绪带来的结果常常是灾难性的。我们跟随已经确立的上涨趋势，延迟了我们的出场，放弃了大部分，有时是全部的利润。然而，多方在下跌趋势的突破中过早入场了。只有我们能够利用它时，才能最大化交易的潜能。在交易的两边，我们都要把我们的力量转变为一种优势。

我们不能消除这种偏见。当杯子中有一半水时，你要么一直认为它是半满，要么一直认为它是半空。偏见往往只帮助交易的一边——如果我们看涨，那就是做多入场，如果我们看跌，那就是做空入场。现代化的软件使得我们可以转败为胜。这次，睁开我们的双眼，我们采取第二步，测试我们的偏见。

第二步——看涨和看跌测试

考虑典型的看涨行为的标志，并且寻找你自己的看涨标志。多方由半满的咖啡杯环绕着。他们知道自己擅长于从下跌趋势中捕捉一个突破，或者从压力线，或回调中捕捉一轮上涨行情。通常，他们的入场是非常好的，接近底部，恰好位于支撑线上，或者恰好在突破发动之后。他们的大多数交易，一开始都是获利的。他们喜欢认为自己的判断是超级棒的，但是残酷的现实表明他们的偏见在曾经客观的指标结果之上罩上了一层迷人的玫瑰色光辉。这是他们的力量，他们希望依靠它。

再简短地分析一下空方。当然，相反的情况适用于围着半空的咖啡杯挤成一团的空方。他们的弱点在于做多入场，因为他们害怕下跌趋势会继续，从而证明突破的失败。

多方是最后一个离开“聚会”的。他们的弱点是出场。他们等

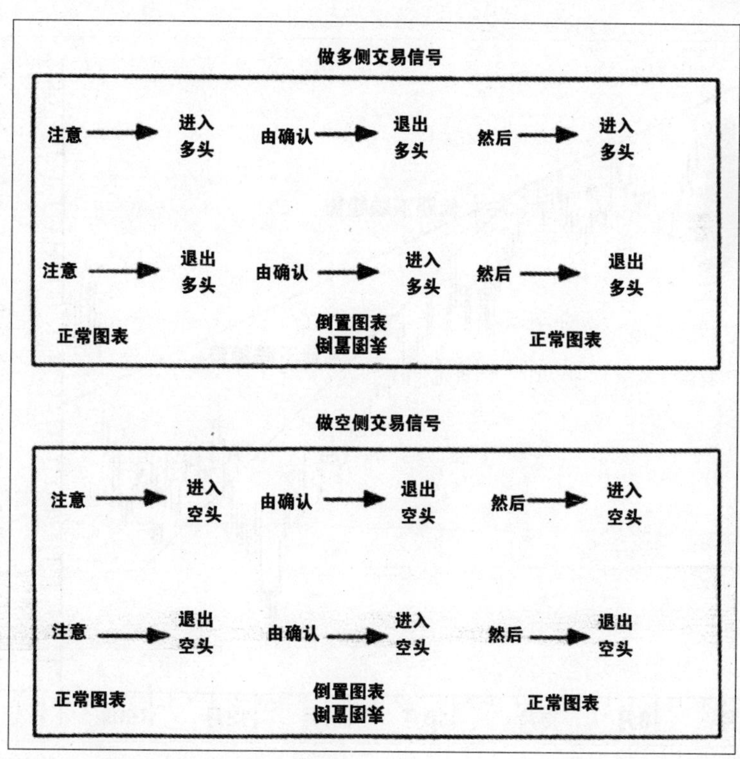

图11.3 阅读倒置图表测试信号

待太长时间，需要太多的确认信号，确认趋势反转后才卖出。他们把对每个指标的疑点都放在看涨一边。当随机指标进入80%后，每一次的下探都被忽略，而每一次的上升都得到支持。他们的交易以确信开始，以希望结束。

空方，围着他们半空的咖啡杯，没有这样的问题。害怕出现任何坏新闻，他们迅速斩断交易，保护利润。

哪一条是你的标志呢？自己是很难判断的，所以请一位朋友帮你找一下。你将再也不会以完全相同的方式观察半杯咖啡，或图表。

测试答案见图11.3。使用标准图表，答案在第一列中；如果我们开始使用一份倒置的图表，那么答案在第二列中。这些答案从交易的两边以最有效的方式利用我们的偏见。

我们希望利用我们在入场中看涨的优点，克服我们在出场中的缺点。通过把出场看做入场，我们可以获得更好的出场。精神体操

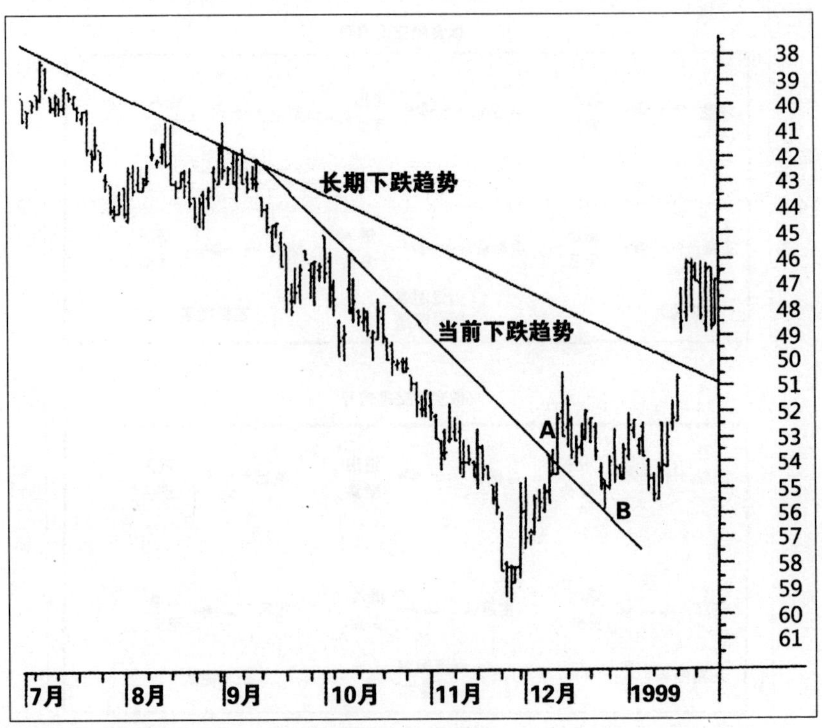

图11.4　美国Philip Morris公司倒置的日线图表

需要熟练的手法变化，而这些偏见的利用，可以得到巧妙的图表变化的帮助。图11.4是美国烟草公司Philip Morris的日线图被倒置后的结果。有关这份倒置图表，我们有一个测试问题：B点是一个做多的入场点吗?

答案是“是”。在A点，突破超过了当前的下跌趋势线，发出了一个潜在入场信号。在B点的反弹离开该趋势线，确认了入场信号，也给交易者创造了一个好于预期的入场价格。这是一个基于明显的趋势突破的交易机会。

记住一点，如果答案是“是”，对于一个做多侧入场来说，当图表被倒置后，那么它是从一个任意打开的头寸中的做多出场信号。 这与图11.3中所示的测试答案矩阵中的第二条规则是一致的。这看起来不合逻辑，但是进一步地分析表明，它是如何帮助克服我们的看涨偏见的。

实施测试

倒置的图表一开始是比较难使用的，所以改变一下柱线的颜色，用红色代表下跌，用蓝色代表上涨。Metastock可以保存一个倒置显示的屏幕模板，于是可以在标准图表和倒置图表之间很方便地切换。忽略倒置图表中的刻度，集中于价格柱线和趋势线所传达的信息。如果你的图表软件不提供这一功能，读者可以从www.guppytraders.com提供的链接上下载免费软件Invert.exe。该软件可以暂时使你的屏幕倒置显示。

在这个Philip Morris测试的例子中，我们假设已经从做多侧在45美元附近进入交易。要实施这种看涨和看跌测试，我们应该尽量忘记对该交易的情绪影响。如果在一笔获利交易中赚钱像乌云一样模糊了我们的判断，那么赔钱便是一场剧烈的雷雨。我们把倒置图表看做一个潜在的做多头寸，而非已经打开的头寸。

考虑到这一点，我们问一个问题：倒置图表中显示了一个做多侧的入场吗?

接受我们的看涨偏见，答案是一清二楚的。在点A的收盘价是下跌趋势中的一个突破。看涨情绪非常强烈的交易者发现该信号足够强，保证在56美元入场，止损设在59美元。

这是混乱的，所以我们从图表上的线分析。止损是基于趋势轴点低点60美元。利用趋势线突破，基于该图表分析的精确的交易决定，不如看涨信号本身重要。按照多种标准衡量，这是一个看涨突破，并且给出一个重要的测试答案。

当倒置图表通过看涨入场测试——进入做多交易——那么它对于任意打开的做多头寸发出一个出场信号。反之，当倒置图表给出一个看跌信号——退出多头交易——表明下跌趋势将继续，那么任何打开的做多头寸都应该继续持有。这一简单的测试使看涨交易者免除了麻烦，通过利用隐藏在我们对客观指标的解释背后的偏见。

多方在相信熊市时有些困难。当多方观察刻度正常的Philip Morris图表，如图11.5所示时，在点A或点B要求的出场决定比较难以接受。

多方太容易说服自己位于点B的收盘价是一个异常行为，在任何情况下，他都可以看到长期趋势线提供的长期支撑。之后，它把

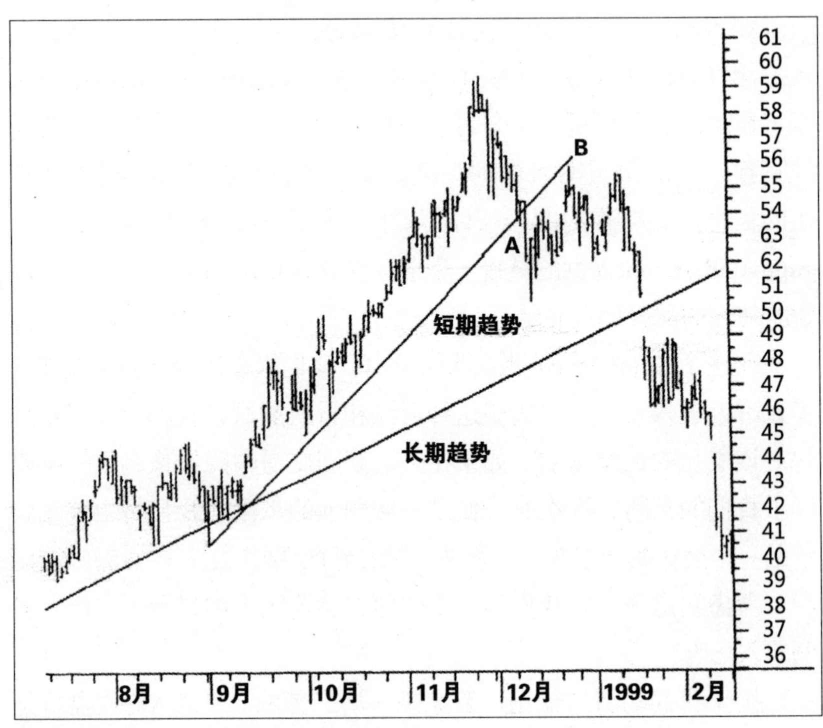

图11.5 美国Philip Morris公司日线图

点B处的收盘价作为上涨趋势继续的证据，短期趋势线现在充当压力线的角色。他点击浏览其他图表的市场心理快照，在那些图表中趋势以这种形式形成，并且给出极好的长期盈利。他不应该这样做，但是他的看涨偏见使他的这种行为成为自动模式，搜索他的记忆，寻找恶劣行情下最有利的解释。

然后他又转回头观察指标，不顾一切地为他想要做出的决定寻找支持。当他做出原始的入场决定时，他认识到大多数指标固有的时间滞后，从而推断它们的发展将朝向有利于做多的方向。随机指标并未真的转头向上，但是他认为它即将那样，所以把这看做一个积极的信号，于是在他的检查列表上打上一个对号。

不幸的是，他重复利用相同的指标管理出场。现在滞后延长了——它没有真的转头向下。它正准备向上运动。他为等待看跌证据的确认等待了太长时间。他在管理亏损方面成了一名专家，但却不是管理利润的专家。

对于Philip Morris这支股票，我们可以这样做吗？多方很容易便会找到一线上涨的希望。虽然此处没有画出，但是随机指标的%K线临时向上穿越%D线，恰好在图11.5所示的A点所在的那个交易日。多方经过推理，认为这一最近的交叉是真的，所以他为价格留出喘息的空间。

几天之后，RSI转头向上，多方立刻拥抱出现的积极信号。

在做出不在点A了结交易的决定时，他仔细地、勤奋地把他喜欢的指标搜集在一起，选择客观的读数，并且使它们偏向他的看涨偏见。你也在做同样的事情吗？

在这笔示例交易中，多方的乐观主义打败了他自己，把自己锁定在一个正在恶化的头寸中。

盈利还是亏损

即使对于最坚定的多方，当出场信号变得无可否认地清晰时，盈利常常已经缩减为亏损。那么出场决定受到情绪诡辩的严重扭曲，我们说服自己，如果价格向上运动到昨日收盘价，那么在当日价格的亏损可以减少。节约几美元的诱惑是难以抗拒的，它麻痹了我们的制定决策的大脑。在第18章，我们将讨论最小化这种情绪影响的方法。

一旦在出场时产生损失，我们的情绪反应便变得更加严重。这种损失可能意味着获利较少，甚至是这笔交易上的真正亏损。如果亏损的恐惧使得交易者很难决定什么指标发出的信号是真的，那么行使必要的纪律以接受亏损就更难了。我们行动得越迅速，亏损就越小，行动被执行的机会就越好。

倒置图表只是克服这种勉强行为的部分解决方案。通过采取积极的行动，我们使我们的偏见在我们交易管理的所有方面为我们工作。

这个问题不仅存在于交易新手身上。交易成功并不能消除这个问题。读者可以问一下《我从亏损了一百万美元中学到的》（《What I Learned Losing a Million Dollars》）的作者吉姆·保罗，或者《股海沉浮》（《Rogue Trader》）的作者尼克·里森。所有交易者都或多或少地受到他们的偏见的影响。机械化的交易非常困难。没有绝对的解决方案，所以我们要制定的解决方案，应该使我们更加注意我们的交易优点和缺点。

我花费毕生的精力来研究我的偏见。我不能期望把它们颠倒过来，只适应我的交易决定的一面——无论有多么重要。我必须学会与它们生活在一起，并将它们转变成我的优势。如果像倒置图表这样简单的工作便可抵消我的偏见，使它对交易的两侧都有利，那么我愿意使用这种方法。当你的偏见不利于你的入场或出场时，如果你坚持使用一种方法去辨识和减弱它们，那么你将交易得更好。

在交易决策中，我们已经较早地进行了这种评价测试。你可能发现它更适合于出场决策，但它对于每个入场也是有用的确认条件。在我们的最终候选股列表中的黄金矿石已经经过严格检验，通过了倒置测试，但是在交易之前，我们还要寻找市场的脉搏，以确保在相同的方向交易。虽然在市场崩盘时，对于头脑冷静的交易者来说，仍然存在良好的交易，但是在熟练的交易者和那些未察觉到崩盘临近的交易者之间是有区别的。

第12章

利用指数

如果当周围的交易者失去理智时，你仍可以保持冷静，那么原因可能是你仍然没有听到新闻。在下跌市场中，即便是最强的股票也会被打垮，涨幅榜上的股票，受到市场中其他股票的下拉，上涨幅度或上涨速度都不如从前。我们检验得如此细致的黄金矿石可能不适合市场当前的潮流。

在上涨市场中，大多数股票，即便是弱势股和劣等股，也同时上涨，所以我们除了交易找出的最佳黄金矿石外，还交易一些具有获利性的较小的金块。总的市场指数，或板块指数，像天气预报记录天气一样记录市场中的活动。

就像天气预报，这些指数设定当日，或未来一段时间的交易场景。指数就像总市场行为的领头羊。本章着重讨论一些方法，利用整个市场或板块指数所给的信息，决定我们的潜在交易是否与市场情绪相一致，更重要的是，这笔交易是否具有较高的成功概率。这些评价使用三个步骤：

1. 理解指数信息。
2. 利用指数支持交易。
3. 根据指数评价股票。

给我一个指数

指数的语言是什么呢？指数的有用性受到它所包含的股票数量的限制。像澳大利亚所有普通股这样的广基指数，通常作为整个市场的代表，有时可能不如板块指数具有代表性。单支股票的绩效，比如某只银行股可能导致指数出现大幅运动。一些广基指数只由少数几支股票组成，所以这种扭曲作用更加剧烈。

道琼斯工业平均指数是30只在纽约证券交易所交易的股票加权拆分后的均值。标准普尔500，在国际上并不广泛地引用为美国金融市场的标尺。不过该指数要更加广泛，包括500支股票，并根据资本市值加权。标准普尔500综合指数间歇性变化，反映市场的变化。纳斯达克综合指数是最常用的美国指数，它反映的是纳斯达克列出的5000支股票的绩效。

与它们形成对比的是板块指数，比如金融指数，包括在马来西亚股票交易所上市的所有金融股。很明显，从该指数中提取的信息比马来西亚综合指数或道氏指数等广基指数要更精确。

了解了这些知识之后，我们将进一步观察在更宽泛的股市中，指数在市场决策中所起的主要作用。这些结论与那些直接在期货交易所交易这些指数的交易者无关。这些衍生工具在交易时同其他股票或期货合约一样。技术分析得出的结论也同样适用于这些衍生工具，就像它们在其他任何个股中使用一样。

指数的两种语言

指数为我们提供了两种方法，来理解广泛的市场行为。它们使用不同的语言来描述相同的过程。你选择的指数类型决定了你阅读信息的方式。两种指数类型是：

- **代表性方法**

  使用这种方法，指数代表可供选择的股票中一个宽泛的选择。这种指数包括道琼斯指数、标准普尔500指数、德国法兰克福DAX指数、巴黎CAC指数、澳大利亚所有普通股指数和新加坡海峡时报指数。

- **绝对性方法**

  这种指数包括某个板块中的所有，或者几乎全部的相关股票。这些指数变得更加具体，包括道琼斯公用事业指数、工程指数、物业指数、所有资源指数、种植园指数、酒店指数和罗塞尔小型成长股指数，等等。

代表性方法

它们是天气预报，这是指数信息。代表性方法是正态分布理论和保守主义的离奇混合体。保守的一面反映在选择标准中。此类指数所包含的股票是最活跃的、最突出的，一般是市场中较好的蓝筹股。这些选择的精华代表着较广泛的市场——我们被告知的大约如此。

此类指数被声称具有代表性，因为它们的行为将被反映在其他所有股票的行为中，明白这种声明的真假，将有助于我们更好地利用指数信息。这种想法来自于正态分布理论，通常表现为高斯曲线或钟形曲线，在伯恩斯坦所著的《冒险前行》一书中有比较全面的阐述。我们的兴趣在于，怎样才能把指数的这种代表性转换为交易信号。

1877年，数学家高尔顿利用一个简单的试验来形象地展示正态分布的形成，以及钟形曲线的物理结构。这一试验还引出了另一条有用的交易概念，标准偏差，所以值得花点时间从交易的角度研究一下这一数学分支。

为了演示，高尔顿用猎枪子弹把一个沙漏式装置填满，然后让那些小的圆铅球通过一个狭窄的漏斗落到下面的一个盘子上。在沙漏的颈部插一些小针，从而使小铅球可以随机分散开。盘子上盖着一层小网格，于是小铅球在碰到盘子后会保持在原地不动。下落的铅球形成了一个三维的钟形曲线，中部较高，四周都向下倾斜。图12.1显示出了这一理想化的结果。稍候，我们即将讨论这一形状所包含的交易信息。

这条钟形曲线表明，比如对于股票来说，它们在以绩效为基础分类时是符合正态分布的。大多数都落在平均一类中。根据这一理论，我们如何选择较少的股票样本作为更广泛的市场的代表呢？

高尔顿采取了另一步，交易者们也是如此做的。在他的第二个示例中，他在第一个示例所用盘子的每个网格上都钻一个孔，然后把另一片网格平放在它的下面。现在，小铅球可以流到下一层网格上。令人奇怪的是，每一个较小的新铅球堆与较大的铅球堆具有完全相同的钟形曲线。高尔顿理论的目标与我们的截然不同，所以我们仍把他搁置在历史的书架上。

从那时起，交易者和交易所，已经采取了上述的第二步，利用一个小样本代替较大的市场。我们利用底部盘子中部的一堆铅球——来自原钟形曲线的尖峰部分——推断铅球第一次落到上层盘子时它的形状和分布。我们使用一个较小的样本来推断一个较大样本的形状和分布。

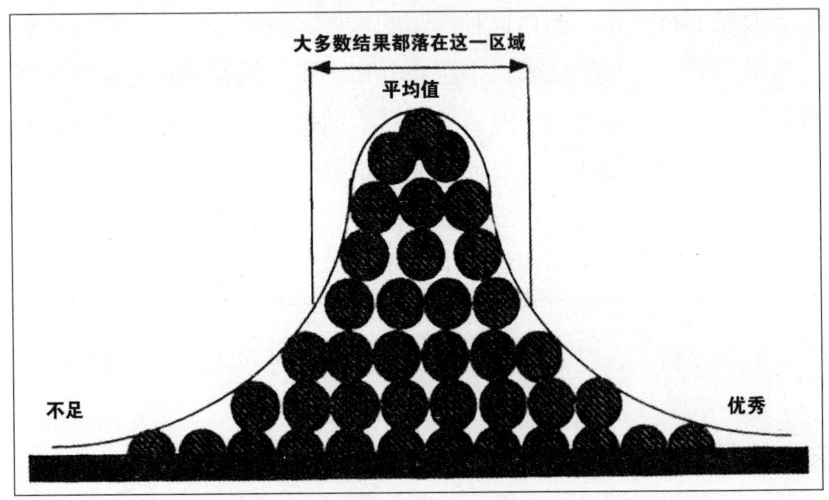

图12.1　一条正态分布曲线（高斯曲线）

如果代表性市场指数显示为钟形曲线的正在分布，并且市场指数中的每支股票都“代表”市场不同板块中的一篮子股票，那么我们认为钟形曲线正态分布形态将在其他市场层次中重复出现。更进一步，如果我们选择可以复制指数绩效的那些股票（如果不是准确复制，至少在广义上是），那么我们预计这些个股将显示类似的分布。

这种理解驱动着许多基金和基金经理。权衡暴露给市场板块的投资组合。利用相同的原理，从每个板块中选择股票。毫不奇怪，这些平均值的汇总常常是传递与整个市场绩效相匹配的盈利。在牛市中这是一个良好的结果，但是在熊市中却不太可取。

当然，代表性市场指数不会建立一个完美的钟形曲线，但是向下面层级逐级出现分布形态复制的概念，对于激进的套利基金使用的交易策略是非常有用的。至此，我们离正在建设的宽阔的、全新的交易之路只有一步之遥了。Mandelbrot屏保程序便是基于分形，每个连续的较小级别的形态都是较大形态的复制品，这些形态都处于混沌的边缘，并在某种程度上反映了市场活动。（译者注：经查证，原文Manderblot是作者的笔误，应为Mandelbrot。）这是分布理论的自我发动，德博客和彼得斯在《边缘交易》（《Trading on the Edge》）和《分形市场分析》（《Fractual Market Analysis》）中对这些概念进行了阐述。

我们并不是在走那条通往新马路的近道。相反的，我们将进一步分析指数作为正态分布理论的结果，是较广泛市场的代表这一思想。在交易界，这就意味着我们寻找与代表性指数同方向运动的股票。我们将检查最终的选择是否与指数行为一致。

在考虑如何使用这些广泛的指数时，我们有两个重要的选择。

第一个选择是利用指数作为人群或市场潜在反应的向导，从而我们可以利用指数支持进行交易。

第二个选择是利用指数作为靠近钟形曲线不足一端的个股的一个参考点。这可以被限制为构成该指数的股票，或者扩展到包含板块指数的股票群，或者更广泛一些，包括从整个市场中抽取的个股。所有这些选择都具有类似的重要性，我们将在下一部分讨论绝对指数时将它们作为一个整体进行讨论。在讨论之前，我们先看一下一般情况下是如何利用指数顺着市场趋势的方向进行交易的。

与指数趋势交朋友

第一种选择是把代表性指数融入到细的交易策略中，把它们作为股市的天气预报，而对于它们的可靠性也与天气预报同等看待。这结合了最后两个评价步骤——利用市场指数的支持交易和根据指数评价个股。道氏指数是市场以前的方向和未来潜在方向的一个广泛指标。

在上涨市场中，对于个股来说，显示上涨运动的图表形态和指标很有可能是正确的，因为它们与市场步调一致。三角形形态家族是这一过程的一个很好的例子。这些规则的组合见第7章的图7.8。

回顾一下第7章中讨论的三角形家族，简而言之，一个上升三角形就是一个价格上涨的指标。三角形的上边，即水平线，是由一条压力线形成的，如图12.2的线A所示，图中为道指的日线。与此同时，卡特彼勒正在建立两个上升三角形中的第一个，如B所示。该突破在C处建立了另一个较小的上升三角形。对于道指从其4月份的三角形形态突破之后的运动，这是一个很强的基础。卡特彼勒股价的运动就像多头市场一样上涨，从指数的运动中获得了进一步确认。

上涨趋势和压力线的交互作用是重要的，市场并不总是给出完美的实例。在两种情况下，上升趋势线都创造了三角形形态，并且都产生于一般的上涨趋势，或多头市场中。价格在碰到压力线后便回撤到这些上升趋势线。买方非常自信地认为这支股票的价值正在增长，于是他们拒绝让价格跌回到原来的低点。由于害怕错过机会，所以他们的出价略高于竞争对手。

卖方看到这种情况，继续抱紧自己的股票，在将自己的股票卖出之前等待更高的价格。结果便出现一个上升三角形。当到达三角形的尖端时，许多卖家认识到他们甚至可以在更高的价位卖出，于是股票的供给便枯竭了。竞买者的出价不得不高于原来的压力线，于是价格便突破而出，急速上涨，以寻找新的平衡点。

简而言之，这便是三角形形态的理论和标准解释。但是要记住一点，该理论并不提供任何保证。上升三角形的形成强烈暗示价格会进一步上涨。事实上，对于有些上升三角形，当形态完成后，市场的反应是不同的，有时会横盘运动，有时会跌破原来的趋势线。

然而，在看涨的市场中，不管是来自市场指数还是板块指数的显示，从上升三角形中的突破一般是成功的、持续的。交易者利用这一知识点便可顺着市场的方向交易。当每个人都跑向电梯时，表面看起来好像是电梯正在把人们吸引向它。

在由一个逐渐攀升的指数定义的牛市中，即使可靠性不高的图表形态，看起来也像上文所述的电梯一样具有吸引力。正如前文所讨论的，对称三角形是市场犹豫不决的图形化表示，但是正在上升的市场指数或板块指数却给它赋予了另一层不同的含义。图12.3中

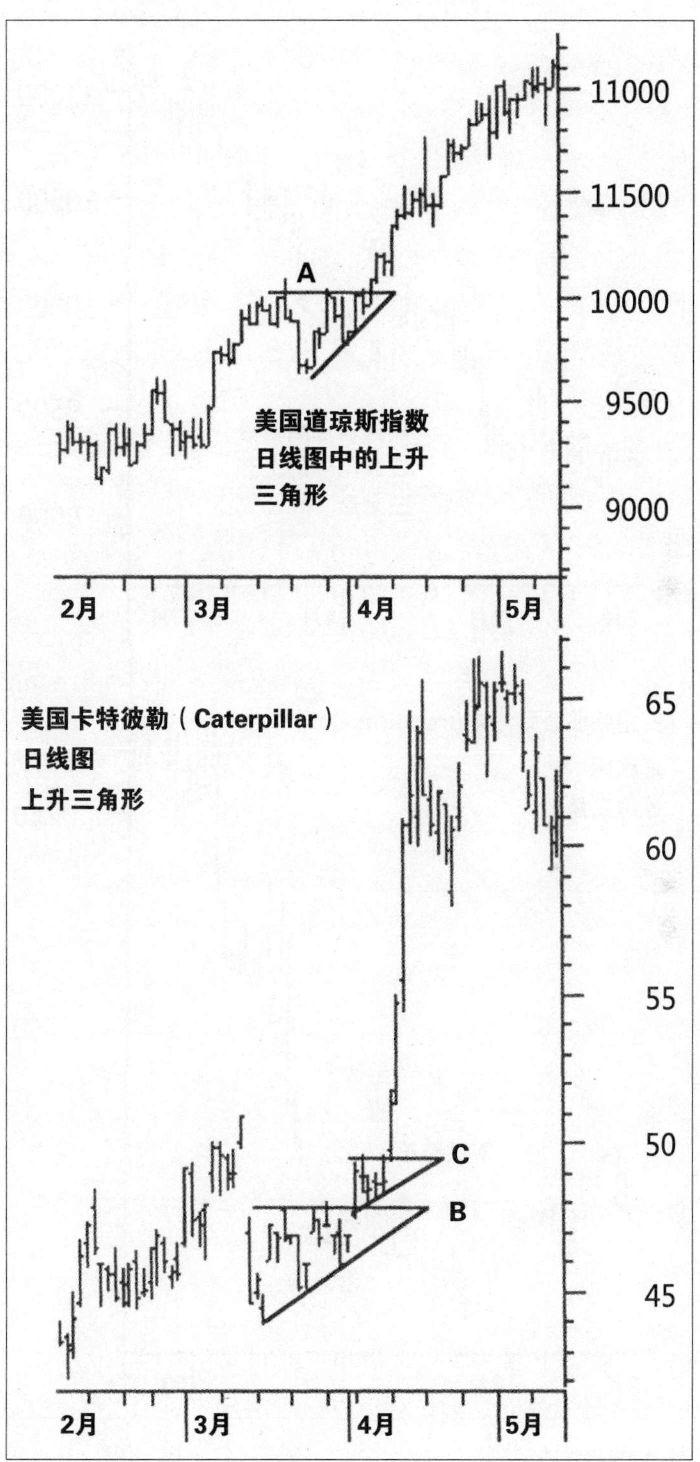

图12.2　从市场方向中得到确认

11000
10500
10000
9500
9000
美国道琼斯指数
日线图中的上升
三角形
2月
3月
4月
5月
美国铝业公司（Aluminium Co.）
日线图
等边三角形
65
60
55
50
45
40
下跌趋势
上涨趋势
2月
3月
4月
5月

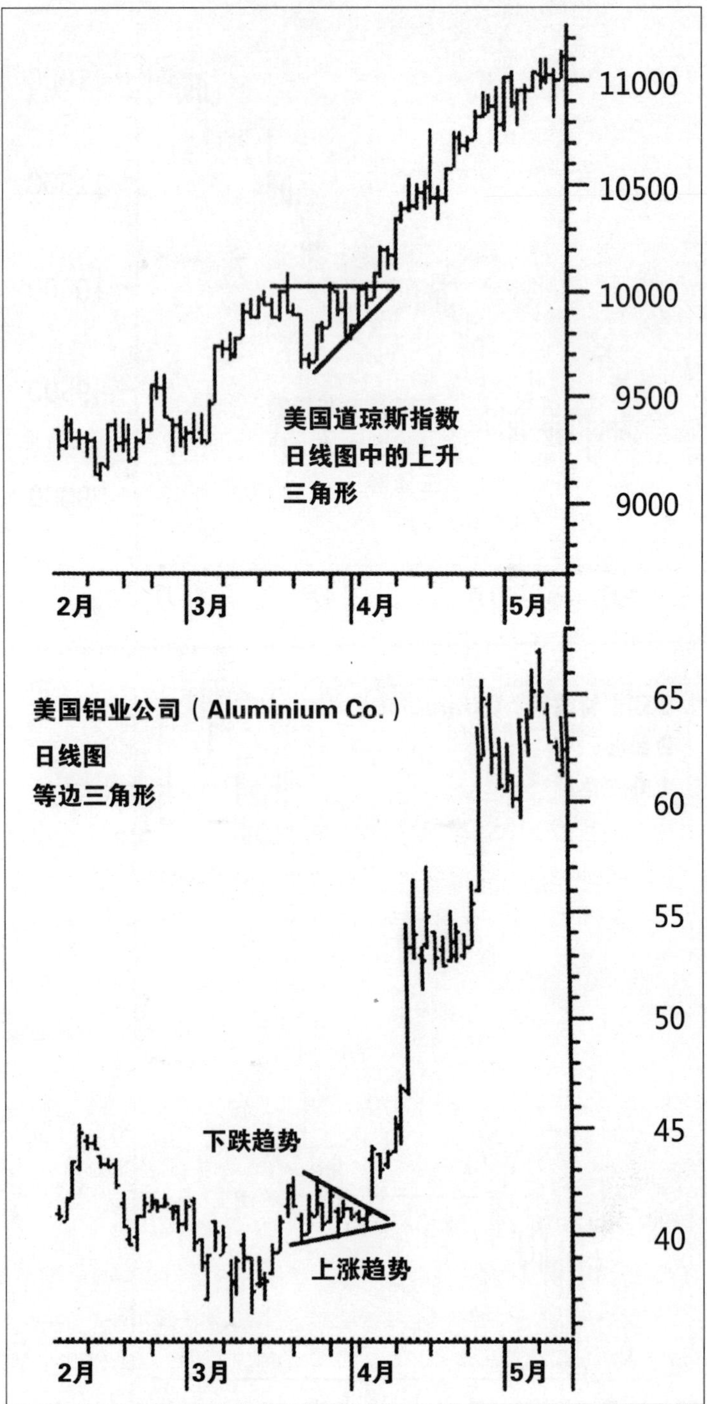

图12.3 跟随市场

美国铝业公司的周线图显示出这种犹豫不决的行情，在市场趋势的带动下进入大家希望的方向。水涨船高，这支股票是随着市场的浪头升高的。

没有人可以完全确认这支股票是估价过低，或估价过高。有些人认为它是便宜货，提高出价以得到这支股票。其他交易者则认为它注定要下跌，所以他们在略低于昨日价格处卖出，因为他们担心价格将不再会达到之前的高点。结果产生两条倾斜的趋势线，一条向上、一条向下。它们收敛后形成一个等边三角形，一旦这种形态完成，之后的价格运动常常是拉长的横盘整理。在强势市场，比如美国铝业公司，突破出现在指数的方向上。作为指数的产物，反转可能是突然的、持续的，就像显示的那样，因为这支股票没有内部的交易力量，否则早就会由较强的图表形态显示出来了。

在上涨的市场中，股票价格向上突破的倾向增加。利用指数辨识临时或持续的市场方向，将告诉交易者，这些预测能力较弱的图表形态向有利方向发展的概率是否已经增加。

最后，下降三角形与上升三角形相反。三角形的水平下边是支撑线，如图12.4所示马来西亚吉隆坡综合指数的日线图所示。卖方叫价向下穿越指数线，在较低的价格提供股票，希望快速出手，但是买方看到便宜货后出现抢购，于是产生了支撑线。买方对于该板块的未来相对比较有信心，正在寻找新的突破反弹。当价格未能上涨时，他们丧失了自信，不准备以高于支撑线的价格买进。对于建材供应商ACP建工和其他股票，这种指数作用反映在价格运动中。图表显示一条下跌趋势线与水平支撑线相交，表明一旦到达三角形的尖端，价格将进一步下跌。从广义上说，下降三角形对于做多侧交易来说不是利的——除非出现牛市狂潮。交易者通常等待价格向下突破后，确立新的支撑价位。

以标准方式利用指数，板块指数的趋势越强，就越有可能拉动下降三角形中的价格向上运动。通过图表方向与指数方向的一致，或者通过理解指数方向如何移动概率平衡朝向特定的结果，其他一些交易方法的应用成为可能。

当候选股的最终列表完成时，我们选择最有可能成功的机会。

长期趋势
马来西亚吉隆坡
综合指数
日线图
下降三角形
950
900
850
800
750
700
650
600
550
500
10月
11月
长期趋势
马来西亚ACP建工
日线图
下降三角形
6.0
5.5
5.0
4.5
4.0
3.5
3.0
2.5
2.0
1.5
10月
11月

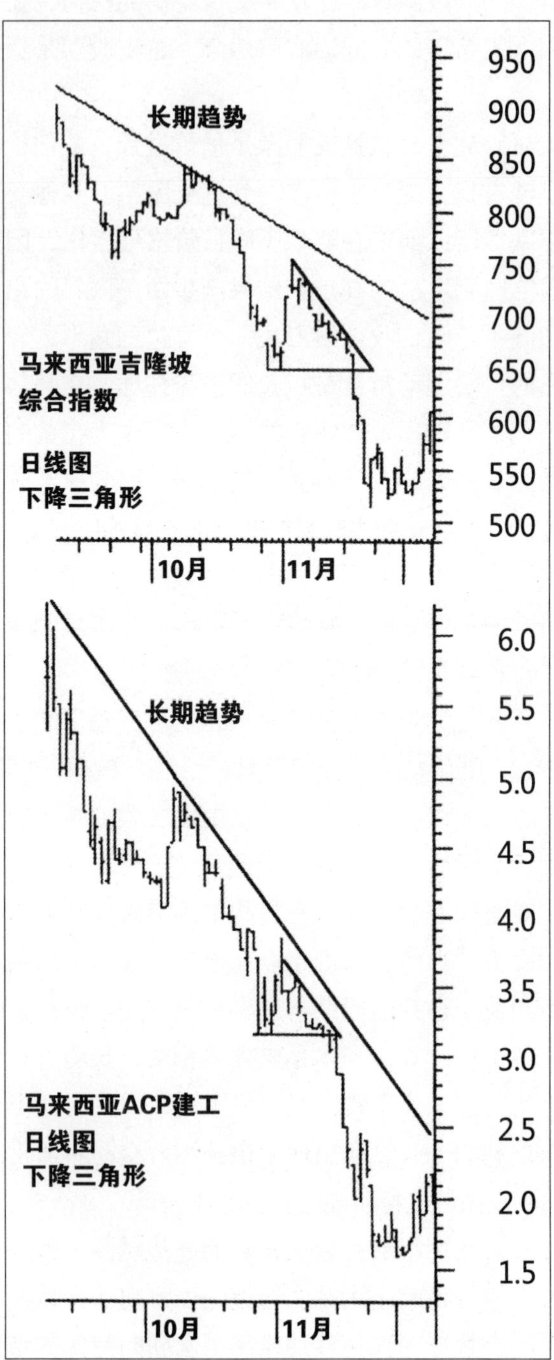

图12.4　跟踪指数

一般情况下，我们只希望添加一到两个新头寸。每个交易机会都是准确的，但是如果交易信号与指数预测一致，那么成功的概率将会增加。

我们在此用三角形形态作为示例，相同的方法适用于所有被普遍认为能够指示底部或顶部的图表形态。这些反转形态中的大多数，都在埃尔德的《操作生涯不是梦》，以及爱德华和马吉在《股市趋势技术分析》中有详细的论述。专门介绍图表方法的著作，比如格列高里·莫里斯所著的《蜡烛图精解》，阿比所著的《点数图》（《Point and Figure Charting》）和普林所著的《马丁·普林谈市场动量》（《Martin Pring on Market Momentum》），都对反转形态进行了阐述。无论你决定使用哪种形态，代表性指数都可以度量市场情绪，帮助你培养或加强形态的应用技能，并且可以增加形态在其正常情况下成功的概率。

将现金投入交易之前的倒数第二步是核查图表形态、股票当前的方向与市场方向是否一致。这是许多交易方法的基础，是一句古老市场谚语的扩展，“（指数的）趋势是你的朋友”。但是朋友所指的并不总是赚钱最多的路。

绝对性方法

我们讨论的指数具有两种语言——代表性的和绝对性的——它们指示的方法不同。第二种方法是利用指数作为靠近钟形曲线左侧的个股的一个参考点。这包括根据板块指数检验我们的交易金矿。这需要以另一种方式来理解指数信息、利用指数进行交易和根据指数评价股票。

绝对性指数信息略有不同，因为它们不是使用市场的小样本产生的，它们是使用一个较小的市场片断来传递有关位置的信息。

绝对性指数包含所有股票，并且通常是板块指数。新加坡酒店和旅游指数包含所有酒店的股票。澳大利亚黄金指数包含所有的黄金生产商。它们类似于高尔顿放在沙漏下面的第二个盘子，我们预期在每个板块中看到绩效的钟形曲线。我们简短地回顾一下正态分布的问题，因为它提供了绝对性指数交易策略的核心，并且是应用代表性市场指数信息的第二种方式。

一条正态分布曲线，或者钟形曲线，把出现最多的结果放在中间，出现较少的结果则位于优秀和不足两个极端。绝对性板块指标一般显示这种分布——几只龙头股，几只滞后股，以及大量榜上无名的股票。

这种分布可以基于多种标准，从股价的增长率，盘面大小，到每股收益率或有形资产净值。无论使用哪个标准，分布形态一般都形成一条钟形曲线。但这也并不是一成不变的。它是动态系统的一张快照。虽然曲线保持大致的形状，但是每支股票的相对位置却随着时间变化。领跑者变成滞后者。这就是我们对这种指数信息的理解方式，钟形曲线决定了我们对交易信号的接受或拒绝。

许多交易者正在寻找绩效优异的股票，不自觉地把他们的注意力转移到位于钟形曲线右侧的股票，它们位于优秀一端。这种不自觉的反应是轻率的，就像市场中其他许多轻率的反应一样，是不怎么具有获利性的。我们武断地认为，当前面业绩优秀的股票只能会更优秀，而且越来越优秀。

坦率地说，这看起来不是一个好主意，但是它构成了成千上万投资决策的基础。买入强势股的建议听起来相当不错，但是，钟形曲线有一个缺陷，那就是趋均数回归。

我们将再次避开高尔顿、高斯、其他专家以及《冒险前行》所阐述的数学内容，而选择交易者对这个概念的应用。如图12.5所示，显示了正态分布的钟形曲线。我们已经把传统示图倒置过来，把优秀放在右侧。从任何一个极端——不足或优秀，倾向都是向曲线底部、中点或平均值下滑或回归。

这种趋均数回归给了我们一种利用绝对性或代表性指数的方式，利用它们所提供的信息来检验交易机会，并且知道在当前行情下，哪块黄金矿石是最好的。这建立在我们第9章中所用交易概念的基础上。我们曾把这些概念应用于其他一些指标，比如随机指标和相对强弱指标。

逆指数而为

在趋均数回归的情况下，钟形曲线中存在的交易机会在哪里呢？在对市场评价时，我们怎样利用指数的支持进行交易呢？数学规则告诉我们，位于极端的股票将向中间靠拢。这在图12.5所示倒置的钟形曲线上看得格外清楚。从某些重要方面而言，这便是第一部分所用的概率凸起的镜像。

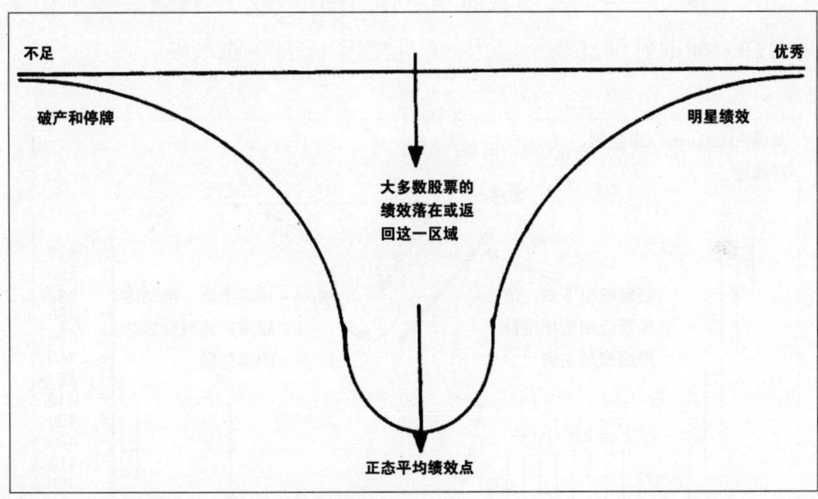

图12.5　利用正态分布曲线逆指数而为

左侧的股票——不足——将倾向于向中间移动。右侧的高绩效股票——优秀——将倾向于返回中部。用交易行业的话说，当日板块中的龙头股将由来自市场群体中部的未知股票代替。

很明显存在例外情况，虽然在1999年中期的网络股出现暴跌，多数股票停涨，但有些股票仍能提供极好的投资回报。这些一直出现高绩效的例外情况并不是上述规则的例外。一直领先只是推迟了向均数的回归，比如美国的计算机巨人IBM。

我们所要搜索的是明天的龙头股，它通常是从分布图的中部开始启动的。从这一位置开始的候选股有机会向优秀一端发展。这是一种保守的交易方法。我们寻找一只具有中等绩效的股票中正在形成的交易机会，因为它有更大的空间向优秀发展。

激进型交易者在曲线的左侧——由不足定义的一端，寻找股票。它们是赶超股。在图表上，当同类股票上涨时，它们下跌。当这些滞后股发出突破信号时，激进型交易者寻找它向中等绩效——平均水平——移动的倾向。图12.6所示在英国上市的Enterprise Oil，便是这方面一个很好的例子。该股票突然恢复到平均水平，得到了国际油价上涨的推动，但这也很有可能是由于公司成本降低、管理层变动或者新产品发布造成的。

激进型交易者使概率平衡向自己一方倾斜，因为滞后股正在向平均水平移动——向大多数股票所拥有的绩效水平移动。保守型交易者却未能很好地建仓，因为他的股票正远离平均水平。

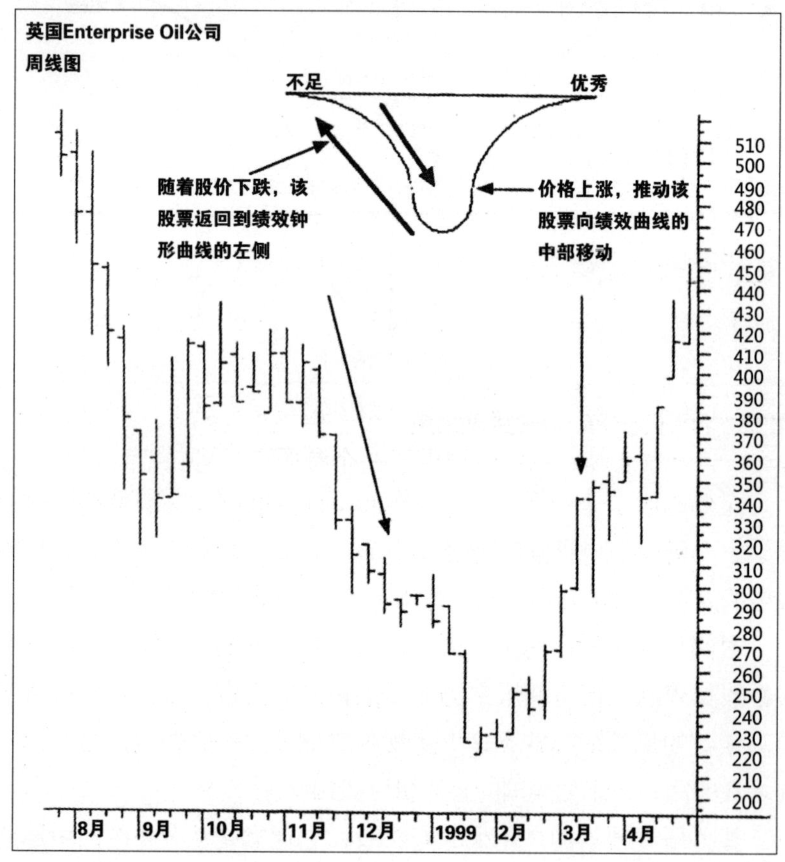

图12.6 趋均数回归

让我们清楚地说明一下，如何利用钟形曲线根据指数支持进行交易。在钟形曲线的左侧选购的股票并不保证成功，在右侧选购的股票也不一定亏损。我们只把这种分析用于已经通过其他方法彻底选择和检验过的黄金矿石。通过我们搜索的定义，这些是当日最好的交易机会。如果该股票位于钟形曲线的左侧，那么我们可以根据这一分析建立利润期望。接近于优秀一端的股票则比较难处理，这笔交易的利润期望可能被降低。

这种类型的指数分析，是通向建立合理期望的第一步，合理的期望就是要与我们的图表分析相一致。下一部分将详细阐述这些步骤。通过这一阶段的分析，我们所选择的交易机会都是准确的。得到我们资金的交易机会，要与我们对它的未来绩效的概率的理解相一致。虽然我们在图表上看不到钟形曲线，但是我们可以根据它的推断进行交易。

根据钟形曲线交易

我们利用板块指数判断我们潜在的交易是否与市场情绪相一致，我们寻找更高的成功概率。第三步是根据绝对性指数评价股票。

交易者在推断所选股票和钟形曲线之间的关系时，板块指数或者代表性指数的值可以用作平均值。我们利用贝塔值和标准偏差的概念来建立这张图。这些值提供了一个参照点，可以把我们候选股的位置与该点进行比较。如果我们使用日收盘价建立单根指数参考线，那么我们将拥有一个不断移动的“平均值”，其他股票将向该值回归。

理想情况下，我们的目标——中点——将保持不动。但在市场中，它却是不停移动的，并且受到速度和方向的扭曲，所以有时钟形曲线会被多方向右侧——优秀侧拉斜，或者被空方向左侧——不足侧拉斜。一条看涨钟形曲线如图12.7所示。这种偏斜指示并确认了市场的趋势，为常见的投资方法提供了基础信息。从我们的交易角度看，它表明位于左端的股票已经被落下很多了。它们即将面临破产，在金融市场中被遗忘。确保不要让它们把你的资金带走。我们寻找那些向右倾斜，与指数方向一致的股票。

图中单根指数线作为我们的中点，提供了确认交易机会的两种

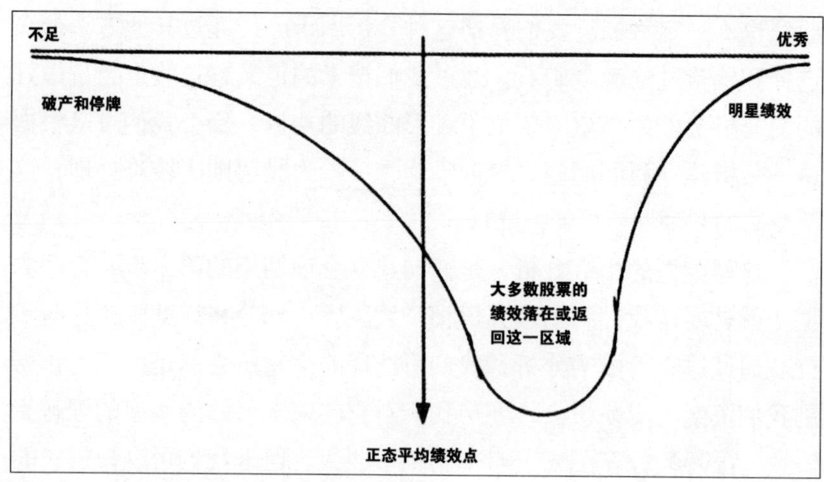

图12.7　看涨分布曲线向较佳绩效侧倾斜

方式：

● 将个股与指数绘制在一起，以确定它所处的位置。这便是贝塔值。贝塔值是一支股票的运动相对于与它比较的指数的每次运动的一个量。如果贝塔值为1，则意味着指数每变动1美分，那么该股票也变动1美分。贝塔值小于1，表明是滞后股，我们把它们置于钟形曲线的左侧。贝塔值大于1则标记为龙头股。

图12.8所示为两只新加坡电子业股票，达科和创新科技，绘制在由新加坡电子业收盘指数定义的平均线之下。在Metastock中显示了本例中电子业指数这条参考线，并且与其他两支股票的绩效进行比较。股票的绩效也可以使用30日指数移动平均进行平滑。

你的交易方法——向平均水平移动，或者从平均水平向一个极端运动，对于你的交易候选股来说，将决定钟形曲线上哪里是最好的位置。

买入位于指数线下的股票并不保证一定获利。虽然价格向上朝中点运动的概率增加，如果中点向看涨侧偏移的话，推动上涨的力量就越大，但是，“未必如此”。其他实际存在的基本面因素，可能是导致这支股票出现在钟形曲线左侧的原因。它们包括破产、高昂的产品责任诉讼费或者开采资源消失。这些都值得检查，因为并非所有的滞后股都是潜在的获利交易，许多是潜在的亏损交易，所以从这一端逆势而为是一种比较激进的策略。

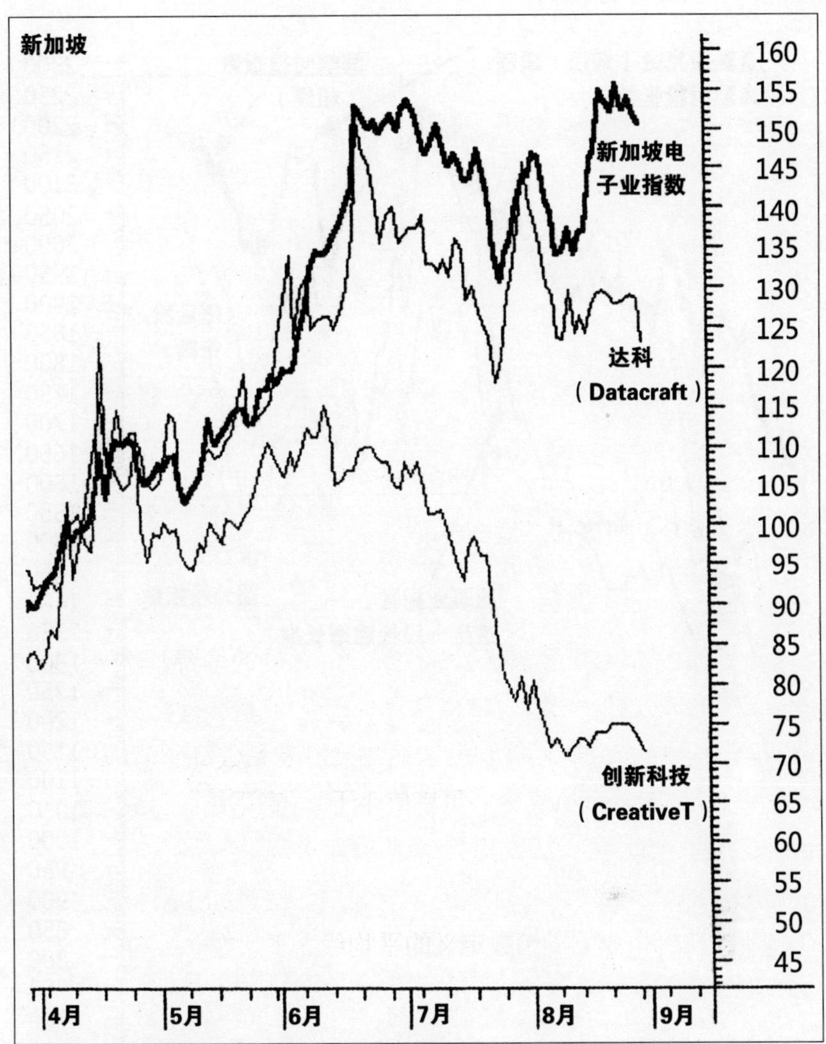

图12.8　将股票日线图与指数日线图绘制在一起

- 将绝对性指数与市场板块指数绘制在一起。买进滞后板块是期望价格上涨至总体市场平均水平。有时，这种价格行为被误认为是市场的周期性，但在这种情况下，它是逆趋势行为。图12.9比较几个板块指数的例子，包括新加坡海峡时报指数。

寻找与新加坡繁荣经济相匹配的股票，交易者只能交易金融板块。那些寻找加速行情的交易者在1999年早期选择建筑业指数，收益好于平均水平。

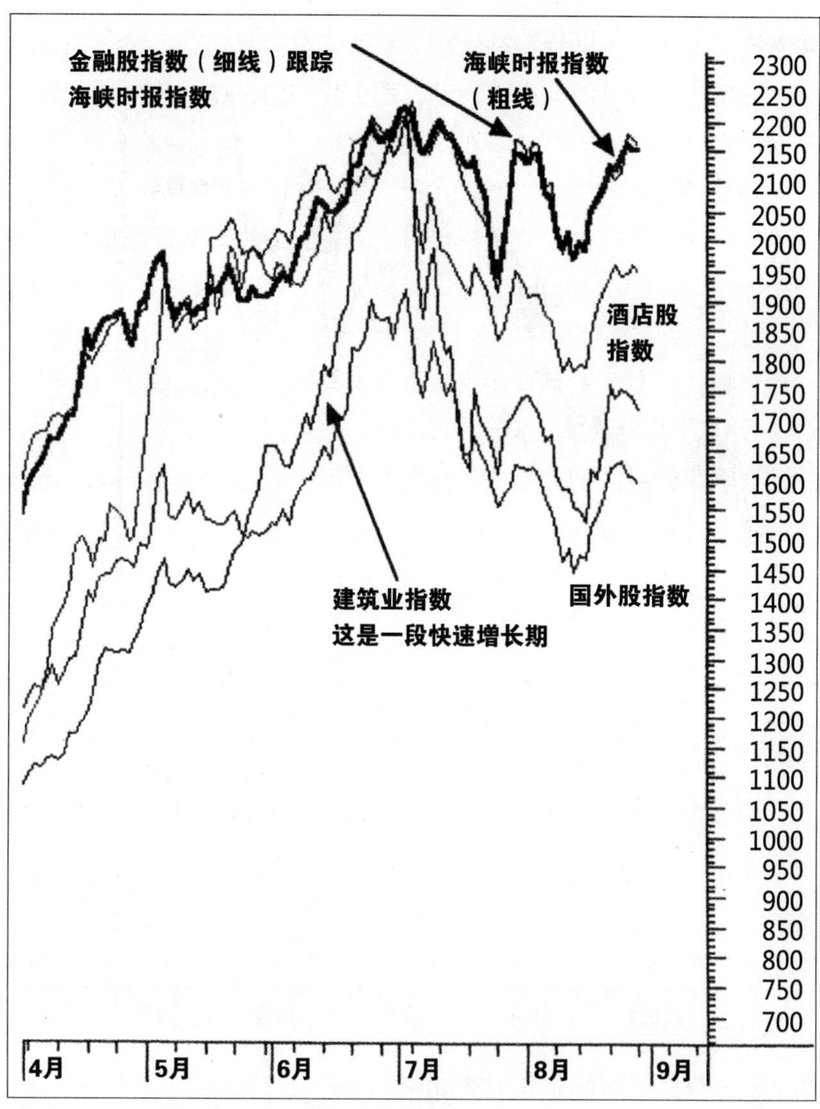

图12.9　利用日线图，将一个市场指数与板块指数绘制在一起

将所选的黄金矿石转化为利润

成功交易者在价格运动的初期进入市场——或者是当滞后股开始加快速度，或者是一群股票中的一只突破成为龙头股。我们希望入场的位置决定了哪只候选股会得到我们的资金。

这是天气预报，不是交易信号。它通过定位板块或特定股票与其中点的关系，帮助我们确定概率平衡倾斜的方向。如果我们认为某支股票比较有可能向中点运动，那么我们便有充足的信息基础，来为我们的推荐交易确定合理的获利潜能。

在最终的分析中，我们正在市场创造的环境中交易一只个股。对于交易候选股的初始选择基于许多因素。通过确认爆发价格运动的潜能，通过削弱我们的偏见，最后通过与代表性指数或绝对性指数进行比较确定当前成绩，我们最终的选择便得到了精炼。

现在，交易者通过使用来自交易屏幕的电子表格和补充数据，确认我们的图表分析、设定买入价格、确定获利目标，并且建立止损安全网，就可以把黄金矿石转化为利润了。这块黄金矿石即将进入市场。

第三部分

补充数据

Supplementary numbers

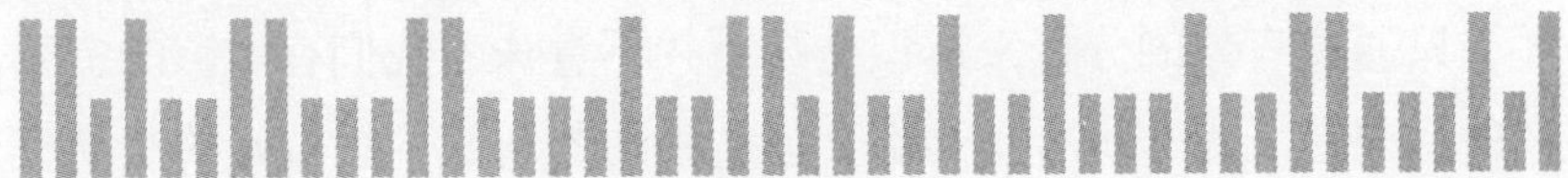

第13章

这块黄金矿石进入市场

寻找黄金矿石是一回事，卖掉它却是另一回事。本章将探讨辨别最情愿的买家的方法。如果我们的市场流行圆形矿石，而不是方形矿石，那么我们需要寻找方法来找出市场的这种偏好，并且向对我们有利的方向移动概率平衡。通过把图表分析和金融计算结合起来，我们便可以做到这一点。

在上一部分的开始，我们站在金融市场悬崖的边缘。我们用来到达底部的道路，我们用来锁定最富金矿的方法，以及我们评价每个潜在交易的方式，都不同于比较传统的基本面方法。我们所选的道路与基本面道路将在这一部分交汇，我们用来评价交易的步骤将决定谁是比较成功的交易者。

评价交易机会共有八个步骤，如果要应用于我们数据库中的每支股票，那么显然是太多了。我们保留我们的判断力，把这些工作留到淘金探险的最后，此时候选交易机会列表已经非常少了。有些时候，可能根本没有交易机会。之后，我们将着重讨论管理未了结头寸的方法。

私人交易者有一项特权，也是一项优势，是机构交易者所没有的。我们有时间确保每笔交易都是获利性最好的，但是太多情况下，我们都没有很好地利用这一优势。许多交易者，当他们辨识出交易并且完成《股票交易》（《Share Trading》）和其他书中所述的基本分析后，就打电话给他们的经纪人开始交易。有时这的确会获利，但是从长远来看，附加分析是必要的。测定胜率是交易过程的起点。计算每笔交易的获利潜能，提供了进行交易或放弃交易的补充数据。

只通过有效的分析来辨识交易，并不意味着我们有足够的资金来进行交易。并非所有交易都会创造相同的利润，把较好的交易机会分离出来，可以进一步减少交易机会列表的数量。

我们交易的目标是使概率平衡向对我们有利的一侧倾斜。这包括辨识一个正在发展中的行情，其中概率平衡表明市场方向即将反转，在突破时给我们一个入场点。或者，我们努力搭上当前趋势的班车，但仅在概率平衡表明当前趋势将持续时才可以这样操作。

正如在第一部分所讨论的，基本的柱线图表被用来大体上辨识这些平衡点。可视扫描，或者作为一个起点，或者在其他分析方法都已经被使用后，作为一个终点。这些方法包括R图搜索、利用指标结果的绩效搜索，或者根据会计或基本面分析所作的评级。

在马上进入交易之前，我们要返回到柱线图，因为它可以给我们一个基本的起点。根据我们的投资目标，确认之前分析的补充数据来自柱线图表。在入场点，尤其是出场点，如果这些投资目标与概率凸起相一致，那么这些投资目标就更容易实现。

本章将阐述这些过程。共有八个步骤，分两组，每组四个。每一组步骤都去除较弱的机会，逐步减少我们最初大数目的候选股列表，到最后只剩下少数几只。

第一组的步骤是确立损益平衡点。它们是：

- 评价这笔交易的风险。
- 决定头寸规模。
- 考虑佣金的影响。
- 考虑税费的影响。

第二组步骤测试时间和风险。它们包括：

- 设定现实的交易目标。
- 估算交易持续的时间。
- 下侧风险。
- 满足资金管理目标。

图表形态，或者指标读数，可以指明概率对我们有利的时间。我们根据柱线图表设定出场目标。建立一个头寸，坚持不放，打算达到一些模糊不清的利润目标，这是一种误入歧途的交易行为。这种开放的目标是建立在希望之上，而不是建立在良好的交易管理之上。

为了去除那些不值得做的交易，我们使用如下两个问题进行测试。

- 这笔交易有足够的“肉”——足够的现实的潜在利润——以值得交易吗？有些交易机会非常“瘦”，由于潜在盈利非常少，所以交易它们是愚蠢的。为了回答这个问题，我们结合图表和金融分析为概率赋一些数值。本章余下的部分便阐述这一过程。
- 这笔交易的金融目标是什么？没有目标，我们就是漂泊在机会的海洋上，经常受到恐惧的折磨和贪婪的诱惑。如果提前知道我们的投资目标，我们就是在按确定的航向航行，对于何时结束或延长交易都可以做出合理的决定。这些过程所涉及的计算将在下一章中讨论。

当然，知道何时制定合理的决定和实际执行它是两件不同的事情。许多人未能通过测试，因为他们不能在亏损交易中扣动扳机。他们在正在赢利的交易中也不能扣动扳机，我们将在下一部分分析这些问题，并提供一些解决方案。

在搜索之后、进入交易之前，我们利用柱线图来评估交易的准确性。这对我们整体的交易成功有着巨大的影响。只是对于你买入的股票有信心，认为它即将上涨是不够的。坦白地说，相信该股票具有良好的长期前景也是不够的。交易机会的辨识，本身并不意味着这笔交易就值得做。在第7章和第8章，我们讨论了利用支撑和压力，或者价格投射指标和交易带等概念帮助确立交易目标的方法。本章内容便建立在那些概念的基础之上。

第一组：要做到损益平衡，我们需要多少利润？

第一组的四个步骤帮助我们决定获利多少才值得交易。这些步骤是：

- 评价这笔交易的风险。
- 决定头寸规模。
- 考虑佣金的影响。

- 考虑税费的影响。

细小的黄金矿石只是有趣的“古玩”，所以我们选择大些的标本，而把那些小的放弃。四个步骤帮助决定我们准备接受的最低限度的盈利。任何没有达到这些标准的交易必须被放弃。高成功率并不能补偿低盈利。如果我们不能同时获得利润，那么判断正确也没有什么益处。交易者的目标是将自己的资金与投资目标相匹配，并且在单笔交易中把它们结合在一起。这定义了你认为可以接受的盈利水平。

第1步 对特定交易的风险评估

完成这笔交易需要多长时间？这是一笔快速的交易，以天计，

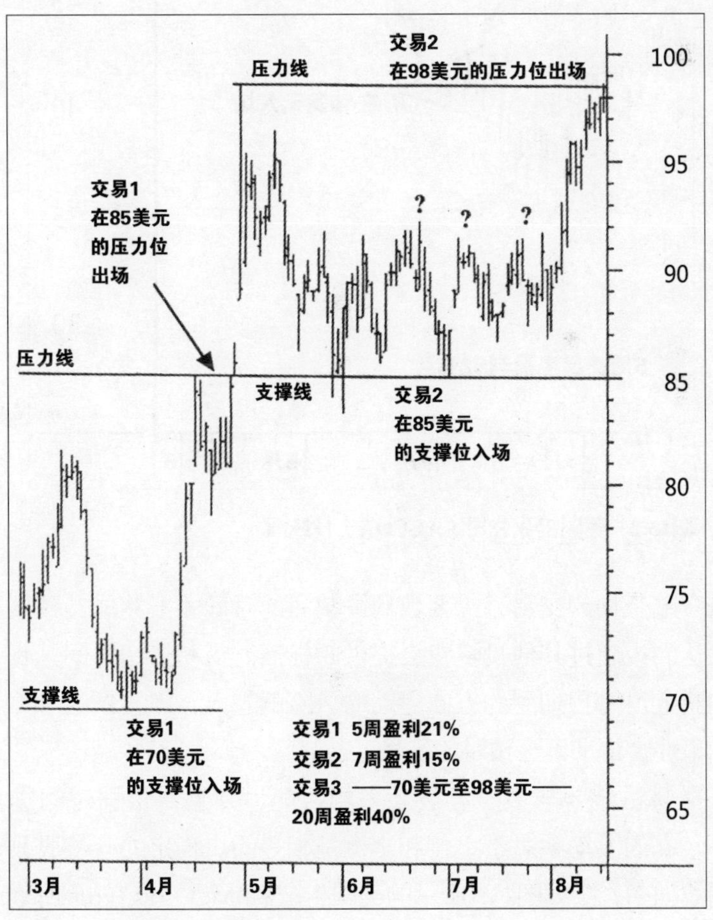

图13.1 美国3M公司日线图

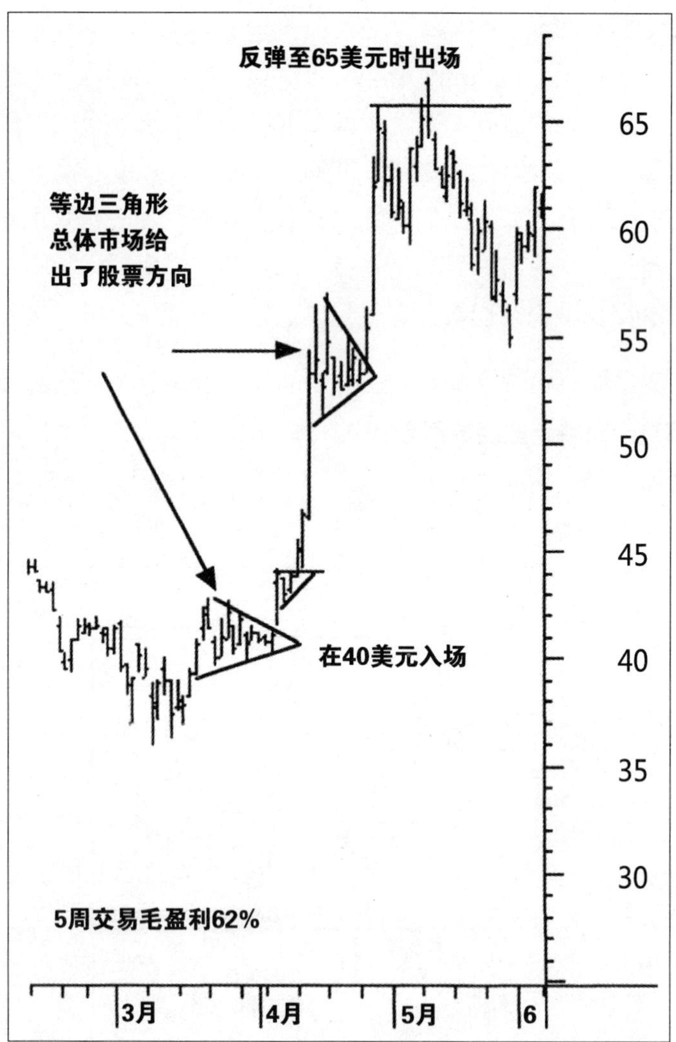

图13.2 美国铝业公司（ALCOA）日线图

还是一笔长期的交易，需要数周或数月的时间才能完成？预期盈利必须达到或超过其他投资机会提供的标准。交易持续时间越长，它将向我们没有预期到的方向运动的风险就越大，因为新的事件，即未知事件会带来不可预料的结果。

交易机会要与风险和波动率相匹配，并且要根据时间进行评估。较高的波动率对于上侧和下侧是相等的。稳定的蓝筹股具有较低的波动率，比如图13.1所示的美国生产商3M，可以在6周时间的交易带内产生15%—21%的盈利。从交易带下线70美元入场到上线98美元出场，盈利40%，最少耗时20周。当把这笔交易与类似股票，美国铝业公司（ALCOA）进行对比时，随着时间的发展，盈利之差是波动率的一个函数。对于ALCOA，图13.2显示出5周内盈利62%。

两支股票在我们的搜索列表中都被标记为交易机会。哪一个是更好的交易呢？答案决定于你对风险的评估和对风险的承受能力，心中常记一点：我们是从交易的角度来分析市场。但是，作为一条一般性规则，当较低的盈利与暴露在市场中较长时间匹配在一起时，交易的风险便增加了。从投资的角度看，这条规则的关系不大，因为“交易”的目标与投资的目标不同。在延长的时期内，稳定盈利是很有必要的。

哪一个比较难交易？交易ALCOA需要较好的时间设定，但是它的信号是清晰的、稳定的。使用基于预期三角形突破，或者GMMA指标的入场和出场技术，这笔交易是很容易管理的。

而交易3M是困难的，图13.1所示的几个问号标记出几个可能的出场点。可能的早期出场点盈利约8%，当可能的入场价位升高时，不提供另外有吸引力的交易。不像ALCOA，一旦从3M中出场，再进入交易寻找类似规模的盈利便没有什么用了。

搜索过程找到的交易机会是不平等的。风险／回报比大不相同。显示在图表上的历史行为可以帮助消除比较弱势的交易。良好的图表分析帮助设定获利目标，并可再次去除较差的交易机会。在下一章中，我们将以这种方式，以更详尽的笔触分析波动率和图表分析。

第2步 我们为这笔交易分配多少资金？

市场可能不允许你想买多少就买多少，虽然有些时候，它可能一个嗝都不打就吸入你的资金。市场的流动性和深度会削弱一些交易策略，而令另一些作用更好。

接下两章的内容都是基于我们对一支股票的付出或得到。虽然有些市场中报价的最小位数是八分之几，有时甚至更微小，但是对我们的交易资金的影响都是美元或美分。当你出价23.5美元买入一支股票时，你付出的是23.5美元。

大多数世界市场现在交易时都使用小数，美国市场也加入了这种趋势。此处，我们担心的是这些决定对你的钱包的影响，所以我们坚持使用美元计算。

市场深度描述了订单在当前买方出价和卖方要价之上和之下排列的方式。在一个较深的市场中，最后一笔成交于40.50美元的交易，卖方出价可能为40.51美元、40.52美元、40.54美元、40.55美元，一直到41.00美元，甚至更高。每一个较高的价位只是高于前一价位一美分，或一点。对于买方而言，每低一个价位只是低于前一价位一美分或差不多的金额。

在较浅的市场中，可能看到要价30美元的卖家，下一位卖家为30.60美元，然后是30.70美元，再一位就成了40美元。并不要求买家和卖家整齐地按一美分或一点的增量排列，所以并不总是恰好在我们指定的价格买进或卖出股票。在由造市者主宰的市场中，内部价差可能都为他们保留，私人交易者基本上是无法获得的。在这些市场中，价差有时相当大，即使没有交易产生，也会远离交易者的订单价格。这种滑动量和“不可能获知性”使得我们很难在自己指定的价格交易。尽管如此，我们在制订交易计划时，还是假设我们能够在指定的入场和出场价格进行交易。

市场的流动性，描述了在每个价位可提供的股票数量。高流动性市场一般具有较大的深度，比如上面引用的40.50美元的例子。另外，在每个价位常常有三位或四位，或者八位或十位，甚至更多的卖家。在每个价位，可提供的股票总数是充足的。低流动性市场常常与较浅的市场联系在一起。要价30美元的单个卖家可能只有2万股出售。如果买家想买6万股，那么就必须等待，或者出更高的价格以买进他们希望获得的股票数量。

一些流动性非常好的市场刺激了抢帽子交易——大头寸小盈利。对于小盘股，因为没有足够的股票可供交易，所以大头寸是无法执行的，于是较小的头寸往往伴随较高的执行风险。这些因素决定了交易策略，反过来决定了哪些股票将被留在我们的交易列表中。

高流动性股票，比如计算机巨人微软公司，可以满怀信心地进行抢帽子交易。几乎在每个价位都有大量的买家和卖家，所以对于买卖微软股票的交易者来说，有足够的市场深度来建立大型头寸。图13.3显示了一个进入一轮新趋势的入场，入场价位是89美元，出场价位是94美元，在15天的时间里，毛盈利5.6%。在正常情况下，这样的头寸交易差额利润可能被认为太少了。

在这种情况下，交易是具有获利性的，因为我们设置了大型的买单和卖单，并且有充足的自信认为它们会实现。微软的日成交量

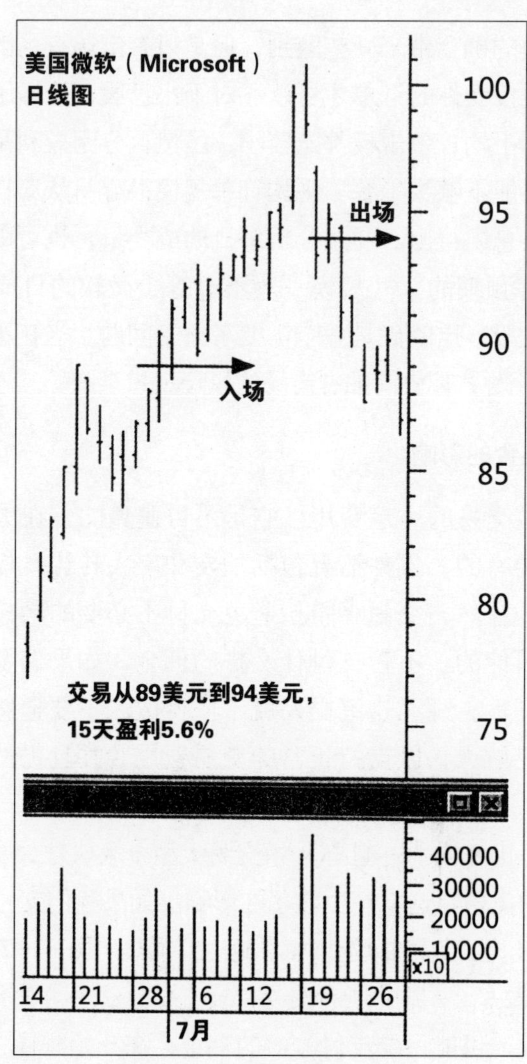

图13.3 在深度市场中进行抢帽子交易

有数百万股。市场既有深度，也有流动性。5万美元的买单，甚至50万美元的订单都很容易被市场吸收，而不会引起大家的注意。

在这样高的流动性下，成交量数字以惊人的速度累加。在这样的市场深度下，买卖1.1万股微软的股票几乎不会引起注意。这样大小的一笔交易，使用图13.3所示的入场点和出场点，投入97.9万美元，毛利润为5.5万美元。净收益则要受限于佣金。一般情况下，我们都希望在一笔交易中做得更好，但是只有15天的交易，收益已经很不错了。

头寸规模的确会带来一些区别，但是只有市场有足够的深度可以非常干脆地接受你的订单才可以。对于小盘股，抢帽子的机会要小很多，因为平均订单规模都比较小，虽然百分比盈利是相同的，但所得利润可能不够买午餐。平均订单规模很容易从第15章讨论的市场深度的信息中得出。通过分析每日的成交量，也可以算出平均订单规模。你预期的头寸规模一般不会等于微软的日成交量，但是，对于小盘股，这的确是一个需要考虑的问题。当在小盘投机股中注入3万美元时，你就有独占市场的风险。

第3步 佣金的影响

佣金是做交易的一笔费用。它是不可避免的，在大多数情况下，是必然要有的。例外情况包括朋友和家人转让，权利股发行和要约收购。显然，交易者希望避免支付不必要的高额佣金，但有时这是不可能的。不管支付什么样的佣金，如果佣金率使得交易不具有获利性，那么这笔交易就不值得做。不要抱怨佣金。一笔交易应该足够大，以支持正常的交易费用，并且仍然有较大的利润。

将佣金考虑在内。一旦你开始交易大型个人头寸，那么会享受到佣金打折的优惠。这将产生显著的影响。如果我们支付2.5％的佣金，那么实际上至少需要盈利5%才能达到损益平衡——在入场和出场时都要支付2.5％。并非所有交易都要支付这么多。如果我们交易较大型的头寸，可能只要支付0.5%的佣金，在开始赚钱之前，仍然需要至少1%的盈利。

第4步 交易税

当前的纳税机制，使得一些交易者过分强调这一因素。交易税总是会带来一些烦恼，但是在做交易时，它不应该是一个重点考虑的因素。交易的首要目的是赚钱——而不是减少税务。

全职的私人交易者，利用他的交易技能来获得他的主要的收入来源。这是他的优势，并且这些交易技能与税务会计和注册会计师（CPA）所运用的技能是大不相同的。同样的，商人集中精力做好他的生意，而不是担心税收对每笔生意的影响，交易者也应该如此。

从交易的角度看，重要的是把交易做成功。如果成功导致了税务问题，那么处理这个问题的合适人选应该是注册会计师或税务会计。税务咨询将帮助交易者合理安排他的交易，以便达到最有效税率。不应该根据税务咨询来安排每一笔交易，使得税率有效——因为有时这会与交易的首要目标相背。使税率最有效的建议，更适合于投资性头寸。因为在投资性头寸中，不合时宜的决定可能产生大量的税赋。

最佳的纳税方案取决于许多因素，包括头寸的年周转率、交易收入占总收入来源的比重和交易历史。这是一个复杂的领域，最好留给专业的税务顾问和会计师去研究。向他们咨询，但是不要把税务作为唯一考虑的因素。好好交易，准备为成功付费，即纳税。

根据交易者的定义，他们在市场中应该是活跃的，持有头寸的时间通常比较短。出入场时间选择是首要任务。如果交易者成为全神贯注于税务的牺牲品，以税务最小化而非创造利润为目标进行交易，那么交易活动就受到了人为限制，不能根据市场运动及时出场，从而残缺不全。当市场发出“出场”信号时，交易者就应该出场。忽视市场信号所带来的费用常常远大于按照市场信号操作带来的税务。

通过这前四个步骤，你为每笔交易的最小可接受盈利设定了一个初始目标——损益平衡点。这是你的交易体系中的重要数字之一。它告诉你在何价位，你交易会达到损益平衡。

如果你需要最少盈利5%才能达到损益平衡，那么如果潜在交易机会未能满足这些最低要求，那么就应该放弃。如果你不知道这些最低要求，那么就是闭着眼睛进入交易。无论你的基本面分析或图表分析多么棒，除非你知道你的损益平衡点，否则那笔交易既无起点，也无方向。在我们根据损益平衡点评价我们的候选股之前，我们用来生成交易候选列表的方法并未告诉我们有关利润的任何信息。

损益平衡点

一份电子表格计算结果，提供了如何计算损益平衡点的一个示例。图13.4显示了一笔示例交易，在89美元买进微软。佣金为2.5%，对于提供全方位服务的经纪公司来说，该佣金率是很常见的，股价必须达到93.51美元，这笔交易才开始达到损益平衡。佣金是双向收取的。买入佣金是1112.50美元。卖出佣金取决于卖出时的价格。对于这两个例子，为了方便和容易比较，我们假设出场佣金与入场佣金一样多，也是1112.50美元，总计2225美元。

对于这笔交易，股价必须上涨约7美元（6.79美元）才能保证不赔钱。

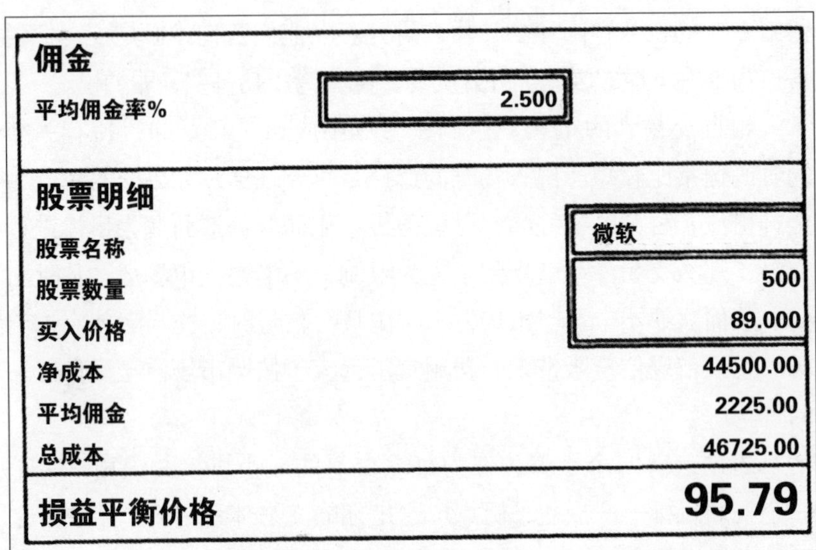

佣金	
平均佣金率%	2.500
股票明细	
股票名称	微软
股票数量	500
买入价格	89.000
净成本	44500.00
平均佣金	2225.00
总成本	46725.00
损益平衡价格	**95.79**

图13.4

反之，如果佣金降低为1%，并且其他因素保持不变，那么损益平衡点便降至91.69美元，如图13.5所示。现在，对于这同一笔交易，股价只要上涨2.69美元即可达到损益平衡。这与按照2.5%的佣金计算的结果相比，损益平衡数字减少了60%。如果碰上佣金打折，那么影响甚至更大。

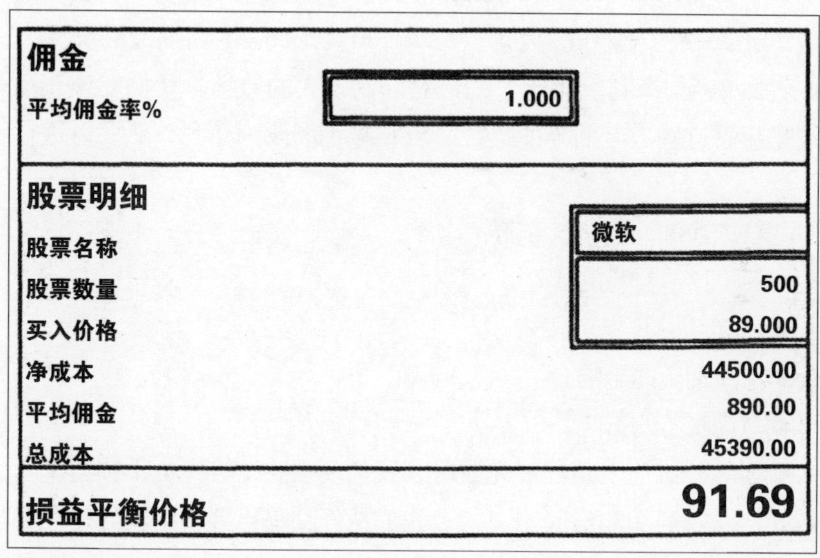

图13.5

在这些例子中，佣金被用作变量。头寸规模——你为每笔交易分配的金额——也是一个变量，通知付款账户、市场账户或CMA账户（现金管理账户）中的证券交易税和无风险收益率也都是变量。根据你的意愿，可以把这种计算做得相当复杂，但是不管怎样，这种计算是必须做的。对于任意一笔交易，确定损益平衡点是计算潜在利润的第一步。

毛利很好，净利更棒

第一组步骤看起来有些难以理解，所以许多交易者跳过它们——进而跳过了接下来的一组。交易者自欺欺人的能力的确都很强。利润是一种诱惑，首次搜索是根据毛利润而非净利润，而危险之处在于，正是毛利润的神秘魅力在诱惑着交易者。交易者很容易在支撑位看到入场，在压力位看到出场。计算是在一小片纸上完成的——支撑位在40.00美元；压力位在60.00美元；盈利等于50%。在看着收银机点钞时是很难进行理性思考的。

这些只是初步的计算，虽然的确提供了对交易机会进一步评定的方法，但是需要对它们进行更仔细的检查。我们以香港上市公司均来集团（Gold Face Holdings）为例。利用图13.6所示，利用启动数字计算——入场0.65美元，出场0.80美元——毛利润2250美元，或者23%，与净利润相比，的确是非常诱人的数字。我们应该避免老是想着这些数字而不能自拔。应该把毛利改为净利，然后再进行评价。

获取净利润数字意味着：

- 评价这笔交易的风险。
- 决定头寸规模。
- 考虑佣金的影响。
- 考虑税务的影响。

当每一组的步骤都被完成时，我们便去除了恰好位于损益平衡点处，以及利润非常薄的交易。我们从好交易机会转到较好的交易机会，最后转到当日最好的交易机会。

在较好的交易被选择之前，需要根据最后的四个步骤进行评价。

第二组：时间和风险

第一组的四个步骤使我们得出一个数字——损益平衡点。在将现金投入交易之前，我们采取另外的四个步骤，根据图表分析计算潜在利润，并与图表分析相匹配，然后根据图表分析计算止损位，仍然要与图表分析相匹配。按照第二组的步骤，通过理解时间和风险之间的关系，我们建立一份损益表：

- 设定现实的交易目标。
- 估算交易持续的时间。
- 下侧风险。
- 满足资金管理目标。

第1步 实现交易目标的能力

对于我们选择的股票，市场的规模可能会对我们的交易产生重大影响。如果该股票被紧紧持有，那么我们可能无法买入足够数量的股票，从而使得交易不值得做。当价格下探至我们的入场价位时，如果只能买入预期数量的一部分，那是远远不够的。

均来集团有一个具有获利潜能的习性，那就是从消极的价位下探反弹至明确的压力价位。交易策略是在0.65美元买进，略高于下探的最低点，然后在股价触及压力位0.80时卖出。计算结果见图13.6的左侧部分，“均来集团计划”。这笔推荐交易提供19.4%的盈利，1.5万股共计收益1924美元。在这个例子中，卖出佣金是根据实际情况计算的。

这笔交易经过了彻底地分析，价格运动也与预期一致。从这些角度看，所有交易目标都达到了，但遗憾的是只买到了1000股。

佣金		
平均佣金率%	1.500	
股票明细		
股票名称	均来集团计划	均来集团实际
股票数量	15000	1000
买入价格	0.650	0.650
净成本	9750.00	650.00
平均佣金	146.25	29.95
总成本	9896.25	679.95
收益数据		
卖出价格（含佣金）	0.800	0.800
毛收益	12000.00	800.00
平均佣金	180.000	29.95
净收益	11820.00	770.05
净利润（美元）	1924	90
总成本／净收益（%）	19.44	13.25

图13.6

这些计算在市场真相面前崩溃了。图13.6中右侧一列，“均来集团实际”显示出，在这一价位只有1000股可供购买。面对买入卖出时最小折扣的佣金，盈利减少为13.2%，因为佣金在总成本中所占比例要高得多。百分比盈利仍然是可以接受的，但是当计算出利润金额时——只有90美元——似乎很难补偿潜在的风险。

市场的流动性可能与我们作对，所以，所有的电子表格计算都是与过去的市场行情相比较，然后根据当前市场进行验证。对于上述均来集团的例子，只有可以买入1.5万股时，计划内容才是有效的。只有平均日成交量差不多在这些水平，并且位于交易策略核心的价格尖峰在过去曾经显示较大的成交量时，该假设方才有效。

当该订单被执行时，交易者已经根据近期市场行情对这些假设进行了查证。这些补充数据应该已经告诉他，在0.65美元只有少量股票，下一批待售股票的价格高出接近1美分（译者注：根据上下文，此处应为5美分，即0.70−0.65＝0.05），在0.70美元。对这些数据的快速浏览，将使得交易者重新计算这笔交易的金融变量，如有必要就将它放弃。对于补充数据的这种使用方法，将在第15章中进行更详细的阐述。

第2步 达到获利目标，需要在市场中停留的时间

在期权交易中，随着到期日的临近，时间延迟会使期权贬值。希望保证金减少。就在到期前的几天里，最终的期权价格被获知，

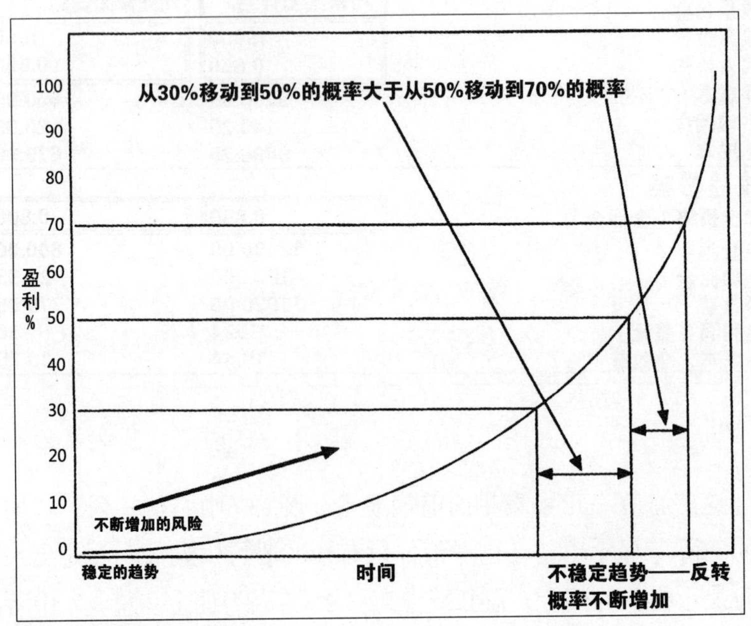

图13.7 时间/风险/收益

市场对于出价超过这一已知价格不感兴趣。当一份期权合约还有数月才到期时，市场才允许较大的希望保证金。

股票交易不存在到期日，但是时间延迟也是一个需要考虑的因素，因为在市场中暴露的时间越长，风险往往会越高。它们之间的典型关系见图13.7。

风险随着时间增加。在一天的时间里，市场向对我们不利的方向运动几个百分点的概率比较小。但是几天，由于累积作用，风险便增加了。理论上讲，我们跟随趋势运动得越远，我们距离趋势的末尾就越近。我们在市场中时间越长，当前趋势反转，价格下跌减少账面利润的概率就越大。

我们发现，很难说趋势什么时候将要结束，或者说什么时候已经结束。我们不能在这条曲线之上放置一条时间线，但是我们确实知道这条曲线的典型形状。我们利用这条信息来保护我们当前的利润，而不是沿着这条曲线为了递增的利润而承担不断增加的风险。

尽管左侧刻度标出的最高盈利为100%，但实际不必受到这样的限制。盈利可能比这个要高，但是时间和风险曲线的形状却保持不变。趋势反转的风险随着时间增加。另外，对于更高利润的追逐是与获得高利润的概率成相反关系的。

根据事后的回忆，在这些关系之上放置精确的数字非常容易，但在实时状态下几乎是不可能的，因为我们不可能提前知道趋势什么时间结束，不知道什么盈利水平——50%、100%或300%——将逐渐决定左侧刻度的最高值。试图以这种方式使用图13.7是不合适的。然而，两个普遍的交易结论却是准确的：

- 盈利的最高概率与暴露于市场的最短时间相匹配。这表明，为了10%的盈利在市场中花费一年的时间是一件高风险的事情，与良好交易是不一致的。

  它还表明，如果我们真的延长在市场中的时间，我们就必须瞄准高得多的盈利以补偿增加的风险。

  这是一种基本的时间／风险／回报关系，在下一章的几个例子中，我们都使用了这种关系。对于这种关系的确定没有固定的公式，因为每位交易者对风险的承受能力都是不同的。有些交易者为了10%的盈利暴露于市场中5周的时间，感觉比较舒服，而有些交易者则乐于让头寸打开5个月的时间。无论你将标准的起点设在何处，交易仍然符合图13.7所示的典型参数。时间刻度可能改变，但是这种关系却不会。

- 当利润目标达到以后，如果追逐更多的利润，那么风险便会不断增加。在第3章中，我们向您展示了如何利用柱线图辨识概率平衡。当我们入场时，这些点便设定了我们的利润目标。利用图13.7，我们可能已经设定了50%的盈利，它与我们根据概率平衡设定的利润目标相一致。

  当到达这一价位时，如果价格看起来仍在走高，我们应该做什么呢？当价格继续上涨时，很难忽略不断增长的利润而获利了结。如果我们原来的分析是正确的，那么价格将在我们既定的出场价位暂停。我们不是在争取最顶部，因为我们希望为那些从我们手中购买股票的交易者们留一些潜在的利润。追逐这种额外的利润会使我们的收益增加，但同时趋势反转的风险大大增加。成功的概率降低了，因为它需要价格向高于我们在交易之前辨识的概率平衡所反映的价格之上运动。

  有时，价格的确会继续运动，高于我们的利润目标。如果我们最初的分析很拙劣，或者存在缺陷，那么这是一种可能的结果。交易者再次分析这笔交易，可能做出一个新的入场，根据需要调整图13.7中的时间刻度。或者，该交易者在实现这笔交易的交易目标后就暂时休息。

  一笔交易的时间要根据盈利和预估风险进行调整。一般情况下，暴露于市场中的时间越长，收益应该越高。在分析的最后阶段，时间／风险／收益比要与之前的所有分析相匹配，这样才辨识出最佳的交易机会。

第3步 下侧风险

如果这笔交易失败了，那么损失多少算是合理的呢？损失多少才与我们的止损策略相一致呢？这种运算与其他因素的相互影响是复杂的。目前我们只是关注一下它的重要性。在下一章中，我们将阐述与概率平衡相一致的下侧风险计算方法，并且将它融入整个交易分析中。

第4步 与你的资金管理目标相匹配

交易和预期头寸规模满足你的资金分配要求吗？回答这一问题常常是困难的。如果利用最好的交易机会是意味着在你的投资组合中加入太多的投机股，那么这所产生的影响将与你的期望非常地不同。

确立一个资金结构平衡，并且决定你将如何在股票类型之间处理利润和资金分配，这对于实际交易的成功有着重要影响。如果投资组合扭曲了资金管理目标和结果，那么即使是最好的交易机会也要被放弃。资金管理模型已经在《股票交易》中讨论过，《通向金融王国的自由之路》（《Trade Your Way to Financial Freedom》）中对这些结论进行了详细阐述，所以此处我们只是顺便提一下。

这一小块黄金矿石进入市场

在开始这段冒险的旅程之前，我们装备着一对骰子和概率中的一个凸起。从悬崖顶端开始的小路，在我们从图表上找到好交易机会的位置似乎到达了终点。我们沿着这条路继续前进，寻找市场信息以确认我们的分析。获得这些信息以后，我们的候选交易列表减少了。这条道路的每一次盘旋都带我们到达另一个检查站，进一步减少我们的列表，因为我们希望这些交易的预期数据看起来不错。并非每块黄金矿石都是好黄金。

许多交易者未能完成此次旅行。经过许多检查站后，他们在困惑中进入一笔交易，而未到达这次旅行的终点。对于那些与我们一同走了这么远的交易者，成功的前景更明朗了，但仍未完成。在交易之前，我们把所有这些信息综合在一起，设定准确的交易目标，并且与当日的市场真相相一致。

第14章

给风险赋一个值

交易的最核心部分是积极的风险管理。当对交易机会的搜索占用着我们的注意力时，很容易忘记这一点。最终的选择是调节概率平衡，使它向对我们有利的一侧倾斜，但是这种优势被蹩脚的风险管理，以及常常与之相伴的松散的交易纪律浪费掉了。要想提高风险管理技术和交易纪律，就要依靠计划。

忘记这一核心任务，你很快就会得到市场的提醒。只考虑利润是不够的，因为亏损是无法避免的，亏损是所有交易活动中的一般性风险。确定无疑的，我们可以为风险的某些方面赋予一个数字，但是对收益却不可以，因为收益常常是不确定的。交易纪律就是实施风险控制。没有交易纪律，一连串的赢利交易很容易就会被单笔亏损交易所破坏。具有交易纪律的交易者斩断亏损交易，驱动赢利交易，通过在进入交易之前定义风险来避免大的损失。

交易纪律为前一章中所提出的问题——这笔交易的金融目标是什么——提供了答案。

这种纪律来自完善的交易计划，交易计划的构成以风险为参考。没有计划，我们就是漂泊在机会的海洋上，经常受到恐惧的折磨和贪婪的诱惑。预定的金融目标帮助我们以更大的确定性向前航行，方法是给交易风险赋予一个数字，即量化交易风险。如此装备之后，我们便可以对何时结束或延长交易做出更合理的决定。

这些计算和推导结果是重要的补充数据，要想完成辨识和利用交易机会的搜索过程，这些数据是必需的。我们利用从图表中抽取的已知数据推导出其他风险变量的数值。所选的数据定义了我们的交易风险，并且是如下三个要素的一个函数：

- **对亏损的恐惧**

优秀的交易者慎重对待亏损，利用对亏损的敬畏，在明确的财务计算的基础之上建立明智的交易策略。蹩脚的交易者十分害怕亏损。就像受到惊吓的孩子一样闭上双眼——应对黑夜的危险，于是蹩脚的交易者跳过这些计算，受到市场巨额的惩罚。

● **利润目标**

优秀的交易者谨慎地追求既定的收益。我们选择使用图表技术确定这些收益，但其他交易者则使用别的一系列标准。蹩脚的交易者依靠对贪婪感的满足设定利润目标。有时他们也会获胜，但常常是从顶部到底部追逐处于下跌趋势的最近的高点——寄希望于交易女神，认为“我会在下个反弹中出场”。

● **实现金融目标的时间**

时间是第三个，也是最难控制的一个风险变量。金融目标把时间目标和利润目标结合在一起。优秀交易者寻找与暴露于市场中的时间长短相称的收益。蹩脚的交易者变成了投资者，希望可以通过延长交易时间而熬过市场低迷期，重新返回盈利状态。这不失为一种有效的方法，但却不是一种交易方法。

在单张电子表格中把这些要素汇聚在一起，形成了三个计算分组。在本章当中，为了明确起见，我们把这些计算分到单张工作表中。在分析这三个要素时，我们将选择一个简单的交易实例，交易的是一只投机股。这种类型的交易，有效地展现出三组计算结果中每一组的结论。当你交易的股票价格为9.50美元或95.00美元的股票时，结论都同样适用。

确定金融目标包括建立一份交易计划。交易计划不必非常复杂。许多计划看起来非常简单，比如下面的DMR交易计划总结。

止损——0.095美元，2000美元最多
入场条件 —— 在支撑位
出场条件 —— 在压力位或6周后重新评估
金融目标——在4—6周的时间内毛利润24%

确定计划中包含的这些数字，并非只靠简单的图表暗示。制订这样的计划是本章的主题。这是一个非常细致的过程，需要花费一些时间。我们只对少数值得花费一些时间的交易机会制订计划。对于数量更少的，已经建立的头寸，我们将对它们进行必要的管理。

制订计划的起点是所选股票的周线图。多元化矿产资源（DMR）是一只相当不令人兴奋的矿业股票，具有非常明确的非趋势形态。图14.1所示为DMR的周线图，选择它的原因是图表分析不很复杂，简单的交易策略是围绕支撑位和压力位建立的——在0.105美元买进，在0.13美元卖出，盈利24%。对于随后的每一组计算，这些价位都提供了三个基本数字中的两个。

第三个数字是长期支撑、总交易资金和头寸规模的一个函数，在止损计算中把它们结合在一起。

我们选择这支股票，是因为理解它的图表形态不会增加额外的复杂性，比较容易把精力集中在亏损、利润和时间等重要因素上。对于较复杂的交易策略和图表形态，这些计算并不会变得复杂太多，虽然选择合适的计算用数字可以会多花一些时间。

另外，DMR还有一个示例优点，那就是非常简单的图表概念也可令我们获利。在12个月中指示出的四笔交易，每笔盈利24%，对于任意投资组合都是一个不错的选择。

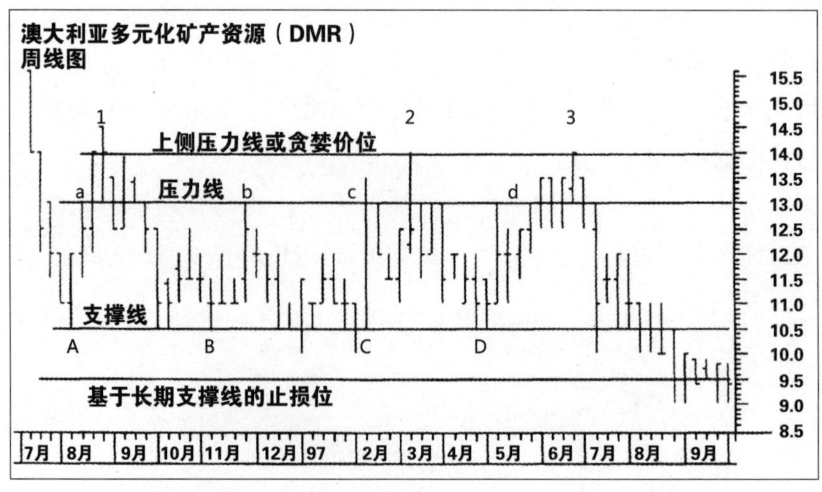

图14.1　利用图表提供的数字进行金融计算

要素1：对亏损的恐惧

当你拥有一份计划的时候，接受亏损是困难的，但是当你没有任何计划的时候，接受亏损几乎是不可能的。计划包含入场、限制亏损的潜在出场和实现利润目标的潜在出场。私人交易者在入场上花费大量的时间，而在具有获利性的出场上所花的时间太少。而谈到止损，往往随便选择一个模糊的数字，并美其名曰“止损位”。

交易是一种情绪化的工作，当我们被要求接受一笔亏损时，我们的行为受情绪的影响更大，而且我们无法消除这种影响。成功交易要求我们在开始交易后排除情绪的影响，因为上涨的价格会使我们兴奋，而下跌的价格则会令我们麻痹。作为私人交易者，我们必须自己克服这些情绪化的反应，因为没有人可以帮我们做这种工作。没有场内主管走过来为我们了结一个正在亏损的头寸。对于情绪化反应的这种威胁，我们反击的方式是在建立头寸之前便做好交易计划。为了做好交易计划，我们利用图表设定目标，并决定这些目标是否与我们的资金管理要求相一致。

由此，我们制订一个计划接受小额的亏损。用于防止亏损增长的策略既可以是复杂的，也可以是简单的，但目标总是一致的——限制亏损。优秀的交易者接受亏损的必然性，而不是利润的必然性。利用一份电子表格来克服对亏损的恐惧是这种工作的第一部分。

为投资组合失败做好计划

电子表格中最“肥”的交易机会并不总是最健全的。虽然这些初步的计算提供了一种评价交易机会的方法，但是应该对它们进行更细致的检查，以防止下侧缺陷。我们不知道这支股票将向哪个方向运动，虽然我们已经向对我们有利的一侧仔细移动了概率平衡，但是我们知道这并不保证一定成功。

如果止损点与我们的标准不匹配，那么这块黄金矿石，不管上侧潜能有多好，都不再是一只交易候选股。

第一个基本的数字是我们预期的入场价格，在本例中为0.105美元。在DMR的例子中，随着价格骤降至我们选定的入场价位，我们必须专心地思考这种可怕的结果：在0.105美元入场可能是个错误。

如果我们判断失误，价格继续下跌，那么在哪一价位我们认输呢？我们要等到这种错误毫无疑问为止吗？我们需要建造一块大的标示牌“此路错误，请返回！”，而图表恰好可以帮助我们设定第三个基本的数字。

对于每位私人交易者来说，这是一个核心问题。仅仅好好交易是不够的。私人交易者还必须了解资金管理和交易风险。当谈及资金管理时，我们有许多选择。我喜欢使用的资金管理规则是2%规则。你的选择可能有所不同，但是在进入交易之前，你应该完成类似的交易风险计算工作，并且设定好对特定事件的反应方式，而且要与你的资金管理相一致。

度量风险

我们如何度量风险——以每个头寸的成本为对比依据，还是以整个投资组合的成本为对比依据呢？2%规则是答案之一。该规则是说，任意单笔交易的风险不超过你的总交易资金的2%。亏损是与总交易资金对比度量的。这不是一条复杂的规则，这条规则，以及类似的规则，是任意止损策略的核心，我们将快速浏览一下止损策略的要点。

第一，交易资金。这是我们打算用于交易的资金总额。活跃的交易者倾向于在大多数时间里，把全部交易资金暴露于市场之中的头寸内。当使用2%规则时，我们使用打算投资的交易资金总额，而非当前投入市场的资金总额进行计算。当我们的交易资金因盈利而增加时，2%计算结果也会随之改变。当然，在我们亏损时，它也会改变。

这条规则并不是说，如果我们有10万美元的交易资金，我们就必须只为每个头寸分配2000美元，或2%。

它的意思是说，当未了结头寸的亏损达到2000美元时，我们就必须了结这个头寸。当止损点与止损金额和图表指示的逻辑止损点都一致时，这种止损策略最有效。对于该交易示例，逻辑止损价位如图14.1所示，为0.095美元，依据是长期支撑线。之后我们的计算将使这一价位与其他财务因素相匹配。最重要的是，请读者注意，随着价格下跌，当DMR显示距入场点2%的亏损时我没有出场。

通过把图表信息与电子表格计算结果结合在一起，如图14.2所示，交易者可以设定交易的参数。他有三个已知数字：首选入场价，总资金的2%和止损价位。这些数字允许他推导出其他数字，以设定合适的金融目标。把这些综合在一起进行计算，则包括三个部分：图表、电子表格和匹配过程。

克服对亏损的恐惧		
平均佣金率%	1.200	
总交易资金	100000	
股票明细		
股票名称	DMR计划	DMR实际
股票数量	180000	100000
买入价格	0.105	0.105
净成本	18900.00	10500.00
平均佣金	226.80	50.00
总成本	19126.80	10550.00
风险参数		
资金风险@2%	2000.00	2000.00
这笔交易的风险	2000.00	1100.00
基于总成本的止损出场价位	0.095	0.095
损益平衡价位	1.108	1.107

图14.2

第1部分 图表

我们用基本的图表分析确定支撑区域。DMR柱线图显示出位于0.105美元的可靠支撑。下一最近的支撑价位是0.095美元。虽然在截取的这一段图表上没有显示，但是该价位在前三年一直充当压力价位。如果价格真的跌穿0.105美元，那么它很有可能在0.095美元处暂停。这是对前面部分讨论过的交易方法的一个直接应用。这些价位显示出概率平衡隐藏的位置。

第2部分 电子表格

我们使用电子表格计算总交易资金的数额。为了计算简便，我们假设总交易资金为10万美元，佣金为1.2%。利用2%规则，任何单笔交易上的风险最大为2000美元。该值被输入与“资金风险@2%”对应的单元格中。如果利润增加使得交易资金增长，或者出现亏损使得交易资金减少，那么该值也随着变化。

第3部分：挑战——使头寸规模与风险相匹配

在此，我们把长期支撑位和总交易资金结合在一起，计算出与止损条件相一致的头寸规模。

2%规则给风险赋予了一个数字——2000美元，并且在支撑位上设定了一个价格——0.095美元。止损价格是根据支撑位从图表中计算得出的。对于以下的所有计算，这两个已知数字是参考值。此处我们选择把风险金额限制在2000美元以内，输入这笔交易的风险单元格。我们可以选择一个不同的数字，但是在这个例子中，我们遵守2%规则。

我们的任务是得到单元格“基于总成本的止损出场价位”中的读数0.095美元。对于那些利用电子表格来弥补计算能力缺陷的交易者来说，这一计算过程就像是变戏法，在得出0.095美元的目标之前，头寸规模——“股票数量”——一直被摆弄。

我们跳过了这种变戏法式的过程，直接显示结果。最大头寸规模是18万股，在计算总成本时包括1.89万美元的佣金，如图14.2中“DMR计划”一列所示。这些计算结果通常是下一步计算的起点。

然而，风险是头寸规模的函数。当头寸规模减小时，风险也会进一步降低。我们有时故意利用这种关系来适应当前的行情。例如，最大头寸规模可能与我们的投资分配策略不一致，导致时间与风险不匹配，这将在下面讨论。更多情况下，交易者通常不能利用最大的现金账户交易。当你交易时没有充足的现金是一种很现实的限制。

如图14.2所示的最后一列“DMR实际”所示，通过减小头寸规模，降低了总风险。这就是电子表格分成两个单元格显示的原因。上侧单元格“资金风险@2%”是用总资金自动计算的。下侧单元格迫使交易者做慎重的决定，接受或降低这一风险要素。

10万股的买入成本为10.5万美元，计算结果表明，价格跌至0.086美元时，交易资金损失2000美元。这并不意味着我们将在0.086美元出场。在图表中根据支撑位得出的止损数字仍然是有效的。利用它，这笔交易的风险额降低至1100美元，通过降低对总交易资金的影响，使得这笔交易更安全。我们并不扩大我们的风险级别，使风险超过图表指示的逻辑止损点。

这些计算结果告诉我们，我们在市场中只有非常小的真正控制权——概率对我们不利。我们所能控制的是入场、出场和我们的头寸规模，我们利用概率平衡使这些事件与市场行情相一致。交易的其他方面，则完全由市场控制。我们可以控制的三个事件当中，我们只能利用出场应对风险。

要素2：利润目标

计算利润目标是一件快乐的任务，由于大多数交易者对此都比较熟悉，所以我们只是简单地介绍一下。计算利润不同于设定金融目标，虽然交易新手经常把两者混淆为一体。金融目标决定了利润对整个投资组合的风险，做出了怎样的补偿。如果不在许多过程比较严谨的计算之间进行权衡，草率地计算利润是非常危险的。

对于问题“多少利润足够？”，有一个明确的答案。图表与电子表格计算一起帮助我们设定止损点，同样的，根据历史价格行为，它们也可帮助我们设定利润目标。

以图14.1中的图表为起点，我们在图14.3中的“DMR计划”一列描绘出了大致的计算过程。交易策略为利润计算提供了价格数据。在本例中，0.13美元的出场是基于压力位，盈利21%。贪婪在0.14美元向交易者招手，在该价位的计算结果，如最后一列“DMR贪婪”所示。30%的盈利看起来非常具有诱惑力，但是增加了多少风险呢？做出这种判断的方法将在下面进行阐述。

我们还可以利用其他方法，根据出场价格确定利润目标。比如当移动平均线出现交叉信号，当随机指标向上超过85%，当盈利达到10%，或者当日收盘价低于前一日最低价时出场。如果使用其他交易策略提供的数据，那么与“卖出价格（含佣金）”对应的单元格中

佣金		
平均佣金率%	1.20	
总交易资金	10000	
股票明细		
股票名称	DMR计划	DMR贪婪
股票数量	180000	100000
买入价格	0.105	0.105
净成本	18900.00	10500.00
平均佣金	226.80	50.00
总成本	19126.80	10550.00
收益参数		
卖出价格（含佣金）	0.13	0.140
毛收益	23400.00	14000.00
平均佣金	281.00	168.00
净收益	23119.00	13823.00
净利润（美元）	3992	3282
总成本／净收益（%）	20.87	31.11
对总交易资金的影响（%）	3.99	3.28

图14.3

所输入的数据便会不同。可能增加计算或评估时的难度，但这决不能作为没有数据的借口。无论你选择何种出场条件，都应该加上出场价格，并且在必要时进行修改。这是应对交易风险所需的基本数据中的最后一个。没有它，你将完全暴露于市场的情绪旋涡之中。

你用来决定利润目标的方式并不重要。需要避免的是等待每日价格高开，或者HOPE（译者注：既是“每日价格高开”的缩写，在英语中又有希望的意思，一语双关）。市场不会因你的如意算盘而改变它的行为方式。利润目标必须是现实的。

现实的利润目标来自于图表信息，或者是历史价格行为，或者是基于对当前价格行为分析的期望价格行为。现实的、良好的交易都需要明确定义的出场条件，最好是用一个数字定义。

我们匆匆记下的数据，在决定所有交易并不会创造相同利润后，会提供一种直觉上的评级。在获得较多利润后变得更加贪婪是很自然的，除非我们非常谨慎，否则我们总会怀疑这些交易目标的正确性。在实际评估上侧潜能时，交易者必须特别警惕，因为这会影响金融目标的实现。

在对这些计算结果进行评级时，以及在决定DMR示例的金融目标时，21%这个数字是首选的。它与第三个变量——时间，在现实情况下是一致的。

要素3：为金融目标设定时间

选择利润目标的过程要与评估交易的实际持续时间结合在一起。为了清楚起见，我们把这些过程分开来讨论。在交易机会的最后评级和选择中，我们更细致地分析时间的影响，这种影响是由波动率度量的。

能够实现金融目标的交易才是好交易。最差的目标是只盯着利润，全力以赴使利润最大化。如上一章末尾所述，跟随价格直到顶峰，会增加额外的风险。优秀的交易者明白时间和风险之间的这种关系，所以他们权衡收益的大小，以便实现首选的金融目标。

利润在这些计算中扮演重要角色。在一笔交易中，制订健全财务计划的首要障碍是不现实的利润期望，或者是因为我们认为这支股票将带给我们的利润超出了它的能力范围，或者是因为我们感觉它会继续带给我们利润，所以无需进行计算。任何一种情形都是致命的，没有度量成功的良好方法，那么我们便不是在管理交易，而是交易在管理我们。

与对利润视而不见相比，接受亏损倒是容易的事情了。当你出场后看到股价又达到新的高点，是交易者最难忍受的事情了。尽管如此，我们必须为贪婪设定一个上限，因为贪婪会让我们把极好的头寸转变为亏损。价格上涨，我们继续持有，因兴奋和未实现的利润而头晕目眩。当价格下跌时，我们不能相信，拒绝卖出，希望挽回我们失去的利润。我们“坚持不懈”，因为我们没有现实的目标。

波动率

为交易制定金融目标的第一步是去除不现实的期望。交易波动率为我们提供了度量期望的方法。当你停下手中的工作仔细思考时，可以明显感觉到交易波动率对金融目标的影响。对于像培生集团、默克药厂或雪佛龙公司这样稳健的蓝筹股，试图获得100%的盈利是不可能的。面对价格飞涨的投机网络股，当有更多利润可赚时，为什么只赚取10%呢？另外，对于每股7美元买进的股票，当涨到20美元时，不要拒绝卖出，期望“它会涨到100美元”。

在分析股票时，当我们认识到它的交易波动率后，不现实的期望便消失了。我们根据交易波动率，大体上把股票分为三组或三类。我们以一种特定的方式来使用这一术语，把它定义为年最高价和年最低价之间的价差，并且考虑价格在这些极点之间运动的频率和自由程度。

波动率通常与日价格区间有关，并且在市场中有另外两种常见的理解，所以有必要解释一下它们之间的区别。

第一种波动率的应用是比较日价格区间，然后选择那些波动率增加或降低的股票。除了第二部分中讨论的指标之外，佳庆波动率指标使用两条移动平均线比较最高价和最低价之差。这种应用把日最高价和最低价之差绘制在图表上，并且计算出平均变化率，用百分比表示。该指标是Metastock的标配指标，默认情况下对于每个计算使用10个周期。

它并不满足我们定义交易波动率的要求，因为该指标所度量的波动率是一个交易日内较宽价格波动的一个函数，而非一年或更长时间上价格的整体表现。

第二种是隐含波动率，它是价格期权和其他衍生金融工具交易中使用的一个概念。它是从实际期权价格和实际股票价格推导出的一个数字。从本质上说，当两个不同的金融工具相比较时，隐含波动率便产生了。谢尔登·纳坦恩伯格在《期权价格波动率与定价理论》（《Option Volatility and Pricing Strategies》）一书中对此进行了详细阐述。Metastock的用户有机会在OptionScope模式下尝试一下这种应用。

对于我们的目的，隐含波动率没有什么用处。后面我们希望对几只交易候选股比较和评级，但是它们之间的关系不同于股票和它的期权。隐含波动率没有给我们一种度量单支股票内在历史价格运动幅度的方法。佳庆波动率指标虽然集中于单支股票，但是它的时间框架太短，而且不能有意义地延长到包含一年的价格幅度变化。

交易波动率

交易波动率是一个长期估算的数字，通过对利润的界定，我们把它用于对交易风险的计算之中。它确定了合理的盈利范围，而且对于这些盈利产生的频率，我们可以得出相互比较的结论。交易波动率是实际可实现的盈利，假定交易者一般入场较迟，高于绝对低点，并且出场较早，低于绝对高点。

这个概念比较简单，但它的应用却比较麻烦。它需要交易者的判断力，而不是精确的数学计算，所以很难用程序做成搜索标准。它是一个非常耗时的过程，如果每天应用于数据库中的每份图表是不现实的。因为交易波动率提供了最终交易计算使用的重要“评估”数字，所以仅把它用于被定为最终交易机会的候选股会比较有效。

我们使用低交易波动率、中交易波动率和高交易波动率对股票进行分类。交易波动率决定于从峰顶到谷底的年交易区间，以及价格在峰顶和谷底之间来回运动的频率。有些股票在一年内会给出多个幅度相同的交易机会。DMR便是一个例子。其他股票则很少提供这样的机会，在风险计算中，这是一个重要的时间因素。

低交易波动率的股票一向只产生10%左右的实际交易盈利。合理盈利的范围因板块不同而不同。比如，很难发现具有高交易波动率的银行股，而在网络板块则是合理的预期盈利。这些波动率盈利的分组如下：

低交易波动率——10%——通常包含大多数蓝筹股。

中交易波动率——20%—50%——一般为中盘股中被称为“绿筹股”（译者注：指与清洁能源、环保、生态相关的股票）的那些。

高交易波动率——50%—100%以上——通常为小盘股。

实际可交易的价格运动区间可能要更大一些，但是平均来看，根据交易波动率分类的这些股票提供的价格运动都在这些范围之内。

我们选择的股票所属的类别，决定了我们的利润目标是否在合理范围之内。没有这种类别的设定，便不可能设定金融目标，那么交易计划也不可能完成。

金融目标的设定是基于电子表格计算和图表分析，但最终它是一种主观判断。判断不是意味着在利润看起来不错的那一天我们做出一个决定。这在理论上是一个相当不错的计划，但是在实际交易中，我们寻找借口、支支吾吾、拖拖拉拉，最终常常把大块的利润退还给市场。当应该做出判断的时刻来临时，我们常常发现自己没有一份真正超越贪婪的计划。

绘制交易波动率

主观判断产生于交易开始之前，基础是图表分析。第一组估算的数字便在此时得出。DMR主观判断的上侧参数由位于0.13美元的压力位确定。这会提供24%的毛收益。图14.3中的利润计算，通过包含佣金使得更接近现实，显示21%的盈利。

最终判断是基于周线图。我们选择这个例子的原因是为了绘制简便，所以利用支撑与压力设置的交易带非常清楚。类似的交易带可以在每份交易候选股的图表中绘出。就像趋势线一样，这些线在绘制时要通过大部分的价格极点。不同于趋势线之处在于，我们的目标是辨识这样的区域：交易入场或出场在实际操作时是最可能实现的。它们很少位于极点。

图14.4所示为在英国上市的物流公司富凯集团的周线图。在图中可以看出趋势线与交易带的区别。上侧和下侧粗线正确绘制出的趋势线定义了交易带。它们接触最大数量的价格极点，定义了趋势行为的上限和下限。箭头显示出最容易辨识的五笔实际可实现的交易，每笔大约盈利10%。上下两侧的细线界定了交易波动率。相反的，同期内只有一笔交易可能基于趋势线极点，如X—X标志所示。

一年之中，在交易带的上限和下限之间产生的合理交易可能有多少次呢？在这份截取的图表上只有一次，但是对于波动率较好的度量，来自两条粗趋势线之间的价格行为。在这只低交易波动率的候选股中，有五笔潜在的良好交易。这一答案不仅显示出交易机会，还显示出交易波动率。

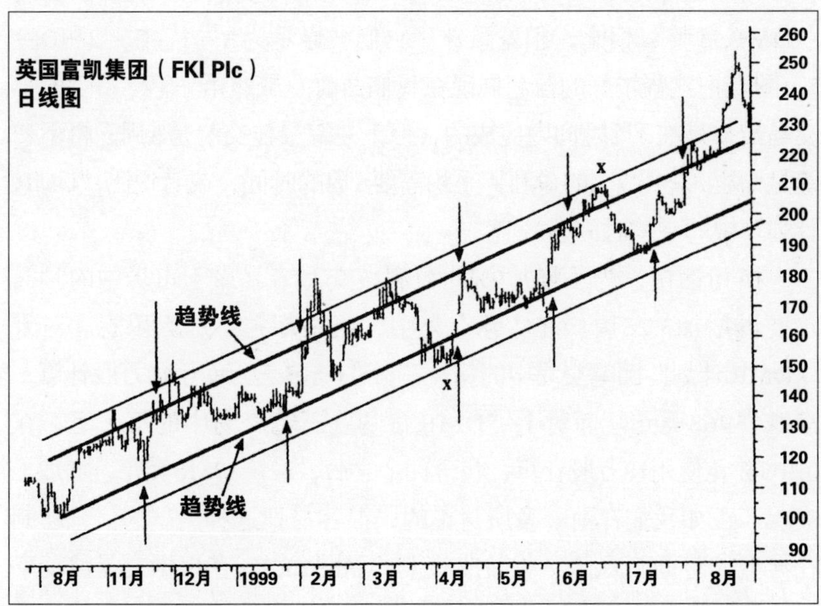

图14.4　绘制交易波动率

从图14.1所示的DMR图表中，我们可以看出“DMR计划”中的这些对比数字是如何得出的。入场价位为0.105美元，出场价位为0.13美元。第一个交易机会用A—a标出，花了3周的时间形成。这些是“最好”估算，计算时选择最迟的可能入场点和最早的可能出场点。第二个交易机会，B—b，最好持续4周。第三个和第四个，C—c和D—d，最好持续2周。这些交易的平均持续时间为2.75周，潜在盈利21%。对于我们的例子，我们继续使用这一平均数，但是要明白它并不像看起来那么可靠。

交易的时间跨度必须符合实际。无论在图表上，还是在实际交易时，当提前卖单被设置在目标价位时，出场时间是准确的。入场时间却不那么准确，所以要增加额外的时间以反映交易时机选择的现实。平均来说，如果你选择这些交易机会，你愿意在上涨行情开始前的一天、数天或数周入场吗？答案取决于你的交易类型。实际上，总要延长交易的平均时间跨度。

利用“最好”方案计算每笔交易，提供了一个比较标准。但它并没有告诉我们每笔交易在真实市场中的持续时间。

对于在市场中的时间，“DMR计划”与受到30%利润引诱的“DMR贪婪”相比，相差悬殊。它们被显示为A－1、C－2和D－3。图表把这些较好的盈利展现在我们面前。虽然第一笔“贪婪的”交易最初是在3周时间内完成的，但下一笔最佳交易是6周，再下一笔是9周。获得30%的盈利，平均需要6周的时间，或者说比“DMR计划”中的平均时间多一倍。

换句话说，为了增加9%的盈利，交易者暴露于市场中的时间需要再增加3.25周。在实际交易中，结果却并不那么乐观。对于“DMR计划”四笔交易中的每一笔，在0.105美元使用18万股计算，净赚15968美元。而对于“DMR贪婪”三笔交易中的每一笔，在0.105美元使用18万股计算，包含佣金之后，净赚17313美元，增加了8.4%。正如我们在前一章所讨论的，很容易把这种类型的信息绘制在典型的时间/风险/收益曲线上，见图13.7。在根据交易波动率对候选股进行评级时，这种类型的比较是一种比较有用的方法，并且应该只用于对候选股评级。

支撑位和压力位本身提供了准确的数据，其作用同2%规则一样。虽然精确的数字掩饰了市场的不准确性，但是给过去的交易波动率赋予一个绝对数值还是值得做的。给未来的交易波动率赋予一个绝对数值，情形并不好于有根据的猜测。推导数字只在我们的风险计算中有用，因为它有助于比较和评级。它并不暗示精确性。

硬性数据

在计算的最后结果中，推导出的风险是时间和交易波动率的乘积。我们在电子表格编制了一个公式，用来计算一个硬性的收益/时间数据，但最终这也是一种主观判断。

交易波动率是交易收益和交易时间的一个函数。用收益除以时间（以周为单位），得到一个比值，可以用来对交易机会进行评级。“DMR计划”的收益／时间数值是2.75（11／4）。“DMR贪婪”的这一比值是6（18／3）。“DMR计划”给出一个较小的，更好的收益／时间结果，表明这是一种较好的交易策略，是基于对利润目标的更加现实的评估。

返回头看一下图14.4所示富凯集团的图表，相同的计算也提供了硬性数据。只有一笔可能的交易是基于交易带极点——X至X。它持续了53天，盈利37%，得出的收益／时间数字为1.43。利用粗趋势线所示的交易波动率图，产生五笔交易，平均持续时间为6.75天。每笔交易大约盈利16%。收益／时间结果为0.42（6.75／16）。收益／风险比越低，交易中的市场风险也越低。

这些都是硬性数字，但它们是基于主观判断的估计数字。对于一笔历史交易入场和出场时间的主观判断是基于图表。目标是在与由暴露于市场中的时间所度量的风险相一致的情况下，使利润最大化。很明显，通过使界定交易波动率的交易带变窄，我们可以减少交易的平均时间跨度，但同时也把百分比利润降低到无意义的水平。

评估的基础对于所有的例子必须是一致的。当比较两只候选股时，不要把周线图与日线图混合使用。估算结果的确奠定了评价交易机会的基础，但是不要把它与交易现实相混淆。最终，这只是一种主观判断，你的交易纪律决定着你的交易成败。

作为一名交易者，你必须决定是否暴露于市场超过三倍的时间——交易DMR 10周或者3周——因为这种差异代表着你是否在风险和收益之间进行了足够的权衡。作为一名交易者，你需要根据股票类别，在收益和交易持续的时间之间进行权衡，在收益和获得收益的概率之间进行权衡。交易需要技巧和全面的分析。

DMR的交易波动率处于中等水平，而且接近低交易波动率，但是短时间因素降低了风险，所以使得交易具有吸引力。我们的利润目标——21%——在4—6周的时间内实现是合理的。虽然平均来说是3周，但是我们把时间延长一些，以便更接近市场的实际情况。这些信息的结合，为这笔交易设定了金融目标。

DMR的卖单被置于0.13美元，即图中的点D。该卖单实现后，在两周内实现了我们的金融目标。你可能认为这些目标太过限制了，但限制是好的。这个例子展示如何设定精确的出场条件。你所面临的挑战是设定与你的交易风格相一致的出场条件，然后锁定一致的利润。

交易计划总结

好交易就是要实现金融目标。这些目标可能是受限的，或者是广泛的，但是实现这些目标的任何一笔交易都是一笔好交易。

在我们出场之后，价格可能继续上涨，但是通过在一个与我们的金融目标相一致的预定价位获利了结，我们可以在不受情绪影响的情况下管理自己的交易。我们不是被交易管理，因为我们在建立头寸之前便知道了目标。在特定行情下，利用下一章即将讨论的市场深度的信息，我们可能在超过初始出场点后继续交易。

继续交易要求重新做交易计算，以设定新的金融目标。在计算时，要像初次计算那样严格，因为市场只想要你亏损。交易计划不需要很复杂。在图表上写四到五行就比许多交易者使用或不使用的交易计划要详细。当我新建仓位时，我把图表打印出来，然后把这些细节写在上面。图表和备注就放在我的电脑旁边，以便每日参考。

DMR的交易计划恰好可以写在图表的空白处。正如本章开头所展示的，这份交易计划看起来如下所示：

止损——0.095美元，2000美元最多
入场条件——在支撑位
出场条件——在压力位或6周后重新评估
金融目标——在4—6周的时间内毛利润24%

每个数字，不管是计算的还是推导的，都为风险提供了现成的参考。当我们每天对每个头寸实施监测时，它们便是参考数字。全部交易计算被整合到单张电子表格中，显示入场、风险和收益，如图14.5所示。利用这些信息，我们便做好了在特定价位采取行动的准备。通过控制我们的入场和出场，我们便可应对风险。

佣金	
平均佣金率%	1.20
总交易资金	10000
股票明细	
股票名称	DMR
股票数量	180000
买入价格	0.105
净成本	18900.00
平均佣金	226.80
总成本	19126.80
风险参数	
资金风险@2%	2000.00
该笔交易风险	2000.00
基于总成本的止损出场价格	0.095
损益平衡价格	0.108
收益数据	
卖出价格（含佣金）	0.13
毛利润	23400.00
平均佣金	281.00
净收益	23119.00
净利润（美元）	3992
总成本/净收益（%）	20.87
对总交易资金的影响（%）	3.99

图14.5

真金不怕火炼，最亮的矿石

交易就是对风险的积极管理，虽然在最后的分析中包含一些主观判断，但是我们的计算的确给了我们一种评定风险的方法。当风险试图伤害我们的未了结头寸时，我们有更好的装备来应对它，牢牢控制住风险，使我们有时间做出漂亮的出场。

哪个交易机会得到我们的资金？在选择时，比较为每只候选股所做的交易计划总结是很有用的。最终的选择取决于许多因素，但是如果已经按照本书所讲的过程做了，那么不缺乏的一个因素是足够的计划和分析。

利用这条严格设定的财务标准，筛选列表上的最终候选股，我们把黄金矿石的数量进一步缩减到只剩下几块。我们是否采纳交易机会，将决定于我们账户中的现金。并非每天都出现一个交易机会满足我们的所有标准，并非每个交易机会都会被利用。但是在这些工作结束时，交易者已经知道哪个是最可能获利的、回报率最高的，并且他对所有可能发生的事件都有一个清楚的计划。

一笔计划周详的交易并不会自己管理自己，未了结的头寸必须被每天监控。下一章我们将着重讨论市场信息的深度如何帮助我们更有效地设置入场和出场。

第15章

利用网络化和电子化的市场深度信息

如果不与当日的市场实际相匹配，那么设定金融目标的工作便是浪费时间。很多时候，这种匹配是完美的。而当这种匹配不完美时，我们之前的分析使我们可以评选最合适的那些。根据之前的计算——交易计划笔记——我们立即知道我们距离首选价格有多远。市场深度的信息把工具递给交易者，使他可以把交易利器磨得更快。

我们可以利用市场深度的信息，检验之前图表分析的结论，进而对市场的未来走向有所了解。在入场之前和出场之时，市场深度都是联系市场真相的纽带。对于市场深度的有效利用，决定于市场结构和交易机制。我们在此花些时间分析市场结构和交易机制之前的差异，因为它们对我们使用这些信息的方法有很大的影响。

市场结构被分为两个截然不同的阵营。有些市场，比如美国市场，是报价驱动市场。其他市场，比如澳大利亚市场，是订单驱动市场。少数市场，比如英国市场，则是混合型的，对于金融时报（FTSE）列出的股票采用订单驱动形式，剩余股票和较小的订单则采用报价驱动形式。

报价驱动市场利用券商或者特种经纪人作为中间人。他们为希望买进或卖出的股票报价。报价被显示在电子通信网络（ECN）的屏幕上。而ECN由交易所控制；纳斯达克和纽约证券交易所SuperDot系统便是例子。另外，第三方供应商也可提供报价信息，包括InstiNet、Island、Archipelago、RediBook和Attain。

订单驱动市场直接配对买方和卖方，而没有中间人的干涉。订单通常显示在相同的ECN系统上，所有市场参与者都可看到。当价格匹配时，交易会自动执行。这些系统包括澳大利亚SEATS，英国

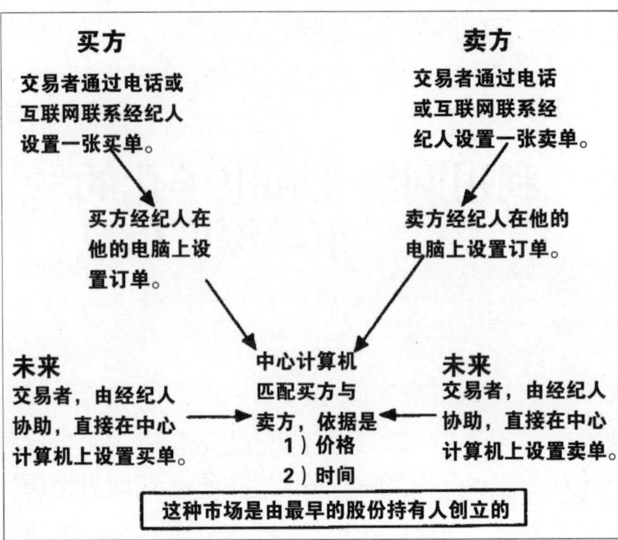

图15.1　一笔交易的完成过程，订单驱动市场

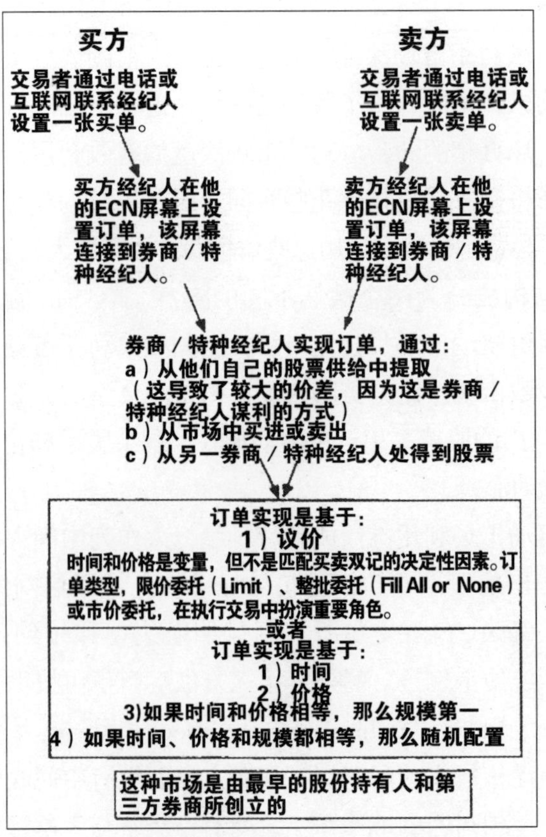

图15.2　一笔交易的完成过程。报价驱动市场

SETS，以及几家亚洲的交易所。图15.1所示为一份简要的订单驱动市场示意图。与之相对应的是图15.2所示典型的报价驱动市场。

不只是交易者希望从市场中赚钱。在报价驱动市场中，还有许多人也希望从交易活动中分一杯羹，这便为买方和卖方的信息增加了预料之外的价值。报价驱动系统为这种信息设置了很高的价值，并且限制对它们的访问。订单驱动市场是建立在交易透明的基础之上，所以信息的获取比较自由。

信息的层次

在理想的交易世界里，每位私人交易者会获取五个层次的市场信息。这将提供完全的透明性，有助于有效地交易，加速资金的流动和配置，并且使所有准备好承担和管理风险的交易者变得富有。每个市场都包含这些特性中的一些，尽可能多地获取市场信息是非常有用的。我们从纳斯达克提供的几个层次的信息开始，然后增加两个附加的层次。

一级报价

一级报价的数据显示，被纳斯达克称为内部市场信息。它们是最高出价和最低要价。这些信息一般在许多网站上都可获得。虽然一级报价的延迟“实时”数据是免费的，但要想获得实时数据，要缴纳一部分费用。这些信息是有用的，但认真的交易者需要更多。市场上下波动，所以一级报价并不总是准确的，没有经纪人或注册代理人能够向客户保证这些价格信息的准确性。

我们使用一级报价数据监控未了结的头寸。

二级报价

二级报价的数据，显示的是汇总订单或报价。只是在近期，纳斯达克才允许公众访问这种数据，这也为网络交易和即日交易起了助燃作用。正如我们所预期的，二级报价的数据在报价驱动市场和订单驱动市场中的含义是不同的。

在报价驱动市场中，二级报价屏显示当前报价，对于特定股票，那些报价的规模都可从每位券商处获取。二级报价的数据示例如图15.3所示。这是一种汇总显示，因为买方出价一栏顶端的10手订单并未显示代表了多少位买家。既可能是一张具有10手股票的大订单，也可能是每张两手股票的五张小订单。知道你面对的是一张机构大订单，还是许多散户的小订单，通常是有用的。

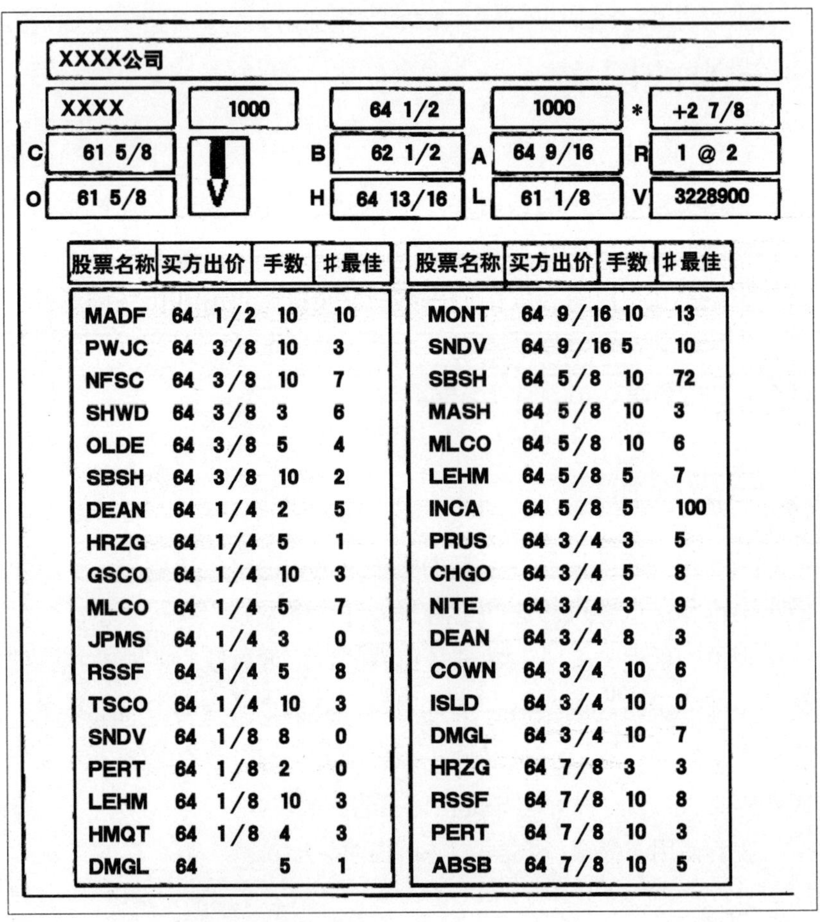

股票名称	买方出价	手数	#最佳
MADF	64 1/2	10	10
PWJC	64 3/8	10	3
NFSC	64 3/8	10	7
SHWD	64 3/8	3	6
OLDE	64 3/8	5	4
SBSH	64 3/8	10	2
DEAN	64 1/4	2	5
HRZG	64 1/4	5	1
GSCO	64 1/4	10	3
MLCO	64 1/4	5	7
JPMS	64 1/4	3	0
RSSF	64 1/4	5	8
TSCO	64 1/4	10	3
SNDV	64 1/8	8	0
PERT	64 1/8	2	0
LEHM	64 1/8	10	3
HMQT	64 1/8	4	3
DMGL	64	5	1

股票名称	买方出价	手数	#最佳
MONT	64 9/16	10	13
SNDV	64 9/16	5	10
SBSH	64 5/8	10	72
MASH	64 5/8	10	3
MLCO	64 5/8	10	6
LEHM	64 5/8	5	7
INCA	64 5/8	5	100
PRUS	64 3/4	3	5
CHGO	64 3/4	5	8
NITE	64 3/4	3	9
DEAN	64 3/4	8	3
COWN	64 3/4	10	6
ISLD	64 3/4	10	0
DMGL	64 3/4	10	7
HRZG	64 7/8	3	3
RSSF	64 7/8	10	8
PERT	64 7/8	10	3
ABSB	64 7/8	10	5

图15.3　二级报价券商报价屏

在报价驱动市场中，二级报价屏告诉我们有多少券商在提供股票。在美国市场中，券商没有义务兑现这些报价。例外情况是纳斯达克小订单执行系统（SOES）。这些二级报价除了具有指示性之外，交易者还可以利用这些信息制定特定的交易策略，以利用券商之间的差异。这包括更好地利用SOES来获得最好的价格。SOES"快手"（指那些应用SOES系统快速买卖的交易者，他们的目的是从微小的价格变化中赚取差价）和即日交易策略在《SOES强盗秘籍》和《互联网即日交易》（《Internet Day Trading》）中进行了比较全面的论述。

订单驱动市场的二级报价屏提供了许多价位的汇总信息。每个价位不是由三个或四个券商代表的，每个价位显示所有来源的买家或卖家的总数。这提供了更深的市场深度，如图15.4所示。这种显示受到相同的限制，因为我们不知道每个价位处单张订单的规模有多大。

澳大利亚联盛集团（Lend Lease）
William Noalls交易屏幕

澳大利亚联盛集团的市场深度总结

订单总数	股票数量	买方出价	卖方叫价	股票数量	订单总数
2	4209	1962	1967	5379	2
2	2255	1960	1968	1698	1
1	2000	1955	1970	905	2
1	150	1950	1972	500	1
2	900	1945	1975	4000	3
5	11655	1940	1980	12723	4
2	580	1935	1981	510	1
6	2614	1930	1985	7900	1
1	100	1927	1990	11648	5
7	10700	1925	1991	550	1

图15.4　二级报价的汇总信息

这些第二层次的报价屏，迅速告诉我们在每一价位处买家和卖家的总数。在订单驱动市场中，显示的订单如果匹配则必须成交。你所看到的价格，你就能够得到——每次都是如此。在这种类型的市场中，交易者可以对交易策略进行细微调整，以便赶在买压或卖压前面。订单驱动市场按照严格的时间和价格优先级别执行交易。如果你的订单第一个满足显示价格，那么你的交易便被执行。不管是几十股，还是数千股，都没有关系。

三级报价

纳斯达克三级报价的市场信息，允许注册的券商更新他们对任意股票的报价。这些信息对一般大众是不公开的。在订单驱动市场中，放置新订单进入订单流水线的职能通常限定给经纪人。经纪人直接把订单输入SEATS或SET终端。他们可以直接输入任意上市股票的订单。在订单驱动市场中，对于直接配对处理过程的压力不断增加。在这种市场中，私人交易者可以直接把订单输入市场订单系统。此时，他们受到经纪人的帮助，但输入工作是自己完成的。

对三级报价数据的访问，对于大多数交易策略来说都不是关键问题，我们列出它只是因为它定义了著名的纳斯达克市场结构的结束。

四级报价

我们正在讨论一种在理想交易世界中可以获得的交易结构，于是我们增加两个层次的透明度。四级报价数据向交易者展示每张订单的信息，包括他自己的订单。在订单驱动市场中，报价屏显示如图15.5所示。它比图15.4所示的报价屏截图要深一个层次。此时，交易者看到了所有订单，它们构成了每一价位处的出价。他知道在19.62美元处的两位买家，一位订单大一些，一位订单小一些。

交易者知道自己的订单在订单列表中19.60美元处的情形。可以通过零星股票的多少得到进一步辨识。在订单驱动电子市场中，纸质股票被电子单据所代替，零星股票的概念不可避免地消失了。完成101股的结算同完成100股的结算一样容易。

这种信息的作用令人吃惊，我们在随后的小节中将展示对它的应用。现在交易者能够在买压之上冲浪，出价比当前出价恰好高出1点。在报价驱动市场中，这是为造市者保留的“内部出价”。在订单驱动市场中，“内部出价”是为最精明的交易者们保留的，而不管他们是谁。

对于使用澳大利亚SEATS系统的私人交易者来说，可以获得四级报价的信息。

澳大利亚联盛集团（Lend Lease）
William Noalls报价屏

澳大利亚联盛集团的市场深度细节

股票数量	买方出价	卖方叫价	股票数量
2209	1962	1967	379
2000	1962	1967	5000
2001	1960	1968	1968
255	1960	1970	500
2000	1955	1970	405
150	1950	1972	500
400	1945	1975	2000
500	1945	1975	1000
300	1940	1975	1000
255	1940	1980	10000
100	1940	1980	200
6000	1940	1980	523
5000	1940	1980	2000
380	1935	1981	510
200	1935	1985	7900
100	1930	1990	1200
260	1930	1990	1300
300	1930	1990	2500
234	1930	1990	300
1200	1930	1990	6348
520	1930	1991	550

我们的买单

图15.5　四级报价市场深度的完全信息

五级报价

这一层次只适用于订单驱动市场。这一层次的报价屏显示每位经纪人放置的每张订单。从这种意义上说，它类似于三级报价中可获得的券商信息。对于私人交易者，它并不是至关重要的。我们在此加入它的原因，只是展示整个市场透明度所需的信息层次。

各层次信息的差异总结见图15.6。没有市场具有这样绝对的透明度，但正在向这个方向发展。更好的交易需要更好的信息。电子和互联网市场访问不断给交易所增加压力，需要它们更加有效、更加透明地运作。你现在可能还没有得到这些信息，但所有这些层次的信息即将发送到你的电脑屏幕上。你所要做的就是点一下鼠标。

准备，设置，交易

在上一章中，我们阐述了如何为风险赋予一个数字。在本章的剩余部分，我们研究如何利用市场深度的信息把交易计划转变为现实。

市场深度的信息，不同于当前出价或叫价，也不同于报纸和一些互联网供应商提供的内部市场信息。它显示的是最后完成的那笔交易的成交价格，以及高于或低于交易价格的当前出价和叫价。出价是当前买方准备支付的价格。叫价是卖方为他的股票所要求的价格。在有些市场被称为要价。当买卖双方对价格达成一致时，交易发生。

一级报价
当前出价和叫价。

二级报价
高于和低于当前出价和叫价的价格。
显示券商报价手数
或者
显示每个价位的综合订单。

三级报价
赋予券商更新报价的权利。

四级报价
显示所有价位的所有订单信息。券商的报价按设置的订单详细显示。显示内容通常限制在高于和低于最后一笔交易价格的50点之内。买家和卖家都是匿名的。

五级报价
显示每张订单的协助经纪人。

图15.6　市场透明度的层次

一级报价的出价和叫价信息，对于理解你正在交易的股票的市场行情，是最基本的。许多互联网数据供应商提供这种基本信息，下面的例子采用了这种信息的典型格式。你所使用的报价屏布局可能不同，但大体上都是显示这些最基本的信息。这些信息也可从你的经纪人处获取，它们是非常有用的，因为我们可以立即从中感受到市场的情绪。

在图15.7中，详细列出了示例股票YDN的一级报价的出价和叫价，显示出一个活跃的市场。买方出价与最后一笔成交价相同，卖方叫价只高出最后一笔成交价一点。六位买家正在追逐一位卖家。差价是1美分。与前一收盘价相比，价格上涨了4美分。

代码		YDN
最后成交		8月19日11：45
最后成交价		1.62
自前一收盘价的价格变化 0.04		
今天	买家	6@1.62
	卖家	1@1.63
	开盘价	1.59
	最高价	1.62
	最低价	1.59
	成交量	1187846
昨天	收盘价	1.58
	成交量	2976119

图15.7 利用出价和叫价跟踪买压

将此与图15.8所示显示同类信息的GDC报价屏进行对比。如图15.8所示，五位卖家在与最后一笔交易相同的价位提供股票，但是只有一位买家，并且只肯支付低于上笔交易价格2美分的价格。买卖价差是2美分，并且这支股票自前一收盘价开始已经下跌了5美分。

经过这一基本的分析，我们知道许多买家正在追逐YDN，推动价格上涨，而卖家们则抱着不放，希望卖个更好的价格。这是向上的买压。与此形成鲜明的对比，GDC具有大量的卖家和极少的买家，产生了向下的卖压。单单这条信息便可影响我们的交易决定。

如果我们持有股票，那么当价格向上朝着我们的卖出点运动时，那么肯定是一个不错的交易日。如果我们想买股票，那么GDC提供了较好的机会。有如此多的卖家希望卖出GDC，如果我们是一个买家的话，那么最好耐心等待价格的进一步下跌。而对于交易的另一方，如果我们希望买入YDN股票，并且价格在我们的计算目标之内，那么建议高1美分出价，以满足叫价。作为GDC的一个卖家，如果我们正在保护一个需要止损的头寸，那么叫价时尽量与出价匹配是明智之举。

代码	GDC	
最后成交	8月19日11：45	
最后成交价	0.27	
自前一收盘价的价格变化 –0.05		
今天	买家	1@0.25
	卖家	5@0.27
	开盘价	0.27
	最高价	0.27
	最低价	0.27
	成交量	1000
昨天	收盘价	0.32
	成交量	70000

图15.8 利用出价和叫价跟踪卖压

我们将超越根据这些基本信息得出的简单结论，进一步推导出比较复杂的结论。这两个例子所告诉我们的信息，远远不止获得一支股票所需支付的价格。在每个例子中，我们都可以去满足叫价，但结果将是不同的。从交易的角度看，这有助于我们对我们的入场点或出场点进行微调。在分析交易者如何使用市场的整个深度信息之前，我们来看一下如何更好地使用出价和叫价信息。

兼职交易者发现很难在日间访问这些信息，所以可以打电话让你的经纪人通过电话提供相同的信息。知道如何阅读和使用这些信息将提高你的交易水平。

阅读报价屏

返回到图15.7，我们注意到，有6位买家，但是只有1位卖家。这告诉我们买压大于卖压。较多的买家正在追逐较少的卖家。

这是报价屏的一张快照，它显示的是8月19日11：45这一时刻的市场订单情况。满足叫价的订单——那些即市进入的订单——被立即配对交易，并且不再出现在订单列表中。如果我们放置一张新的订单，在1.63美元买入，那么报价屏将不会显示买家1@1.63和卖家1@1.63。报价屏将显示最后一笔交易成交于1.63美元。出价1.62美元的6位买家将仍在原处，此时可能有下一位卖家加入，可能在1.64美元。

该报价屏不会显示交易结果，但关于未执行买单和卖单的信息是非常有用的。在1.63美元处只有一位卖家，我们知道可以通过把出价从1.62美元提高1美分来获得股票。我们知道，如果我们买入位于1.63美元处的所有股票，那么下一位卖家很有可能位于相同的价位，或者高上数美分。

这种买入决定是由恐惧驱动的。如果没有人在更低的价位售出股票，那么与市场中高于1.63美元的其他待售股票相比，在1.63美元的入场是便宜的。在这种类型的市场中，几乎可以肯定，这6位卖家中至少有一位害怕错过机会，将提高出价以确保买到股票。他可能会被另一位满足叫价的交易者击败。害怕错过上涨股的恐惧心理促使交易者不断抬高价格。

潜在的卖家也是受贪婪驱动的。在检查市场价格之后，他们倾向于继续持有，以等待位于1.63美元或之上的更高售价，知道即便最坏的情况发生，他们仍然可以在1.62美元卖给6位买家中的任一位。

这便是市场的逻辑。买家和卖家必须对价格达成一致意见，当处于特定价位的所有可购买股票都被卖出后，价格将按照最恐惧的交易者指定的方向运动。对于YDN来说，恐惧位于买家一侧。毕竟，如果你拥有YDN股票，当你知道有6位买家在等着购买时，你会在1.63美元卖出吗？而且与昨天的收盘价相比，价格已经上涨了4美分。通常我们不必卖出，在卖压之上冲浪是非常具有获利性的。

当然，这种逻辑反过来也是适用的。如图15.8所示GDC的报价屏所示。此时，5位卖家在追逐一位买家，价格在开盘时向下跳空5美分。潜在买家满怀信心，肯定有一位卖家会认输，降低售价卖出他的股票。这种卖出决定是由恐惧驱动的。许多卖家担心购买力量会枯竭，而且如果购买力量枯竭的话，他们将被迫继续持有股票。在这种情况下，有人首先被吓倒，然后降低叫价去满足出价。

对于买家来说，当卖家变得绝望时，耐心看起来有了回报。2美分的差价，以及买卖双方订单数量的不平衡，都支持这种结论。

不幸的是，一级报价的市场情绪平衡在这一时间点上的快照，可能只是一种误导。与上笔交易价格最接近的这种价格战斗，可能无法代表整个价格战役。对于头寸交易者，这种战斗是有趣的，但我们真正寻找的是较宽广的战役前景。

比较有用的不是最接近上笔交易价格的价位处买家和卖家的数量，而是低于和高于上笔交易价格的价位处的卖家和卖家的数量。这是二级报价的信息。当与全面而详细的成交量信息一起使用时，我们便拥有了一座满是市场优势的金矿。利用这些信息，我们不仅可以对当天潜在的交易过程做出更好的判断，而且可以用来确认我们的图表分析。

挖掘市场

在经过财务计算，并且清楚地知道我们将在什么价位买进或卖出之后，我们便要与市场进行战斗了。GDC的报价信息非常有用，但低于和高于当前出价和叫价的价格是什么呢？这些订单是一种临时现象，还是更广泛的交易战役的一种指示呢？为了找出答案，我们需要二级报价的市场深度信息。这种信息最显著的优势是，当下一位买家的出价为0.23美元或更低时，这可以阻止我们买进。市场的深度允许我们对交易进行微调——有时使我们变得更精明。

二级报价的市场深度信息见图15.9，其中还列出了一位互联网数据供应商的汇总订单量。这些报价信息处于图15.7和图15.8所示市场信息的背后。纳斯达克、马来西亚或新加坡的报价信息在显示时将以手为单位。这种类型的数据可以从许多ECN、经纪服务公司和一些基于网络的服务商处获得。每位经纪人的报价屏上都有相同的信息，你的经纪人应该能够把它读给你，或者在你要求时发一份传真给你。

通过这些信息制定的交易策略，同样也适用于四级报价的信息。我们根据四级报价的信息对这个例子进行更详细的讨论，注意其中大部分内容也适用于二级报价的信息。在接下来的所有讨论中，假设我们能够获得在报价屏上显示的内容。在报价驱动市场中，特别是在美国，这种假设是有缺陷的，有些信息仍是无法获取的。我们认为，随着互联网交易的有效利用，这种情形会发生改变，执行和结算要求标出的报价被兑现。

接下来，我们介绍一下电子交易领域，它即将成为主流交易形式。交易所认识到，电子股票加速了结算过程，于是原有的手数限制便没有了。下面的例子按常规显示了101股零碎股的出价。交易者利用这种方式辨别自己的订单。所有价格都以小数显示，再次反映了对所有交易所处理能力的压力。

YDN最后一笔交易成交于1.62			
股票数量	**买方出价**	**卖方叫价**	**股票数量**
317091	1.62	1.63	3097
100000	1.61	1.64	46900
200000	1.60	1.65	25000
200000	1.59	1.67	62000
107900	1.58	1.68	30500
126111	1.56	1.71	170686
6000	1.55	1.72	3100
4000	1.54	1.73	2500
2000	1.52	1.75	3500
26000	1.51		

图15.9　二级报价的市场深度，买压典型示例

未来就在这里。四级报价的市场结构信息直接选自我用来交易澳大利亚股票的交易屏幕。

挖掘深层市场

整个四级报价的市场信息显示在图15.10和图15.11中。市场深度的信息给出了每个价位处的每个出价和叫价的细节。它同时也按顺序列出了每一价位处订单的编号、规模和位置。最接近“买方出价”一列的买单，是在每一价位处的第一批订单，并且将严格按照这一顺序执行。订单将保持在原位，直到被实现或撤回。相应的，最接近“卖方叫价”列的卖单将首先被执行。

YDN最后一笔交易成交于1.62							
股票数量			买方出价	卖方叫价	股票数量		
6300	3050	250000	1.62	1.63	3097		
*0	30000	27741		1.64	16900	30000	
		100000	1.61	1.65	25000		
	100000	100000	1.60	1.67	12000	50000	
		200000	1.59	1.68	2200	25000	3300
100000	1900	5000	1.58	1.71	2537	8520	10000
		1000			5000	2000	5000
23111	100000	3000	1.56		19000	10000	2000
	*0	6000	1.55		13500	5000	25000
		4000	1.54		4000	10329	7300
		2000	1.52		5000	3500	4500
4000	20000	2000	1.51		10000	4500	3300
					4000	6000	700
				1.72	25000	6000	
				1.73	25000		
				1.75	5000	10000	20000

图15.10　四级报价的市场深度，买压典型示例

这些新的信息只代表价格运动的潜能，因为并非所有这些订单都会在当日实现。随着价格向一个方向或另一方向运动，价格缺

GDC最后一笔交易成交于0.27							
股票数量			买方出价	卖方叫价	股票数量		
		30000	0.25	0.27	15000	16000	10000
		15000	0.23		19143	4000	
		48626	0.20	0.28	4000	19885	144
15000	19885	10000	0.17		3000	6970	1620
	10000	30000		0.29	10000	4000	1080

图15.11　四级报价的市场深度，卖压典型示例

口将被新的订单填补。比如，有的交易者可能选择放置一张新的买单，希望在1.57美元买进YDN。随着人们不断加入到这股热潮中，一个交易日内在某一价位的订单数量可能暴涨。当交易者们取消他们的市价订单，把它们放置在新的价位，或者完全离开市场，某一价位处的订单数量也可能减少。

当然，最重要的是，你在此时所看到的信息不同于1小时后所看到的，或者不同于两天后所看到的。但是所有这些都说明，这些数字为交易活动提供了一种相当有用的向导，它们以一些非常有趣的方式支持图表分析，这便是下面即将讨论的内容。作为头寸交易者，这是我们关注的焦点。即日交易者利用这些信息辨识发展的势头，但此处我们不研究即日策略。

一些交易所在收盘后会清除所有未结算的订单。其他一些交易所则允许有效直至取消的订单保留在原来的位置。这种情况便给市场赋予了一些特殊性质。特定价位的订单被及早安排，在较长的时间内保持在原位。除非收到其他指令，否则许多经纪人便让订单在自动过期前在原位保持3天。这些半永久性订单提供了一个市场结构的轮廓，并且可以帮助我们辨识概率的凸起。

上涨

在挖掘这些市场深度的信息时，第一块黄金矿石是买家和卖家的数量。第二块黄金矿石是订单的规模。对于YDN，知道有六位买家和一位卖家是不错的，但是如果决定入场YDN的话，附加的订单规模信息可以帮助我们对入场进行微调。

六位买家至少希望买入317091股。标*0的订单，其股票数量未被披露。而那位卖家只有3097股出售。除非在当前价格有更多卖家进入市场，否则卖家的需求在此价位不会被满足。大多数买家将买不到股票。这就表明，随着买家相互抬高价格追逐稀缺的股票，股价便不断上涨。

随着挖掘不断深入，在四级报价的市场深度，通过显示每一价位的买家和卖家，将带给我们更多的优势。有意买入YDN的交易者从图15.10中得到七个结论。前五个也同样适用于只观看二级报价屏的交易者。

- 在低于1.62美元，直至1.51美元的每一价位，始终存在大型订单。
- 这些买家中的一些肯定会变得恐慌，朝着最后一笔交易的成交价向上抬高他们的出价。这将使买单向更高的价位集中。
- 只有两个价格间隙——1.57美元和1.53美元——没有买单。放在任一缺口处的订单将被排在第一位，如果价格跌至这一价位的话，它将首先被兑现。
- 要想到达订单队列的前面，我们需要满足位于1.63美元的叫价。
- 如果我们希望买入的股票数量超过3097股，那么我们可能不得不出价到1.64美元或更高，以便使我们的整个订单被兑现。
- 在1.61美元或1.59美元放置一张新的订单，将使我们排在队列的第二位。只有价格跌至此价位，该订单才会起作用。
- 在1.71美元的卖出行为来自许多小型订单。表明此处为许多小型交易者，而不是机构交易者。买方的较大订单规模表明买家是大型交易者和有经验的市场参与者。这一结论是基于订单规模一般等于交易经验的假设。正如埃尔德在《以交易为生》中所写："'大钱'之所以变大，绝对有其理由。"（译者注：参考台译本的译法）

让我们更仔细地看一下，这些工作是如何带给交易者一种优势的。假设在1.62美元处排队的首位买家渴望买入25万股，不管是因为什么原因。原因可能是25万股恰好使他圆满完成现有投资计划，或者恰好等于他准备投资于市场的资金总额。如果那样的话，他的订单规模——25万股，随着价格上涨将会减小。

面对当前的市场行情，为了兑现他的订单，他必须至少出价1.64美元。一种更可能出现的结果是，他将买光1.63美元和1.68美元之间的现有卖单，包括在1.71美元处的部分订单，以确保他得到自己想要的股票数量。他的另一种选择是等待更多卖家在1.63美元进入市场，而当价格正在上涨时，这种情况不大可能发生。

这位买家将怎样做呢？在市场当中，还有许多买家与他一起不情愿地抬高出价，否则就有错失整个机会的风险。在这个交易日中，他很有可能抬高出价。当我们把今天的市场深度信息与昨天的进行比较时，常常会看到相同的订单在几天的时间里不断向上移动。

卖家和潜在的卖家看到这种行为，便利用它对自己的交易策略进行微调。

追逐这支股票的交易者和准备放置一张新买单的交易者，将满足1.63美元的叫价。他们知道三件事情：

- 在1.62美元的大型买单为价格提供了一个底线，使得他的购买更安全。
- 通过满足叫价，他直接到达订单列表的顶端，并且在该股票中得到一个头寸。
- 价格已经上涨了4美分，如果大型订单没有被兑现，那么它们将推动价格进一步升高。

利用这些信息，可以检验概率平衡在当日是否向对交易者有利的方向移动。如果其他每一个分析工具都在1.61美元喊出买进信号，那么这些市场深度的信息告诉我们，在这一价格不大可能买到股票。如果我们的财务分析允许我们追逐价格至1.65美元，那么我们便可通过满足叫价来将当日概率平衡向对我们有利的方向移动。

准备卖出现有YDN股票的交易者们，有机会获得一个更好的出场。随着价格上涨，许多卖家逐渐撤回订单，抬高他们的叫价，高于当前成交价数点。在受到大量买家追逐时，他们可以“卖弄一下风情”。订单流在1.71美元处阻滞了价格的进一步上涨，但是在1.66美元、1.69美元或1.70美元处的任意卖单都位于订单队列之首。这些点代表着更好的卖出机会——但是它们必须同时能够锁定根据前面的财务计算得出的利润。

如果这些计算表明1.71美元是最佳卖出点，那么现在放置订单便太迟了。在这一价位，有超过17.3万股待售，即便是充满激情的市场，在吞下这么大的股票数量时，也有一定的困难。较好的出场是在1.70美元，位于卖压的前列。这是在价格上涨时卖出，可以保证订单被执行。

下跌

从图15.11中可以得出基本相同的交易结论，不过方向是相反的。64143股的卖单告诉买家，他们可以在任意时间得到他们所需数量的股票，只要在出价时高出1美分或2美分便可以了。没有压力促使买家抬高出价。价格自昨日收盘起已经下跌了5美分，待售的股票数量基本未变——64143股，昨天是7万股。

只要耐心等待，卖家便会降低他们的售价。有如此多的股票待售，供给明显超过需求。买家不必跳到订单队列的前面，因为股票供给非常充足，所以没有人急着买入。

在图15.11中，卖家看起来相当悲观。除非它非常接近位于0.27美元处订单队列的前沿，否则离场的概率非常低。截止0.29美元，至少有15位交易者在他的后面，可以确信至少有一位会决定性地止损，主动去满足0.25美元的出价。整个卖单结构很可能向0.25美元逐级下落。

在卖压如此沉重的情况下，很难叫出0.26美元的价格并在此价格兑现，即便这一新的订单会排在新一行卖单队列的前面。当价格正在下跌时，很难通过降低叫价至当前出价和叫价的中点，引诱买家提高出价。在这样的市场深度下，最好不要吹毛求疵。在你的止损点，或略高于止损点处满足出价，尽快离场。

买家则从另一个角度观察图15.11。对于放置了一张新订单的交易者来说，危险在于，0.25美元处的买家在看到市场深度的信息之后，将把他的订单抽出，然后在0.23美元和0.17美元之间的某个价位插入。当市场下跌时，买家在卖压面前向后退却，认识到他们不必支付原来估计的那样高的价格。一张原来位于列首的买单，可能被很轻易地放置在0.18美元处，并被紧紧监控。

只有当更多买家在更高的价位涌入市场，或者买家拒绝降低叫价时，买方出价才会上升。这是一场伺机而动的游戏，买方占据有利地位。利用市场深度的信息，交易者能够看到如何才能最好地执行当日的交易决定。

隐藏的符号

交易机构并不总是对透明度感觉舒适。他们喜欢秘密操作，在报价驱动市场中，通过与券商合作，他们完成这种秘密操作。在订单驱动市场中，他们通过免于披露他们的订单规模来做到秘密操作。在这些市场中，最令人注目的符号是四级报价的市场深度报价屏上显示的“*0”——意思是未披露。

对于买家或卖家来说，要求将订单规模显示为*0的原因有许多，但最常见的是他不希望披露头寸的规模。这类订单通常是非常大型的——这些订单是如此的大，以至于会对当前市场的运行造成显著影响。作为一位买家，如果在我的订单下面有一张*0订单，那么我是非常舒服的，因为如果已经经过图表分析验证的话，它通常是防止价格下跌的缓冲器。

如果我是一位卖家，那么有一张*0订单低于我的首选出场点，那么我就感觉不大舒服了。这样一张订单表明，市场即将痛苦地吞食在较低价位出售的所有股票，之后才会到达我的卖出目标。这种*0订单不会使我的卖单失效，但是它们的确告诉我耐心还是一种优秀的品质。

规模未披露的订单未必是大型订单。交易者使用*0订单的原因有许多，包括匿名要求，比如他们雇佣一位以上的经纪人。在没有任何证据证明的情况下，假定*0订单是大型订单是不明智的。有力的证据包括，接近在先前在图表上标注的支撑位或压力位。这将在下文进行讨论。

挖掘深层市场带给我们的优势，是单纯出价和叫价信息无法提供的。对于这些数据的访问，无论是快照式数据，还是实时数据，其价值都超过为网络访问所支付的费用。

太少，太迟

对于每一层次的分析，虽然在指定价位入场可能是我们非常希望得到的结果，但是必须通过分析那一价位上的卖家和买家数量，根据每日实时行情进行评估。一笔理想的“目标交易”见图15.12，入场点在具有良好支撑的21.50美元处。计划出场点在26.00美元，预期盈利18%。

通常情况下，当价格下跌至支撑价位时，只有少数股票换手。我们可能想要1030股，但是在价格反转攀升前只买到100股。

此时，我们面临一个进退两难的局面，如图15.12右侧表头为“实际交易”的一列。如果只有100股，那么这笔交易便不值得做。一方面，这是一个令人满意的结果，因为价格跌至预先选择的价位，我们的分析已经得到证明。另一方面，我们不能从这笔交易中获利，因为我们持有太少的股票，所以这笔交易不可行。

佣金		
平均佣金率（%）	1.200	
总交易资金	100000.00	
股票明细		
股票名称	目标交易	实际交易
股票数量	1030	100
买入价格	21.50	21.50
净成本	22145.00	2150.00
平均佣金	265.74	29.95
总成本	22410.74	2179.95
风险参数		
资金风险@2%	2,000.00	2000.00
这笔交易风险	1800.00	1800.00
基于总成本的止损出场价格	19.75	3.50
基于总花费的止损出场价格	20.01	3.80
损益平衡价格	22.02	22.06
收益参数		
卖出价格（含佣金）	26.000	26.05
毛收益	26780.00	2605.00
平均佣金	321.36	29.95
净收益	26458.64	2575.05
净利润（美元）	4048.00	395
总成本/净收益（%）	18.06	18.12
对总交易资金的影响（%）	4.05	0.4

图15.12

只有100股的情况下，这笔交易的财务状态便被破坏了。对于这样小的一笔交易，得到最小佣金的帮助，损益平衡点只从22.02美元到22.06美元消耗了几美分。我们仍然可以获得18%的盈利，我们寻找位于26.05美元处的交易，只比原来计划的出场点略高几美分。

真正的问题通过金额数字暴露出来。18%的盈利把395美元放进了我们的口袋，只使我们的交易资金增加了0.4%。这与原来4048美元的目标相距甚远。

我们的选择是坚持这笔交易，或许在数月后的损益平衡点抛出那100股。或者我们追逐价格，移动目标价位，把头寸建立至一个值得做的规模。在较高价位买进的每一手股票都会提高损益平衡价位。如果我们仍然希望获得当初计划的18%的盈利，那么我们首选的出场价格应向上移动，超过最初根据较好的概率平衡设定的目标价格。当这种情况发生时，随着我们在不利行情中越陷越深，成功率逐渐消失了。

在这些时候，应该尽快退出头寸认赔，将资金重新分配给更好的交易机会。

有两种方法可以避免陷入这种两难的境地。第一种方法已经在前面讨论过，就是把订单放置在订单流的前面，从而确保我们的订单被兑现。实际上，这就是把我们的买单放在稍高于当前支撑位处，把我们的卖单放在稍低于当前压力位处。

第二种方法是利用平均订单规模来保证我们的订单被兑现。

打压市场

更好地利用市场深度的信息，可以帮助交易者避开这种令人为难的境遇——他既是正确的，又没有赚到钱。当我们离开交易报价屏去捕捉最新的公司报告时，我们甚至可以更好地利用市场深度的信息。

我们寻找股东的数量。小公司可能只有2398位。接近大型公司的中型公司，可能有10984位股东，而对于比较著名的公司，可能有700499位股东。再加上前20位股东所控股票的数量，我们便得到一份三维的市场图像。对于小型公司，前20位股东可能控制着82%的股票，对于中型公司，可能为40%，而对于大型公司，则可能只有9%。前20位股东常常是基金和投资机构，他们所持股票通常为投资型的。大部分时间里，这些股票都不会出售。我们交易的是剩余股票，剩余股票数量决定了适当的订单规模，我们可以根据这些信息评估报价信息。活动股票的规模，决定于那些愿意交易的股东。

利用订单规模的信息，我们可以估计订单被兑现的概率。我们的计划订单规模，是基于一个平均订单规模，该平均订单规模位于可用于交易的股票限制之内。如果我们的订单太大，那么市场将无法消化它。那么我们不是在与市场合作，而是成为市场中的风险，我们的大型订单会创造新的支撑位或压力位。

我们通过充分利用位于或靠近我们的首选入场价格处的平均订单规模，来避免这种情况的发生。这一平均订单规模，应该与我们计划在这笔交易中所投资金相匹配。如果我们不能获得一个计划规模的头寸，那么虽然图表和财务分析表明这笔交易值得做，但是它可能在实际市场中是无法被执行的。

如果在过去的5周或6周时间内，平均订单规模是10万股，那么该数字便设定了我们的最大订单规模。在这些参数范围内，候选交易在财务上必须是成功的。也就是说，如果在订单规模等于或小于10万股的情况下，这笔交易不能满足我们的财务标准，那么这笔交易必须被放弃。在交易计算表中，该数字被插入“股票数量”单元格，并且要对金融目标进行相应的调整。

在决定订单规模时，我们使用市场深度的信息，确定在支撑价位或我们的入场价位的买家数量，以及他们希望买入的股票数量。如果我们位于订单队列的最后，并且每天的平均成交量是1000股，那么只要有一位买家希望买入6万股，那么就会使我们失去在相同价格获得1000股的机会。当我们前面有许多小型订单时，也会发生相同的情况。

大于平均订单规模的订单也会被兑现，只是要多花些时间。股票会试探和重新试探支撑价位。这一过程定义了这些价位。虽然在这些价位的单笔成交量可能比较小，但是随着时间的发展，足以一口一口地吃掉较大的买单或卖单。我曾经做过几笔这样的交易，我的大订单一次被兑现100—200股，日复一日。这是一种困难的交易，但是如果卖出是持续的，那么交易者可能对于在几天或几周时间内消化掉自己的订单感觉比较舒服。

通过使我们的订单规模与平均订单规模相一致，我们增加了订单兑现的机会。当订单的兑现出现问题时，交易者必须在评估交易的潜能时，把它纳入风险评估的考虑范围之内。

确认图表分析

二级报价的市场深度信息，提供了宝贵的战术性信息，但同样重要的是，它提供了一种确认图表分析的方法。我们的止损策略的核心，是止损价位应该与图表的逻辑支撑价位一致。这不是理论上的练习。应该使用实际买卖订单行为进行确认。

确认过程有三步，第一步是基本的图表分析。

澳大利亚黄金矿业公司诺曼底矿业公司（NDY）便是这个例子

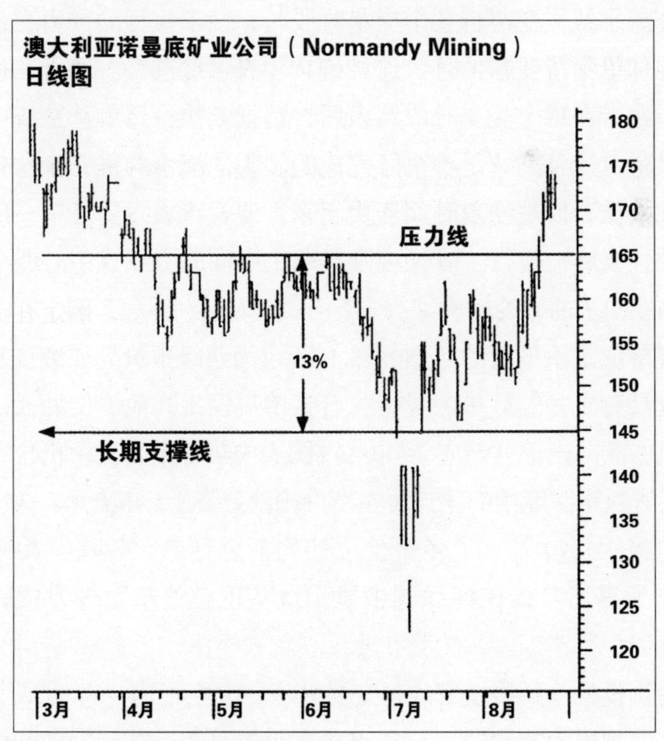

图15.13　基本的支撑线和压力线

的基础。对于盘子较小的股票，这种特点更明显。对于盘子较大的股票，流动性和订单流量使这种确定性变得模糊，但是在所有情况下，下面列出的关系的确存在。这些关系对我们的图表分析给出了特别的确认，而且对市场图表方法给出了一般性的确认。

第一步是基于图表的。在图15.13中，有经验的交易者会很快注意到NDY日线走势图中两个显著的特性。很明显，位于1.45美元的支撑脆弱无力，但它也是前几年中的长期支撑位。相当坚实的压力线位于1.64—1.65美元所指的位置。

虽然它只指示出交易带间13%的盈利，但是，毫无疑问，这是一种完善的分析。作为交易者，我们可能希望在更深的深度探索NDY的行为，使用的工具已经在前几部分讨论过。但是，在设定潜在利润目标和止损点时，我们总是以各种形式返回到支撑位和压力位。

确认该图表分析的第二步是观察二级报价的市场深度信息。这又带来一些模棱两可的问题，我们将在后面进行讨论。只有当交易所的交易系统，在跨越多个交易时段时，使未执行的或者有效直至取消的订单保持在原位时，这种确认才有可能进行。对于在每天收盘后，或者在每个交易时段结束后，都把未执行订单从系统中清除的交易所，这种确认是不可能完成的。为了演示的目的，我们使用快照式数据，但是随着时间连贯起来，便意味着主要订单一般保持在原位，直到被执行。就像夜晚马路上中间的虚线式中心线一样，它们描绘出了曲线的轮廓。

订单流是不平滑的，如图15.14所示为四级报价的详细信息。有些价位具有更多的订单数量，或者订单规模比其他价位处大。这些订单流中的凸出部分趋向于同NDY图表中辨识出的支撑价位一致。市场买进数字深度中的第一个主要凸出部分位于1.45美元。

二级报价屏显示了多个价位处的汇总订单，传递了相同的信息。作为第三步，在柱线图中显示这些汇总信息比较方便，如图15.15所示。

使用任意一种显示方式，交易者从1.61美元至1.46美元，计算出平均订单规模为23225股。在1.45美元处的订单，共计245700股。这一大块的买单，如果留在原地不动，将为NDY的价格反弹提供有力的支撑。

NDY最后一笔交易成交于1.62							
股票数量			买方出价	卖方叫价	股票数量		
	40000	10000	1.61	1.62	5000	3800	
	87018	40000	160	1.63	2064	70000	10000
		200000	1.59		9000	30000	17000
100000	1900	5000	1.58	1.64	5899	30000	10000
23111	100000	3000	1.56		15000	12000	50000
		4000	1.54		34000	15000	4500
		2000	1.52	1.65	10000	2537	8250
	4000	2000	1.51		5000	5000	2000
30000	2000	3500	1.48		2000	19000	10000
6000	10000	14000	1.46		25000	13500	5000
2000	10000	3000	1.45		7300	4000	10329
50600	3500	14000			45000	5000	3500
2500	10000	5000			3300	10000	4500
25600	30000	3500			700	4000	6000
5000	50000	30000			7000	50000	3800
		1000			8000	42000	
				1.66	25000	4000	

图15.14　核实市场深度和图表分析，四级报价的市场深度信息

这是图15.13柱线图中辨识出的支撑价位，图中大量订单所处的位置与我们预期的一样。这验证了我们对图表的理解，以及图表中支撑线的位置。

在这个精选的完美示例中，这并不是一种巧合。这是市场中不断重复出现的一种关系，它一向为交易者提供重要的确认证据。

对于已经在NDY中建立头寸，并且根据1.45美元的支撑位设定止损的交易者，这些市场深度信息确认了他的风险控制策略。如果价格真的下跌至这一价位，买家数量将给该交易者一个在他的首选止损位出场的较好机会。对于该交易者来说，这种止损出场是比较安全的。

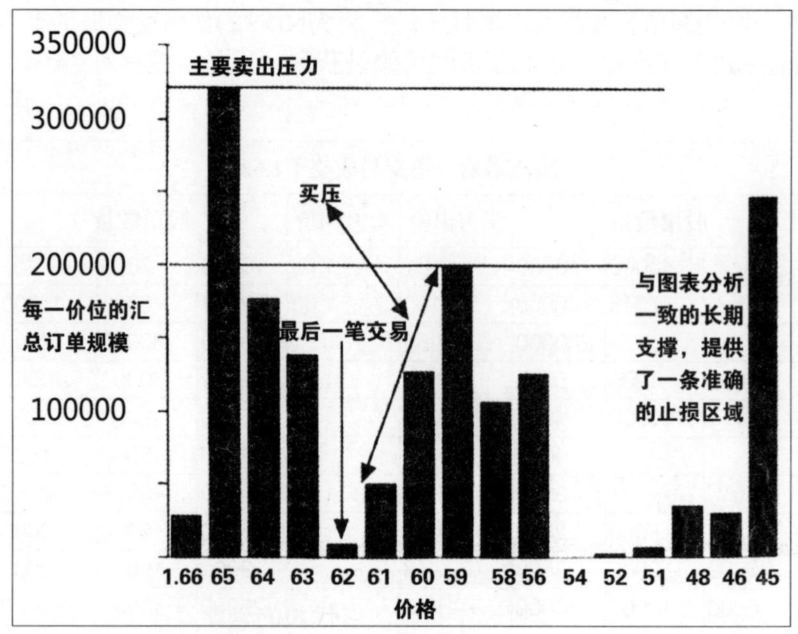

图15.15　通过订单规模中的凸起确认图表分析

上侧不稳定性

天哪！由市场深度报价屏获得的信息母矿，减少了上侧获利性。相同的技术可以用来确定和确认压力位，但却不怎么有效。对于NDY，我们预期的实质性压力位在1.64—1.65 美元附近，并且预计此处将出现增加的订单流。这在图15.14中得到确认，在1.65美元处有29位卖家。精明的交易者开始簇拥在1.64美元处，稍低于主要压力位。

表面上，我们的分析得到了确认。然而，当交易者变为卖家，而非买家时，他们看待价值的方法发生了改变。在《冒险前行》一书中，伯恩斯坦讨论了一个所有权捐赠效应（译者注：参考《试验心理学》，郭秀燕著，人民教育出版社出版）的例子。学生们被发给一个咖啡杯。之后，要求他们设定愿意卖出该咖啡杯的最低价格。向另一组学生展示相同的咖啡杯，并要求他们提出愿意支付的最高价格。平均来说，咖啡杯的拥有者希望的卖价是5.25美元，而潜在买家希望支付的价格却不超过2.25美元。

相同的捐赠效应发生在市场中，使得利用市场深度信息所作的压力位计算不那么确定。我们今天在1.45美元买进的股票，我们不会在1.45美元卖出。我们买进的目的是获利，于是从拥有股票的那一刻开始，我们便期望未来的卖出价格会比买进价格高。这是合情合理的，但是当价格上涨时，我们变得不太理智，抱着股票期望价格涨得更高。追逐想象中的利润，成了这种行为的原始动力。

对于我们这些交易者来说，捐赠效应就意味着市场深度信息中的压力位不如支撑位可靠。贪婪使得价格柱线不断向上运动，恐惧则使它们向下运动。价格运动在市场中确立了比较明显的平衡点，它们通常是持续不变的，但是在叫价和成交价之间会存在较大的滑移价差。

警惕静止的报价屏

市场中充满了令人厌烦的模棱两可的东西，所有的市场深度信息也不例外。心中要时刻记住一点，它代表的是特定时间点上的一张市场情绪的快照。市场不断变化，而且有时变化得非常迅速。订单可能被撤回，或者在更高或更低的价格重新进入市场。这是一个多变的市场，在牛市中上蹿，在熊市中下跳。即日交易者，利用实时的市场深度信息来开始他们的交易过程。

头寸交易者在市场中不太活跃，他们在收盘以后，以及所有即日数据都被收集以后，才制定它们的初始交易决策。头寸交易者转向市场深度信息以确认图表分析，或者对入场或出场进行微调。我们在这些报价过程结束时使用这些信息。

在市场每日、每时和每分的泡沫中，具有稳定性的确定点浮现出来。它们常常与图表分析确立的关键点相一致。此时市场深度信息的作用等同于额外的确认信息。当它不支持图表分析时，就需要对图表重新进行分析。在交易世界中，市场说了算。

当把市场深度用作确认指标时，它为交易决定提供了一条宝贵的附加信息。

能够迅速访问整个市场深度的信息是一个明显的优势。就像学会阅读柱线图是一项最宝贵的技能一样，学习挖掘市场深度的信息会得到市场的奖励。市场深度可以使我们快速浏览市场的未来倾向，于是我们有机会使我们的金融目标与市场现实相匹配。

第16章

交易计划

在之前的章节中，我们阐述了辨识、选择和管理交易机会所需的步骤。每一步都引导交易者到达一个新的水平。每一步都提供多种选择。图16.1列出了这些选择当中的一部分。如何通过每一步完全是一种个人选择。没有两个交易者会选择相同的道路，或者做出相同的选择，甚至是面对相同的图表和指标。很容易看出交易新手和交易专家之间的区别。交易新手首先关心的是利润。交易专家首先关心的是风险。

交易需要技巧，就像可以根据绘画技巧和风格把毕加索和伦勃朗（译者注：1606—1669，荷兰画家）的画区分开一样，你的交易技巧和交易风格也使你与众不同。不可能提供单一的交易“处方”，适用于所有的交易。我们承受风险的能力不同，我们对于收益的认识各有千秋，而且在恐惧刺激下我们的反映也各不相同。

在了解了这些情况之后，我们来看一小组交易工具的一个应用。这笔交易的目标股票是美国的固特异轮胎橡胶公司。我们使用前面章节中讨论的步骤。这份交易计划分为三个阶段：

- 定义交易机会。
- 准备开始，准备结束。
- 管理交易，包括出场。

定义交易机会

为了清楚地说明这笔交易的过程，我们在每张图表中都显示整个时间段的价格走势。在接下来的所有图表中，当讨论入场条件时，我们所分析的部分截止到由图中竖线定义的部分。我们的分析是基于这个时间点之前的图表。我们的出场分析则是基于截止到图表记录的最后一个交易日的所有显示的信息。

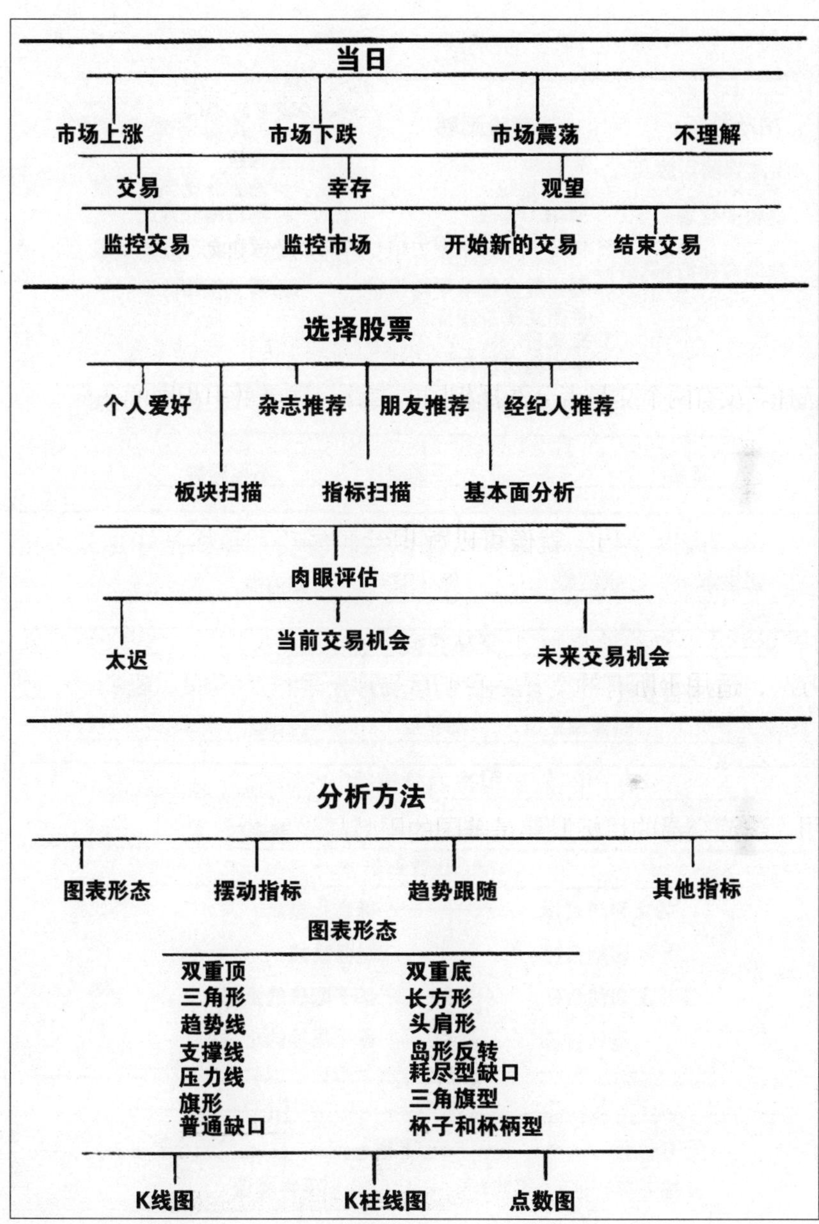

图16.1 制定交易计划的层次和步骤

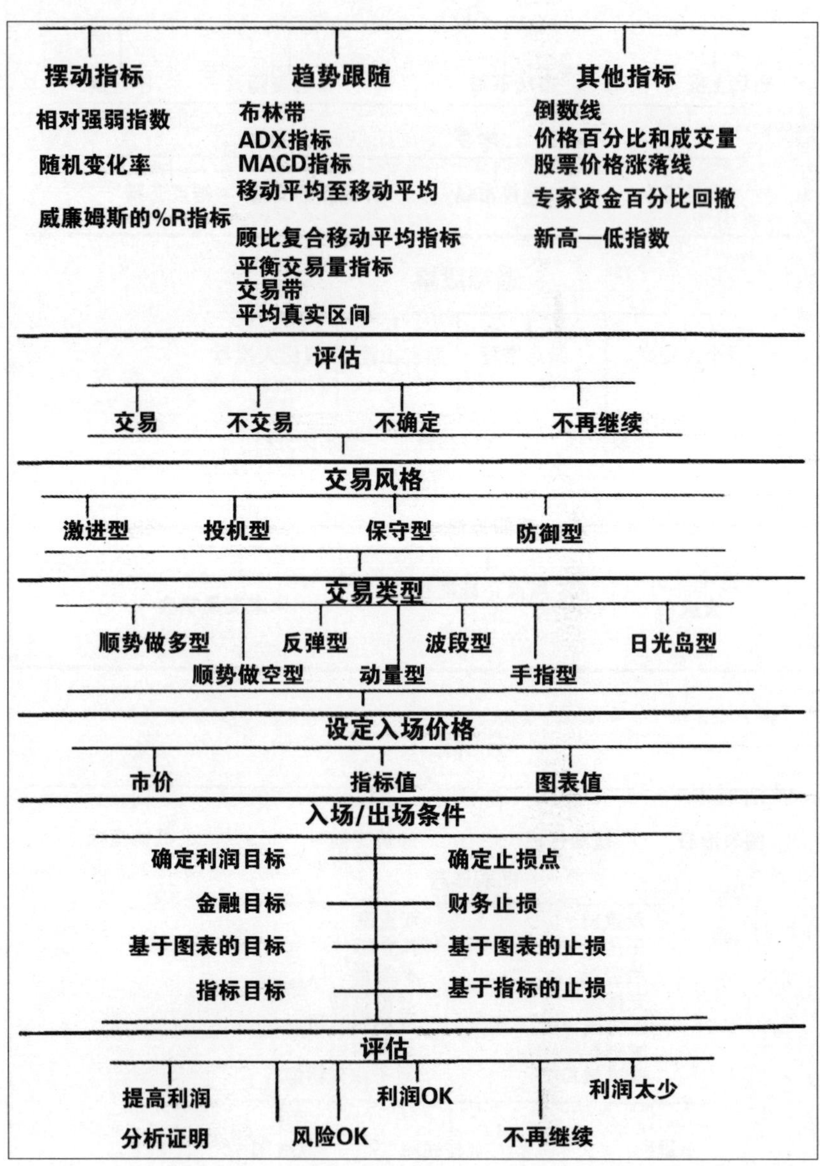

图16.1（续） 制定交易计划的层次和步骤

固特异是一只处于下跌趋势中的股票。我们随着图16.2中的价格向下运动，寻找最好的入场点，以充分利用下跌趋势中的价格变化。如果我们能够捕捉到一个突破，那么我们就能在趋势的背上骑行较长时间。虽然固特异曾经在过去提供过良好的趋势交易机会，但它已经被锁定在较宽的横盘整固形态之中。这提供了在46美元和58美元之间的交易机会，产生26%的盈利。

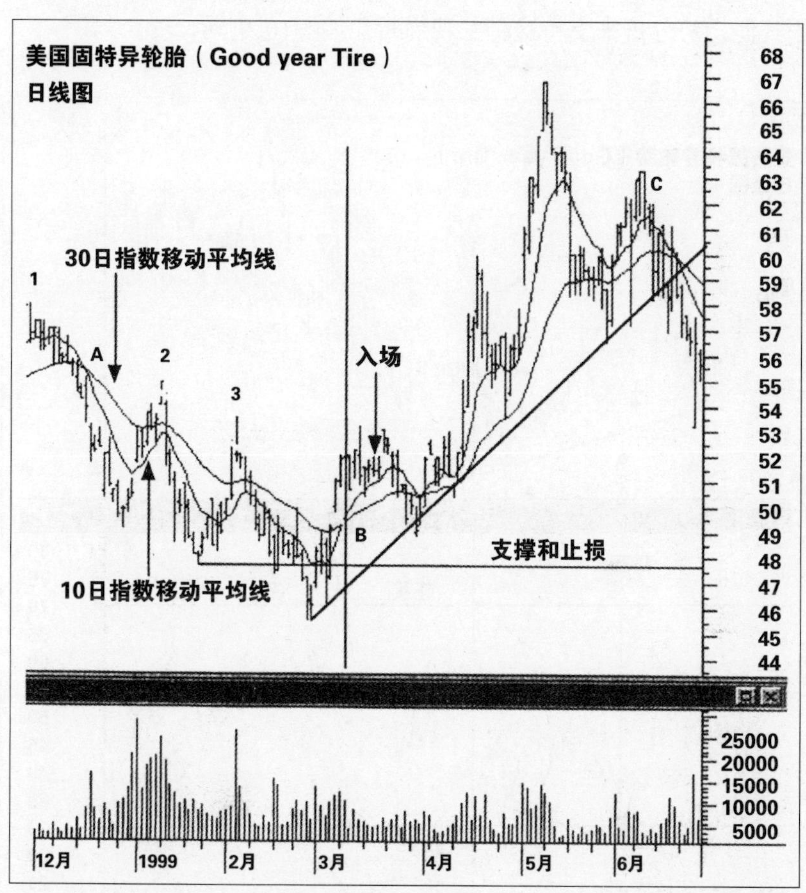

图16.2 制订交易计划，趋势线和移动平均线

我们最初的策略是把58美元设定为潜在的出场目标。我们的首要任务是利用图表和技术分析工具辨识突破。图中的向上跳空开盘已经引起了我们的注意。

准备开始

下跌趋势是由两种方式定义的。第一种是直边趋势线。它在绘制时要与最大数量的价格极点相接触。它忽略了点2和点3处的价格尖峰。沿着这些点设置的一条趋势线将只与三个点接触。图中所示的趋势线与最大数量的价格极点相接触，这些点与定义的趋势相一致。绘制趋势线肯定要加入主观判断，所以在可能的情况下，我们用其他趋势分析来支持这种主观判断，如图16.2所示。

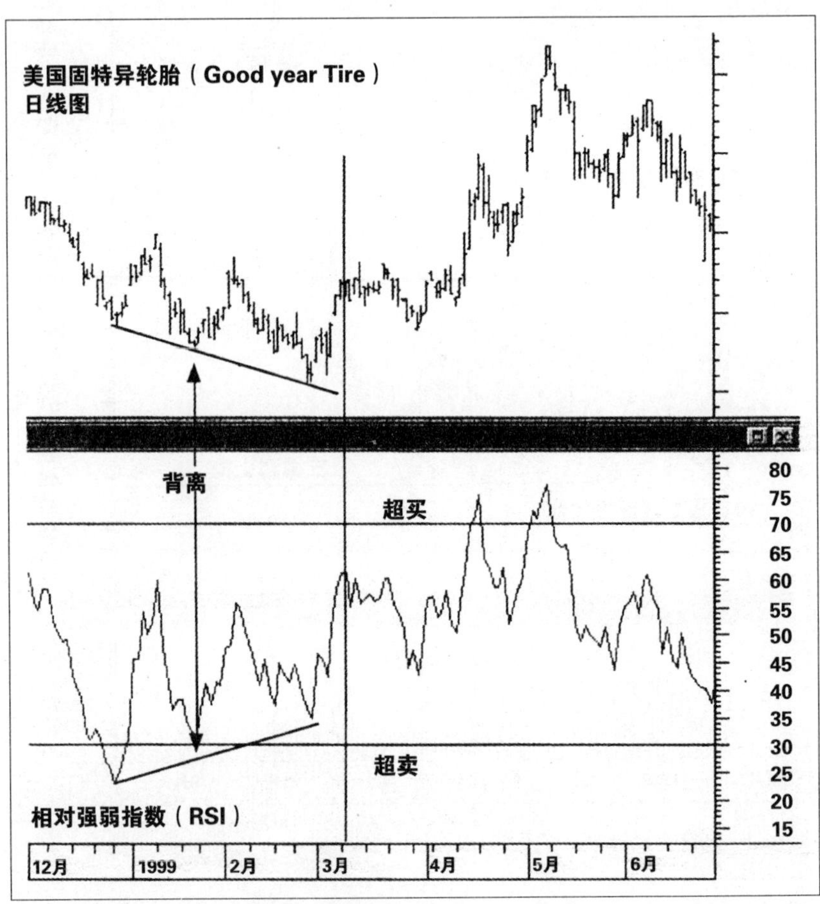

图16.3 建立交易计划，相对强弱指数（RSI）

为此，我们首先来分析10日和30日指数移动平均线。这两条均线的交叉帮助确定了点A处下跌趋势的开始。形成于点B处的交叉发出了另一次趋势方向变化的信号。这确认了突破信号，提醒我们进入潜在交易。

我们为此次趋势方向的变化力道，寻找进一步测试。自12月份开始，图16.3中的相对强弱指数（RSI）显示出强有力的背离信号。当固特异在12月创造一个新的价格低点时，它与一个新的RSI低点相对应。而固特异在1月份和2月份的价格低点却不与新的RSI低点相对应。这一背离形态表明，当前突破信号极有可能引发一轮新的趋势变化，而不仅仅是反弹。我们开始设定一笔延长的交易，初始目标设定在巩固带的顶部。

图16.4所示的MACD柱状图，进一步验证了趋势的变化。MACD持续向0位参考线走高。如果单独使用这种类型的MACD信

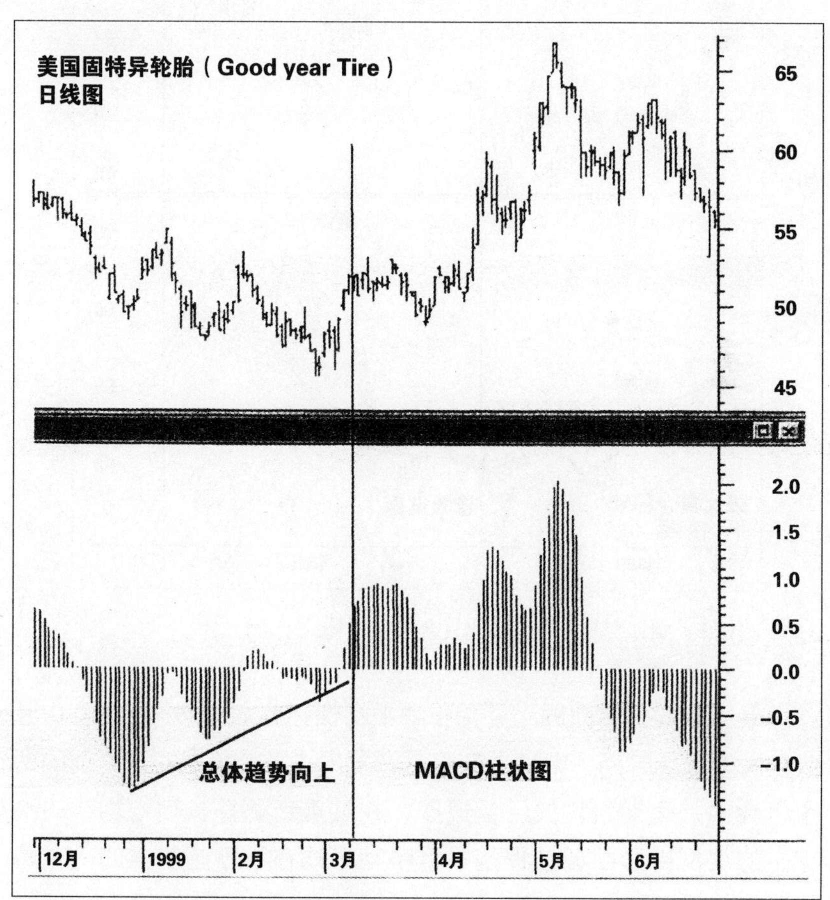

图16.4 制订交易计划，MACD柱状图

号，交易者大多持谨慎的态度，但是当把它用作之前分析的确认信号时，我们还是比较有信心的。为每种交易工具分配的确切权重取决于许多变量。

在有些交易中，MACD读数非常关键，所以在此我们把它作为这笔交易的发起信号。在这个固特异的交易示例中，主要的发起信号是10日和30日移动平均线的交叉。MACD被进一步置于工具列表的下端。哪个信号最重要，取决于你定义交易机会的方式和你首选的交易风格。

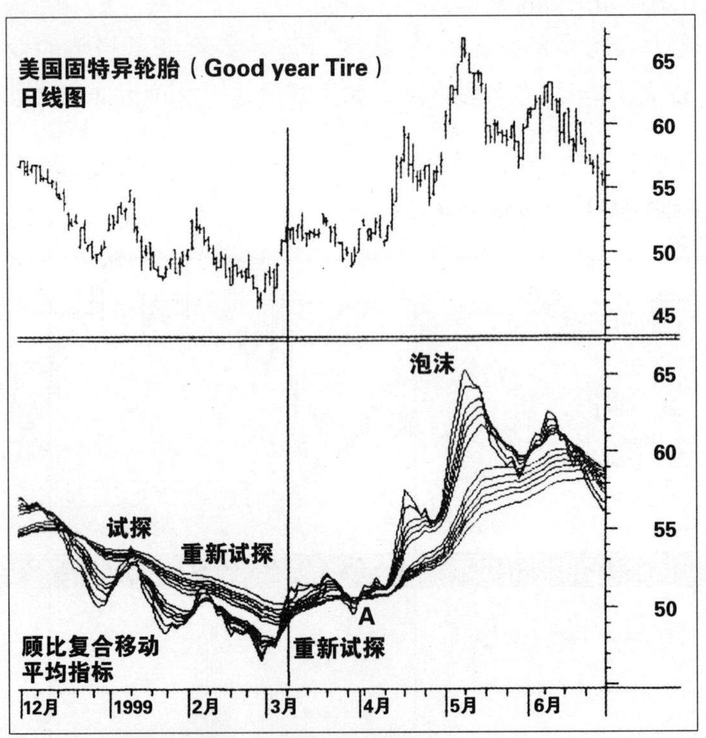

图16.5　制订交易计划，顾比复合移动平均线

最后，我们转向顾比复合移动平均指标，如图16.5所示。由竖线定义的入场时间，向激进型交易者发出了一个信号。在之前的两个机会中，短期组均线已经试探，并且重新试探长期组均线的决定。这次反弹和回调过程是多重移动平均在下跌趋势中的一个特性。每次试探都比前一次有力，所以我们特别关注第三次和第四次的重新试探。我们寻找长期均线组正在走弱的证据。既可由长期组的背离得出，也可由价格走平得出。该图表提供了第二种选择，所以我们选择一个激进的头寸，期待趋势突破。

典型情况下，该指标会显示一个超越长期均线组的突破，接着便回落到长期均线组。这给比较保守的交易者提供了一个入场点，他们将在点A入场。虽然我们选择一个激进的头寸，但并不意味着我们将追着价格到月球上去。当价格经过首次反弹之后，我们选择在51美元处入场。

管理交易

我们的头寸规模，决定于我们所用的资金管理方法。在这笔交易中，我们使用2%规则，交易结果见图16.6。止损点是该计算的整数部分。如图16.2所示，初始止损被设在47.00美元处，设置的根据是支撑位。我们可以使用基于倒数线技术、百分比止损或者定额止损的其他方法。具体计算过程取决于你的选择，但是你必须选择一种止损方法。

我们首选的入场价格是51美元。利用实时互联网报价屏管理你的交易。使用电子交易，买家与卖家可以立即配对——如果你满足卖方叫价的话——只要交易一执行，你就能够确认它。

在有些市场中，你将不得不打电话给你的经纪人，以获得这一层次的市场深度信息。当你获得这些信息之后，就把电话挂上。在毫无压力的情况下分析所获得的信息，然后打电话给经纪人下单。这是你的买入决定，不是他的。

在其他交易系统中，尽可能早地确认交易的执行。如果你的经纪人不愿意提供这一层次的服务，仔细考虑这会对你的交易造成怎样的影响，并且相应地调整你的交易方法。

图16.6中的计算，显示出最佳的交易规模。如果你的交易所只允许交易整手股票，那么你需要对它进行调整。

当交易开始后，我们仍要继续监控几个指标。我们绘制一条新的直边趋势线来定义上升趋势。同时，我们还要跟踪10日和30日移动平均线的活动。见图16.2中中间竖线右侧的部分。我们寻找低于

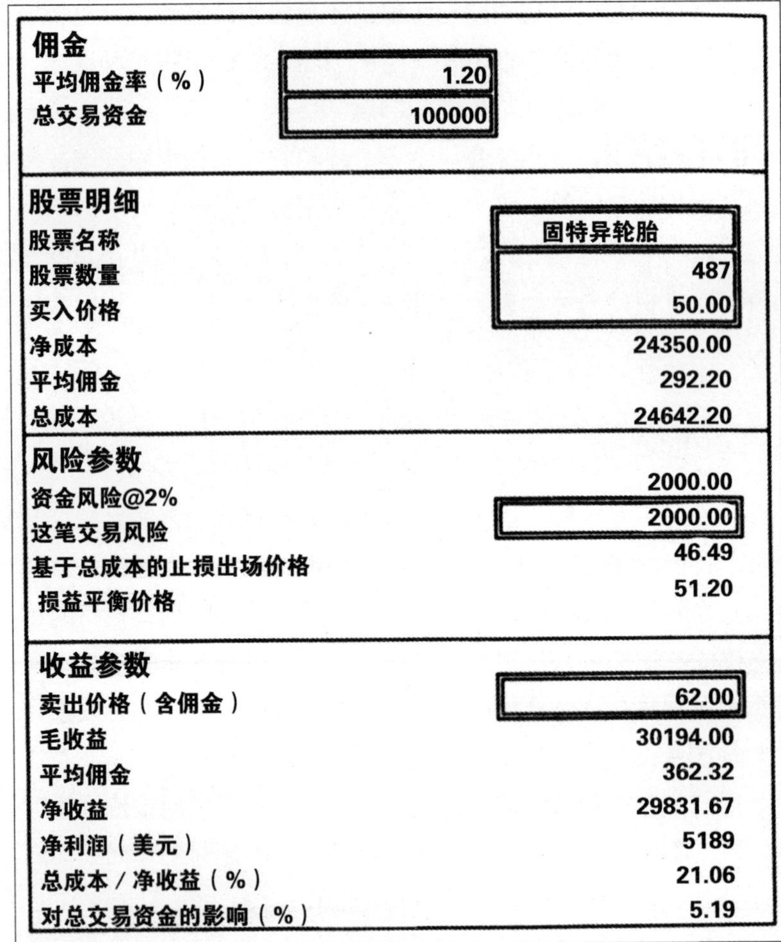

佣金	
平均佣金率（%）	1.20
总交易资金	100000
股票明细	
股票名称	固特异轮胎
股票数量	487
买入价格	50.00
净成本	24350.00
平均佣金	292.20
总成本	24642.20
风险参数	
资金风险@2%	2000.00
这笔交易风险	2000.00
基于总成本的止损出场价格	46.49
损益平衡价格	51.20
收益参数	
卖出价格（含佣金）	62.00
毛收益	30194.00
平均佣金	362.32
净收益	29831.67
净利润（美元）	5189
总成本／净收益（%）	21.06
对总交易资金的影响（%）	5.19

图16.6

趋势线的收盘价和即将形成的移动平均线交叉。

RSI被用于跟踪进入超买区域的运动，虽然这产生的只是警示信号，而非出场信号。像所有摆动型指标一样，当新一轮较强的上涨趋势形成时，RSI倾向于一直发出超买信号。超买信号会伴随新的趋势，持续较长时间。

监测出场信号的主要工具是复合移动平均线。当短期组均线离开由长期组均线确立的趋势太远时，该指标便发出了获利了结的信号，出场时要利用短线交易者创造的过激式反弹。当这些过激行为超出我们最初的获利目标时，那么他们便提供了一个好于预期的出场机会。

出场管理也可以使用跟踪止损技术，这些技术包括倒数线、百分比止损和定额止损。在这个例子中，我们不使用这些方法。

准备结束

在计划的第一个阶段，我们设定了出场目标或出场条件。出场目标通常是基于原有的压力位。有时，出场目标被设定在我们认为交易风险比较合理的盈利点处。条件式出场计划，寻找既定的指标读数，比如移动平均线的交叉。

我们最初根据历史整固带的上侧价位，把出场目标设定在58美元。当这一目标被击中时，所有趋势指标都显示趋势仍然很强。我们继续这笔交易，根据趋势指标选择出场。这些趋势指标包括直边趋势线、移动平均线和顾比复合移动平均指标。

决定何时卖出的过程，有许多步骤是与决定何时买入的过程相同的。卖出决定基于三个因素。第一个是为了保护交易资金，最后一个是保护利润。

- 等同于交易资金2%风险的下侧价位。当价格到达这一价位时，你应该立即出场。如果价格跌破这一价位，无论如何都要出场。第一次的损失通常是最小的。
- 实现利润目标。如果你的利润目标是10%，那么当达到这一目标时便出场。如果必须继续这笔交易，那么仅在其他指标都在尖叫“继续，继续！”的情况下才可以继续。
- 当其他指标发出趋势反转信号，或者暗示已经到达顶部，那么无论利润目标是否实现，都要出场。

出场

此时，我们把目光放在图表的右侧，分析从4月份到6月份收集的所有信息。我们把出场选在62美元，实现21%的盈利。这将使我们的交易资金增加5189美元。

我们可以做得更好吗？理论上说，当然可以。在67美元出场更令人满意，但是对于在早期趋势突破入场的交易者们来说，极少有人能够在这些尖峰处出场。我们可以通过增加我们的头寸规模来赚取更多的利润，但代价将是更高的风险。我们不得不把超过交易资金2%的资金置于风险之中，当价格下跌至我们的初始止损位47.50美元时出场。或者当损失掉2%的交易资金时及时出场。此时可能出现双人拉锯式交易，因为太过紧凑的止损会迫使我们退出良好的交易。

现实交易中极少会出现完美的情况。在这个例子中，我们的目标是展示这些交易计划在现实世界中的应用。

我们在62美元出场，如图16.2中的点C所示，是基于下列原因。直边趋势线在5月和6月被触及，两条移动平均线逐渐靠拢。另外，MACD柱状图向下穿越0位参考线。这些都在第一时间暗示趋势正在走弱，于是我们在其他指标中寻找确认信息。

这次回调被显示为复合移动平均线之上一个泡沫的破裂。短期组交易者的价值共识，已经超过长期组投资者的价值共识太远。我们准备利用下一次反弹，所以对这一指标紧密监控。当长期组均线开始转头向下时，我们在62美元处出场。

我们预期10日和30日移动平均线将出现交叉，因为收盘价低于直边趋势线，已经提前发出了信号。我们准备好选择反弹中最佳的可能出场价格。

同做出买入决定一样，我们利用实时互联网报价屏对出场点进行微调。通过互联网卖出的交易者，一旦满足了买方的出价，便可立即确认交易的执行。

如果你不得不打电话给你的经纪人获取相同的信息，那么当你获得这些信息之后，当然也是干脆地把电话挂掉——恐惧比贪婪给判断力造成的影响更快。当你已经对数据进行分析，做出自己的决定之后，再打电话给你的经纪人。卖出决定常常比买进决定困难。这完全是你的决定，不是他的，所以要依靠你的判断力。不断打电话询问卖单是否兑现。要把出场交易的确认当做紧急事件。如果你的交易正在亏损，那么你需要马上知道损失了多少，以便采取适当的行动。

无论你在哪个交易所交易，目标都是在尽可能靠近首选价格的位置入场或出场。

交易现实

这个交易计划的例子，只是许多实际交易中的一笔。激进型交易者会较早入场，期望趋势突破。通过使用紧凑的止损控制，他们以一种波段交易风格管理自己的交易，在等待趋势的同时，不断探测底部、追逐反弹。保守型交易者在原来的趋势线被突破之后，等待价格回调。他们一般入场稍迟，出场也稍迟。于是在不断增强的趋势中，他们所获的利润一般都较少。

从固特异的图表中可以看出，这支股票提供了反弹交易、动量交易和即日交易机会。我们只分析了趋势交易。虽然我们用五种不同的指标评估交易，但是有些交易者可能只选择一两个，可能是直边趋势线和顾比复合移动平均指标。

市场企图用大量的选择把我们淹没。清晰的交易计划便可避免这种状况。设定清楚的目标，合理使用交易工具，我们便可更好地管理风险。

没有通用的交易系统。上述系统化的交易方法，只是在要求方法、指标和技术与市场协调一致这一方面是通用的。本章只是对交易过程做了一下总结，并且向你展示了交易计划在市场中的应用。你所面临的挑战是利用这一过程进行你自己的交易。

第四
部分

成功之时，谨防失败

Failure waits upon success

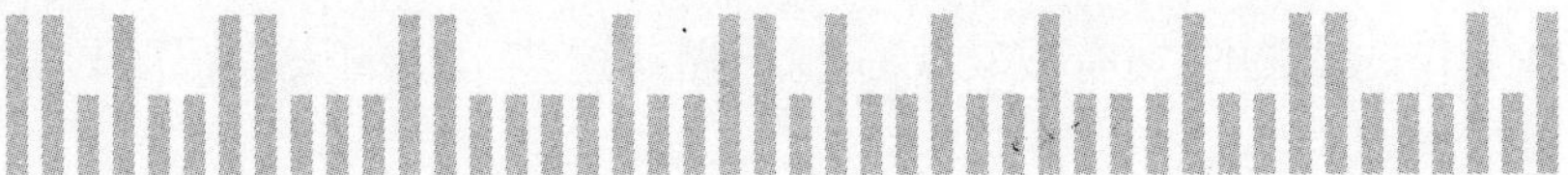

第17章

过度交易

你可能认为，经过前述完善的分析、图表验证及数值计算，交易成功便有了保证。但交易失败率表明，事实并非如此。这种保证甚至不值得写在纸上，因为交易者经常根据自己尚未完全理解的本能，通过过度交易而进行着金融上的自我毁灭。

照一下镜子。镜子中显示的便是交易者们最大的交易敌人——我们自己，但是大多数交易者都把失误怪在电脑屏幕上。在这一部分，我们希望分析一些比较有代表性的失败借口：过度交易、无力接受亏损，明知交易错误却进行赌博。对其中一些我非常了解，因为我是根据自己的经验写的。学习照镜子是通往交易成功的重要一步。

在这一章，我们研究一下努力工作与交易回报之间的关系。我们的本能是看起来忙碌——过度交易——常常令我们损失不菲。在损失了100万美元之后，吉姆·保罗得出结论，最有效的交易方法，“如果被正确执行，那么等待你的买卖标准被满足，实际上是非常令人厌烦的”。作为私人交易者，最好不要在损失100万美元之后，才得出吉姆·保罗的结论。为了节约资金，我们必须学习识别我们何时是在过度交易，通常是因为我们的钱包允许我们过度交易，而不是我们的大脑。

评估我们的业绩以决定我们是否在过度交易，与我们原本对成功的理解大不相同，所以这项工作并不容易。对于大多数成功人士来说，在努力工作的程度和报酬的多寡之间存在很强的联系。长时间、高度紧张状态和狂热的办公环境都是可以容忍的，因为那会带来很高的薪水、休假和高档的生活方式。那些拥有这些工作的人同时拥有成功。那些不拥有这些工作的人，很明显，也不拥有成功。

成功是一个相对概念。那些真正成功的人，显然不用再去工作。看起来好像在工作/回报等式的重要部分有一些障碍。一旦跨越了这些障碍，无需外观上的努力便可获得回报。我们羡慕那些从工作的桎梏中脱离出来的退休人员，并且希望效仿他们——或者通过努力工作，或者靠运气。

虽然这只是一些一般性的结论，但是在我们审视自我，以及我们与回报之间的关系时，他们都起了重要的作用。自从马丁·路德把他的95篇论文钉在维滕堡的教堂大门上开始，几个世纪以来，新教工作伦理已经吸引了全世界大批的追随者。从某种程度上说，交易改变了这种工作/回报关系，因为它具有打破回报和努力之间关联的潜能。当这种情况发生时，许多交易新手感觉很不适应。这种感觉影响了他们的交易，把成功转变为真正的失败。

交易提供了非工作的成功机会，市场不断诱惑满怀希望的交易新手，让他们认为无需太多努力便可得到丰厚的报酬。本世纪最近几年里，互联网即日交易的疯狂引诱着大批没有经验，却充满希望的交易者。对于全职的私人交易者来说，理解工作与报酬之间的关系，并且把这种关系调整至自己感觉舒服的水平，是一项重要的挑战。不正确的调整将导致过度交易，很快便会在市场中败下阵来。对于兼职的私人交易者来说，它也是一种挑战。这种用钱包，而非大脑进行交易的倾向将他们阻挡在市场的外围，陷入失败与恢复的循环。

不劳而获

无需工作就变得富有的方法非常少，而此类方法中，只有少数能得到一般公众的掌声。投机交易不是其中之一。通过彩票、赌马或者赌场赌博而在一夜之间产生的百万富翁却在其中。人们羡慕他们，而不是嘲笑他们。这些暴利是运气的结果，我们认为它会降临到任何人头上，包括我们自己。

这不是不劳而富，而是凭运气而富。没有人会认为这种回报是努力得来的，这只是个别事件。如果赢得足够多，那么我们便可以退休了，并且像那些真正成功退休的人们一样生活。如果赢得比较少，我们将返回到工作中，并且沾沾自喜地认为生活中的小奢侈品不再难以企及。

在《读者文摘》（《Readers Digest》）抽奖或者赌球时赢得3万美元，人们会祝贺你；但当你在市场中赚了3万美元时，人们却表示怀疑。这种反应上的区别是重要的，因为影响着我们看待交易的方式。

对于股市之外的人们来说，私人交易者看起来过着悠闲的生活，每天只工作几个小时，并且报酬丰厚。文学作品中的交易者，常常是夸张地根据迈克尔·米尔肯或者 J. P. 摩根的形象编造的，他们看起来没有经过工作便获得了巨额的财富。交易机构雇佣的专业交易者带回家的薪水和佣金数额就像电话号码一样长，而他们所有的工作就是玩电脑。

这些公众对于交易者的理解是肤浅的、不准确的。他们没有透过表面的光环看到扫描、分析或脑力劳动的数量，也没有看到交易过程所需的情绪纪律。但是我们不可忽视这些观点，因为交易新手把它们带到了交易中，并直到交易成功。

如果交易新手一开始便获得了一些成功，那么这些观点便会被加强。在他的业余时间里工作上几个小时，市场可能给他数千美元的报酬。对于那些薪水比较像邮政编码，而非电话号码的上班族来说，这些报酬已经比较可观了，而且这只是工作几个小时的报酬，甚至可以说没经过什么努力。这些工作可能就是比较仔细地读了一下金融报纸，仔细听了一下某位朋友或经纪人的热门股提示，或者只是在某位善意的经纪人提供的牛市或即日交易者聊天室里做了一次幸运的猜测。没有老板安排的困难工作，没有严格的上下班时间，也没有毫无报酬的加班。

在这一阶段，交易新手的行为方式在某种程度上非常近似于赌博。就像买一张非常昂贵的彩票，但有时过程却大不一样。当交易新手决定更积极主动地从事交易时，真正的问题便浮出水面了。每周花上几美元买一张彩票是一回事，在市场中建立新的头寸则是完全不同的另一回事。不只因为它比较昂贵，还是因为它也是基于这样一个假设——比我们的同辈工作较少，也可获得持续的报酬。

对于许多交易者来说，最初对于市场的期待是非常少的工作便可换来大量的报酬。

少劳而获

这种情况可能吗？如果它可能的话，又是如何产生的呢？在回答这些问题时，采用从后往前的顺序还是比较有用的。全职交易者在电脑前面花费的时间有多少呢？有多少交易是在一年中完成的呢？这些答案的单位都被换算为工作的小时。

举个例子说明，我们来分析一个表面看起来非常谦虚的目标。我们有2万美元，在52周的时间里，我们每两周完成一笔交易。每笔交易盈利5%，或者1000美元。假设只使用最初的交易资金进行交易，而将利润储存起来，那么到年底时我们便拥有2.6万美元。对于这一年来说，这是130%的盈利。该交易者用2万美元开始交易，年终便拥有4.6万美元。

请理解这个例子，表现上很容易实现，但实际上要困难得多。交易者可以把这个例子与本章在图17.2中所示的比较实际的交易盈利进行一下对比。经过佣金、滑移价差和交易费的蚕食，最后只剩下5%的净利润。市场流动性，对交易者在既定价格执行入场和出场订单的能力有着显著的影响。要让26笔交易都向期望的方向发展，代表着非常精明的交易。赚取较小的盈利，比如5%左右，看起来可能比追逐20%的盈利更谦虚、更容易实现，但实际上仍然是非常困难的。

在一只眼睛盯着现实的情况下，我们仍然使用这个简单的例子开发一个近似的计算向导，计算每周需要工作的小时数。如果平均一笔交易只要两周便足以获得适当的收益，那么交易者需要坐在电脑屏幕前面多少个小时呢？

私人交易者不必每天都进行交易。不像我们的机构同行一样，我们等待最佳交易机会的到来，直到概率平衡真的向对我们有利的一边倾斜时，我们才开始交易。在这个例子中，我们必须每两个星期做出一次决定。我们在交易机构中的同行则没有这么多的等待时间。

前面部分阐述了建立头寸的过程，包括利用肉眼或软件扫描市场数据来辨识交易机会。然后利用基本面、技术或财务因素对交易机会进行评估。入场、未平仓交易和出场，都要进行积极的管理才能实现我们的金融目标。

虽然花费的时间看起来令人畏惧，但是有了经验之后，花费的时间就少多了。如果我们有几笔未平仓的交易，那么当我们对多支股票进行比较并拒绝一些股票时，这些过程都是同时完成的。对于这个例子，我们希望把这些过程分开，目的是估计每两周一个交易机会所需的时间。

对交易机会的辨识是花时间最小的部分，特别是当我们所选的市场相对较小时。我们估计，辨识单个交易机会，平均每天只要1个小时。

分析交易机会是比较费时的工作。或许要花费5—10个小时进行分析。这些工作可能包括公司数据分析、阅读资产负债表和对基本面的评估。技术交易者将花费大部分时间设置和评价技术指标，以及分析价格图表。如果我们在每个头寸上花费10个小时用于分析，那么按照两周10个工作日计算，平均每天就需要1个小时。

最后的交易步骤是管理入场。有时入场非常快，特别是当我们主动去满足叫价时。而有时当我们等待价格回调到我们首选的入场价位时，入场可能要花一些时间才能完成。所有的订单细节都被输入一份交易日志，以备将来参考。一旦建立一个头寸，就要把使用的图表打印出来，然后附上总结性的交易计划。

一旦入场，就要每天监控交易的发展。监控工作可能非常简单，比如检查当前的交易活动，等待卖出标准被满足。那些使用互联网访问实时或快照价格数据的交易者们在数秒内便可完成这项工作。其他交易者则要打电话给他们的经纪人，如果双方没有寒暄的话，那么这项任务也可在数分钟内完成。在慢速市场中，交易者通过报纸或者下载的数据来查看收市后的数据。

监控未平仓的头寸每天要花费几分钟的时间。了结一个头寸也应该同样容易，只不过要打电话给经纪人设置卖单。为了投资组合管理和税务的目的，交易记录被更新，契约书被存档。即便有多个未平仓的头寸，每天1小时的时间便足够了。这些当然也是假设的数字，对于每位交易者来说，实际花费的时间可能偏多，也可能偏少。

把图17.1所示的计时卡总结一下，我们每天需要3个小时——1小时用于辨识，1小时用于分析，1小时用于管理。对于成功交易者，这是高报酬的工作。只要每周工作15小时，他们便可获得不错的收入。同时，这也使得交易成为一种非常吸引人的工作方式，在我们的日常工作之外增加我们的收入。如果只有几个未平仓的头寸，那么每晚大约1小时，再加上周末的时间便可以从事交易了。古老的英国工会圣歌“8小时工作，8小时休息，8小时娱乐”看起来与此并不相关。同样的，中层管理的执行格言“每周工作60小时，当你退休后再与你的家人在一起”，看起来同样不适合。

每日任务与时间示例

辨识交易机会		1小时
* 数据库扫描	20	
* 肉眼核查柱线图	15	
* 指标核查	25	
分析交易机会		1小时
* 检查偏见	15	
* 评估止损条件	15	
* 评估利润目标	15	
* 时间／风险评级	15	
未平仓头寸的交易关系		1小时
* 入场时观察市场深度的信息	15	
* 放置和执行买单	5	
* 把交易细节记录在订单日志中，打印出带有交易计划总结的图表	5	
* 对于未平仓的头寸，每天核查原始交易条件是否被满足	15	
* 放置和执行卖单	5	
* 在交易记录中输入交易细节，并把契约书存档	15	

图17.1　交易时间

如果单个交易头寸需要15小时，那么逻辑上两个头寸就需要30个小时，三个头寸就需要45个小时。幸运的是，这种线性逻辑在此并不适用。实际上，交易机会一般都聚集在一起。有时一次扫描可能发现几个好的机会，有时连续几天一个也没有。这几个机会将被一起分析，而且有充足的证据表明，对多个机会进行图表分析同对单个机会进行分析一样快。

图17.2中的例子取自我们的实时个人交易记录，展示了一年当中的交易数量。单笔交易的平均长度是28天，但是图中未能显示出哪些时间段比较繁忙，哪些时间段却无事可做。在上个世纪最后几年的超级牛市中，使用大致相同数量的股票交易，年盈利为94%和102%。人们曾经一度认为使用杠杆的金融衍生工具市场和期货市场具有较好的盈利，而股票市场却没有，但我并不同意那个观点。

在你匆匆忙忙发电子邮件之前，请记住一点，相对较小的规模有助于私人交易者进行快捷的交易。平均头寸规模是2万美元。如果每个头寸的规模加倍，那么将在清淡的投机市场中遭受损失。如果交易规模同基金一样，那么这些交易将是无法预料的，更不用说执行了。

对于私人交易者来说，如此高回报的工作是交易梦想的一个重要部分。实现交易梦想看起来不会有什么问题。而且如果没有负罪感的话，也不会产生什么问题。如果贪婪和恐惧主宰着市场，那么负罪感便是潜藏在每个私人交易者成功表面之下的阴影。

这么少的工作，却赚了这么多的钱

实现交易的目标后，有些交易者——可能比我们愿意承认的要多很多——感觉不适。我们不适的根源，在于我们长期所持的对工作和报酬的观念。新教徒的工作热情肯定感染了大批的追随者，我们也不例外。

对于大部分交易者来说，在交易的道路上都可看到由玩世不恭转向彻底投入，由兼职变为全职的过程，之后交易变成了严肃的工作。每个希望成为交易者的人都会到达一个转折点，在这一点处交易收入正从他的补充收入转变为主要收入。这一点可能出现在交易过程的不同阶段，但一旦到达，我们对工作与报酬之间关系的理解便受到挑战。我们如何应对这种挑战，将决定我们是用大脑交易，还是用钱包交易。我们的长期成功取决于这一决定。

名义交易资金是100000美元。利润被存入现金管理账户或通知付款账户。为了方便比较，头寸规模被设定在20000美元左右。共完成30笔交易。每笔交易的平均持续时间为28天。通常在亏损交易的亏损额等于名义交易资金的2%时认赔出场。当满足初始交易条件时，即使价格继续上涨，也把盈利交易了结。

股票	持续时间（天）	头寸规模（美元）	利润金额（美元）	利润（%）	盈／亏
LEG	42	20000	2775	26	盈
ZPR	112	20000	6880	34	盈
PRA	14	20000	－780	－3.9	亏
CTR	21	20000	230	1	盈
LHG	21	20072	3330	16.5	盈
NCM	14	20064	334	1.6	盈
DMR	42	19500	－2250	－11	亏
WRF	7	20150	3199	15	盈
FIM	14	20040	－2505	－12.5	亏
TRY	21	19780	1840	9	盈
VPE	49	20090	－1230	－6	亏
KGR	7	20700	1150	5.5	盈
WSL	21	19916	364	1.8	盈
CXR	56	20400	10200	50	盈
ADN	28	20075	4125	20.5	盈
OCN	70	20800	800	3.8	盈
MEG	63	20250	8910	44	盈
GGR	14	20160	－1440	－7	亏
LVG	56	20400	－1200	－6	亏
PRN	7	20150	6500	32	盈
SCN	7	20060	12980	64	盈
ZPR	7	20000	－2000	－10	亏
AHG	28	20540	650	3	盈
CRO	21	20020	910	4.5	盈
TAI	25	20150	5090	24.6	盈
NBH	21	19964	2346	16.7	盈

ASH	7	20900	1900	10	盈
CFR	28	20025	－2225	－11	亏
IRO	7	20000	6250	31	盈
LYG	21	20125	605	－3	亏
总结：了结的交易					
	平均持续时间	交易金额	年化利润	盈利（%）	22 盈/8 亏
	28	60431美元	66528美元	66.62	73% 盈

图17.2　12个月内的实时股票头寸交易示例

交易者面临的挑战是接受这样的事实：可能在没有紧张、汗水和长时间工作的情况下获得丰厚的报酬。如果我们对此无法接受，那么就注定要一辈子为别人打工。尽管计算机革命承诺更短的工作、更多的休闲时间和更少的文书工作，但是我们都感觉一周工作40小时是正确的。这就为我们从直觉上认为的特定报酬所需的工作设定了一个框框。

如果上述丰富的报酬只需很少的工作时间便可取得，那么会发生什么事情呢？这不是一个微不足道的问题。交易使我们对回报与工作的理解翻了个个。

在家工作

对于全职的私人交易者来说，由于是在家中工作，问题变得更加复杂。转到家中工作的工人们，在适应新的工作环境时同样是困难的，原有的习惯很难消除。

这种习惯如此顽固，以至于有些人每天早晨钻进汽车里，围着自己居住的街区转一圈，然后才返回他们的家庭办公室，就像原来驱车上班一样。更重要的是，在家工作的商人和私人交易者，必须为设定、启动和完成适当的工作量而承担全部责任。

远程办公者不在此列，虽然他基本上可以自由安排自己的工作时间，但是仍需按照雇主决定的外部日程来工作。他不得不完成一定量的工作，作为回报，他将得到既定的报酬。

在家工作的个体商人发现这种调整相对容易，如果对客户大喊大叫是他工作的一部分。每个项目都有一个最后期限，在家工作的商人通过外部强加的日程，重新创造了工作环境的压力。巧合的是，这等同于回报水平的压力，工作时间和汗水。

私人交易者不会自动获得外部日程。我们没有客户要求项目按时完成。时间完全由我们自己管理，特别当我们是头寸交易者，不必整天待在电脑屏幕前时。我们处于一个完全无纪律的环境中，在这个环境中，工作看起来几乎是可有可无的。我们有一位雇主，那就是我们自己。

一些不同寻常的问题不得不解决。如果没有客户来访，我还需要在工作时戴上领带吗？为什么我今天必须去上班？当我们自己设定时间时，如果上班迟到，那么该如何处理呢？这带来了一系列令人担忧的问题，包括与工作标准、自我约束、自我导向和负罪感有关的问题。

你的同伴希望看到你像钉子一样坐在电脑前面，至少是在努力工作，而不希望看到你轻松地拿着一本书品咖啡。在等待市场把价格推高时，你没有什么可做的，但对此没有很好的解释。如果你的同伴做的是常规性工作，那么很难理解你在交易工作中所体验的紧张情绪。低估负罪感对你的行为的影响是错误的。

毫不奇怪，整个情形可能令人极端不适，而我们的反应有三种。我们放弃自由职业的机会，重新成为工资的奴隶，或者我们创造自己的工作纪律。第三种反应是与我们的同伴断绝关系。

假装工作

不幸的是，有时很难分辨到底是失败了，还是在创造我们自己的工作纪律。踏实苦干是一种常见的纪律反应，因为我们是这样来判断报酬是否公正的。对于全职的私人交易者，这可能导致代价高昂的过度交易。

正如上面所阐述的，交易可能每天只需要3个小时。没有日常工作的分心，我们可以决定这些工作时间如何安排：集中在一起，平摊到一天的时间里，或者把今天的工作推迟到明天做，明天工作较长的时间。在原来用于工作的剩余的5个小时里，我们该做些什么呢？可能我们一周有额外的25小时的闲暇时间。通过精心安排，私人交易者可能会过上他一直梦想的生活，在世界的任何地方，作为自己的老板生活和交易。

相反的，我们一般会制造与当前正在做的工作相关的更多工作。有些是有用的研究和开发，而有些则是披着必需工作外皮的过度交易。无论如何，这些工作量看起来几乎都要把我们所有的工作时间占用光。交易者对于上述现代管理规则不是免疫的。如果我们希望感觉有更多动力，我们可以向这些工作时间中加入更多工作，制造一种人为的紧张感。此时，我们便开始用自己的钱包交易了。

交易者想尽办法扩展他的交易活动：增加新的市场板块，增加期权或期货之类的衍生工具市场，或者做即日交易，用交易利润、其他来源的收入或保证金贷款建立许多新的头寸。无论他选择哪种组合，效果都是一样的。他制造了更多的活动来填补空闲的时间，从而使报酬比较公正。

顶级美国职业交易者加里·史密斯（注：其著作《我如何以交易为生》中文版由万卷出版社于2009年出版）指出，“那些满腔工作热情的人们不得不整天盯着电脑显示屏，从而可以因努力工作而安心”。

交易者会做出这样的反应，原因是他对于报酬与工作量的不相称不能接受。这种可怕的破坏性反应是由交易者的负罪感驱使的，而这种负罪感来自于我们对于工作/报酬关系的本能理解。

这一问题在全职交易者和兼职交易者身上都存在。两种交易者都在努力使工作量水平与不断增长的收入水平相匹配。要么工作量增加，要么报酬减少。过度交易，或者说用你的钱包交易，常常使你下意识地以一种非常满意的方式减少了报酬。

这种反应是破坏性的，因为我们通过过度工作，通过紧张、错误的决定创造了失败的条件。希望繁忙地工作，并且希望看起来繁忙，我们急匆匆地工作，我们不断出错。我们安慰自己，错误是这种沉浮不定的工作中不可避免的一部分，作为训练有素的交易者，我们接受这些错误。

一个破坏性的反馈环形成了。出现错误便意味着我们必须更努力地工作。我们交易的目的是为了取胜，并且在所有的时间里取胜。亏损是失败的象征，于是当我们犯错时便更加严厉地督促自己工作。我们交易的目的成了把所有的时间用工作填满，而无视自己的金融目标。怀着坚定的决心，我们在无意间创造了一种单调的工作，把原来在公司办公室的工作环境复制到了家中。

如果没有认识到这一点，那么我们便是在努力把这种新的交易工作转变为困难的工作，因为在额头上满是汗水和问心无愧的情况下，我们接受了自己的报酬——没有负罪感。我们认为自己正在创造一种由自我约束力控制的工作环境。但实际上我们建立的是一个失败的环境，因为我们正在用自己的钱包交易。

用你的钱包交易

是交易成功让我们辞去了自己的日常工作。如果我们未能打破这种过度交易的破坏性循环，那么我们迟早又要返回到原来的日常工作中去。而令人感觉费解的是，过度交易是由几次交易胜利所导致的。下面是过度交易的形成过程：

如果钱来得太容易，那么我们便会感觉不适应，而正是这种感觉驱动着我们的行为。我们感觉自己必须交易，因为我们已经掉进了一个陷阱，那就是繁忙的工作是丰厚报酬的必要证明。当钱包满着，或者因一笔交易而鼓起时，我们不顾一切地寻找新的交易机会。为了保持忙碌，我们把自己钱包中的钱全部用于买入新的头寸——只要一有钱就买。如果我们彻底失败了，如果钱包空了，并且没有被重新填满，那么我们便离开交易市场——虽然精疲力竭，但对交易的忠诚却丝毫未变。没有人可以说我们没有努力过。只要看一下我们投入工作的时间便可以了。

私人交易者几乎都要面对这种危险。过度交易被交易者们追求的非常成功暗暗掩盖了。

对于投资机构的专业交易者来说，这种情况可能永远不会发生。因为他们在一个办公室的环境中工作，在这种环境中，工作和报酬的关系是清晰明确的，并且受到同事们的支持。

过度交易的测试

界定过度交易的基本特征，不是交易的绝对数量，而是每笔交易背后的动机。后面我们将讨论交易行为如何堕落为赌博，或者更严肃地说，与病态赌博紧密相关的典型行为模式。过度交易是由希望经历冒险刺激的需求，而非完善的资金管理驱动的，它是赌博式交易的特点之一。

如果交易头寸建立的主要原因是交易者感觉需要做点什么，而不是耐心等待最好的机会出现，那么便是向过度交易靠近了一步。因为每天在市场的某个位置总有人在赚大钱，所以这种诱惑时刻存在。我们猜测，如果我们投入市场的资金更多一些，工作更投入一些，那么我们也可以加入积累财富的行列。在牛市中，这种诱惑特别强烈。交易新手们恐怕错过良机，只要某个交易机会还算过得去，并且账户中还有足够资金的话，便匆忙买进。此时他们的行为不是基于良好的资金管理或风险控制。

不同的市场和不同的交易方法产生了多种多样的交易行为。即日交易者持有的头寸数量多于投资者。头寸交易者完成的交易数量少于积极的期货交易者。在评价是否有过度交易倾向时，主要的测试是资金管理。该测试有四个问题：

- 每笔交易都是基于完善的财务分析吗？
- 总体资金管理目标的每个交易部分，都是基于与风险匹配的头寸规模吗？
- 每笔交易都有决定出场条件的清晰的金融目标吗？
- 每笔交易只使用分配给之前交易的资金吗？

对于每笔新的交易，都要自问一下这些问题。如果答案都是肯定的，那么这笔交易就是经过深思熟虑的，就是策略性交易方法的一部分。如果两个或两个以上问题的答案都是比较肯定的“不”，那么过度交易的危险就已经真实地存在着了。一个“不”的答案表明交易决定是受情绪驱使的，通常是由弥补报酬公平性的需求引起的。

下面是一份对上述测试问题的典型回答，这些回答便暗示着过度交易。我们可以很清楚地看到，这位交易者在交易时，显然是更多地依赖于他的钱包，而不是他的大脑。

- 根据毛收益，或者当前低点与去年最高点的价差很快对交易做出评定。
- 头寸规模取决于目前可用于交易的现金额。
- 出场大体上基于之前的高点，或者就是凭直觉。有些头寸被提前了结，目的是获得现金以建立更具吸引力的头寸。
- 其他收入来源，比如日常工作的资金，连续不断地注入交易账户，于是新的头寸规模可能不断加大。

过度交易的产生，通常是因为交易者努力填补空闲时间，或者通过增加交易活动，以使得他看起来真的是在努力赚取自己的报酬。鼓起的钱包会鼓励过度交易，因为有了额外的资金，才使过度交易成为可能。

过度交易是一个相对概念，没有绝对的衡量标准。作为一种指导，图17.2所示的交易便是比较典型的过度交易。这些交易是一位比较活跃的头寸交易者在一年时间里完成的。这些交易被纳入一个以周线为基础的、名义上的投资组合，并且被实时交易。我们从中可以看出交易频率和交易行为随着时间延展的一些概念。

用大脑交易，意味着我们要警惕创造工作填补可用时间的倾向。也就是说，我们要接受这样一个观点：丰厚的报酬的确可以来自时间不长、没有压力或汗水的工作。交易者要对他在交易过程中知识和分析的价值进行正确的评价，他的报酬正是这些工作的补偿。他要明白，并不需要额外的工作来证明收入的公平性，从而使他的钱包待在他的口袋里。

私人交易者的工作像别人的工作一样辛苦，一样公平。你不需要用手上的水泡或脸上的疲惫来证明这一点。最重要的是，你不需要用空空的钱包和满是契约书的文件夹来衡量你是否成功。

第18章

你的神经是钢筋做的，还是铁丝做的？

曾经挖到金矿的穷困的淘金者，像许多政府一样，把它挥霍掉，是文学作品中反复出现的形象。挥霍是对财富的一种反应，是由情绪上的不稳定性驱动的。把大量资金投入市场是一种令人兴奋的经历，它把情绪化的反应放大了。如同大家在《碧血金沙》（《The Treasure of the Sierra Madre》）（译者注：又译为《浴血金沙》、《宝石岭》）中看到的淘金者一样，财富使人们发生了改变，而对于有些人来说，把财富挥霍掉，返回到赤贫状态的渴望几乎是无法阻挡的。对于那些追求财富的人们来说，这听起来简直是不可思议的，但是市场财富的一贯性毁灭表明，这种情况发生的频率远高于我们的想象。

正如在第三部分中讨论的，我们对扫描结果的反应和对补充数据的运用，最终决定了我们的成败。每次旅行都是从迈出第一步开始的，当我们让小损失变成大损失时，我们便在一开始迈出了错误的一步。这是我们在本章中将要更细致讨论的问题。

所有优秀的交易者都使用止损计算，但很少有交易者能够始终如一地在他们既定的止损点处止损出场。如果我们在需要做出决定时却僵立不动，那么即便世界上最好的计划也是无用的。有效的止损策略，使理论计算止损点与我们的心理素质协调一致。

在一个虚构的交易故事中，提到一个极好的三步交易者培训课程。第一步，受训者被要求把100美元放在某个繁华城市的一条人行道上，然后等待过路者把它捡起来。当这名学生能够在看到这种情况时，既不畏缩也不掉泪，那么他便通过了第一步的培训，开始进入下一步的培训课程。第二阶段是第一阶段的重复，不同之处是使用1000美元。当受训者达到完全地无动于衷时，这一阶段便成功完成了。第三步使用的是1万美元。在连续几天里，受训者必须成功地重复这一过程，在没有眼泪和恐惧的情况下把钱扔掉。

成功完成这一培训课程的受训者便被授予开始交易的权利。

开个玩笑。这一培训课程是虚构的，但是这种培训的意图却是相当认真的。所有交易者都会赔钱，并且是经常赔钱。关键区别在于，成功交易者只会赔掉较小数量的钱。他们通过止损方法，把亏损限定在总交易资金的较小百分比，或者较小比例之内。

这一切听起来很合理，直截了当。在实践中则困难得多。尝试一下上述的新手训练课程，但是仅使用50美元。除非你特别致力于培养你的交易态度，否则你会发现这一培训过程非常困难。因为我们不能提前知道，我们的交易神经是钢筋做的，还是铁丝做的。大部分人生来便不能从容不迫地赔钱，而这会对我们的交易能力，对我们设定现实止损点的能力，产生严重影响。我们许多人都对信用卡债务，以及琐碎的浪费性开支把每周的薪水花光，感觉相当轻松，但对于亏损的态度却不一样了。

接受亏损

市场箴言告诉我们，你应该“永远不要使交易中的资金，超过你可以承受的亏损”。这条善意的建议误会了一点，那就是它假设我们的所有交易资金都处于风险之中。更好的建议是“永远不要把风险水平，设置得高于你可以承受的亏损”。遭受亏损是交易活动中不可或缺的一部分，按理说，我们知道在交易中亏损的资金并不是真的被扔掉了。但在情绪上，我们认为那些亏损的钱是被扔掉了。

在交易股票时，特别是通过电子交易，作为回报我们所得的非常少。在买入了4万美元的股票之后，我们首先收到一份合同通知，然后是一份印在普通纸上的简装控股声明，两份材料都用油墨印上了几个数字。它们不是获奖证据。我们不能像炫耀我们的新车、新游泳池或新房子一样，消费、展示、使用或者方便地炫耀它们。

当我们考虑接受亏损时——当薄薄的控股声明突然之间比昨天贬值3000美元时——真的看起来像是在扔钱。我们平生对于账务管理的态度，将在下意识里影响我们的决定，当我们应该点击鼠标，或者打电话退出头寸时，却把手缩了回来。接受亏损需要勇气，大多数人都不能毫无怨言地接受亏损。当理性上应该行动时，在情绪上我们却僵住了。

我们通过各种各样的方式，有意识地躲避亏损的实现。我们不喜欢亏损，所以我们许多人不能完成虚构的三步交易者培训课程。除非我们真的完成——只是一种比喻，而不是真的去做——否则交易成功的机会便大大减少了。交易成功要求我们的行动超越这些态度。

如果私人交易者没有培养出对亏损毫不在意的态度，那么他就注定失败吗？答案在于勇气和无畏之间的区别。交易者需要勇气——一种对于恐惧的理解和克服恐惧的能力。毫无畏惧的交易者，在很短的时间里便会误入财务毁灭之地。这不是我们希望走的一条路。

我们只对赔钱的恐惧理解得非常透彻，而常常是这种恐惧阻止我们执行止损、退出亏损交易。当我们走得太远，并且太快时，恐惧战胜了我们的勇气。我们应培养足够的勇气，以执行止损单的方法，玩来自赌场和俱乐部中到处可见的老虎机，它们可以把我们的神经材质从铁丝转变为钢筋。

阈值

玩老虎机的人也憎恨输钱，虽然输钱是这种追逐赌注奖励游戏的必然结果。关键是要明白，这种游戏的魅力不是来自于赢钱的多少，而是赌注的大小，而且你输的钱最多等于你下的赌注。

对于那些在心理上对输钱具有高度抗拒性的人们来说，赌注为5分钱的老虎机简直是上天派来的。谁会在乎5分钱呢？对于输钱的容忍度我们都有不同的阈值，老虎机的操作者们为每个玩家提供了机会，尽量接近他们感觉舒服的阈值。我们可以选择从5分钱老虎机走到20分钱老虎机，甚至是1美元或10美元老虎机。我们可以换玩别的游戏，在轮盘赌或巴加拉牌桌上压50美元的筹码，或者加入狂赌者之列，一掷千金。通过赌注的逐级递增，赌场充分利用了各类玩家面对输钱的阈值。

交易者可以从赌场的这种管理实践中吸取教训。赌场非常吸引人，因为损失很少。许多赌徒一点一点地把小损失累积为大损失。当每次损失都可以承担时，痛苦便减轻了。在某些重要的方面，这一过程是与交易相同的，例外情况是交易者积极地监控亏损水平，使亏损不超过在总体资金管理方案预期的水平，通过限制风险来赚取不确定的报酬。赌场之所以能够生存，是因为它们使亏损阈值与客户的情绪成熟性相匹配——老虎机可以接受1美元或更少的赌注，便在很大程度上利用了情绪成熟性。

许多交易者失败的原因是，他们未能使亏损水平——通过他们的止损策略表现出来——与他们承受亏损的情绪能力协调一致。

如果交易向不利方向发展的话，每位交易者必须首先界定他准备亏损的金额。我们已经分析过止损位的一些机械的计算方法，基础是图表上的关键点和2%资金管理规则。但是在实际交易中，亏损的底线是由每位交易者自己决定的。有些交易者在接受数千美元的亏损时会面不改色、心不跳，而有些交易者在损失几百美元时，便已经悲痛欲绝。

你的承受水平有多高呢？我们都有一个自己感觉舒适的亏损水平。一旦亏损超过那一阈值，我们很快便会发现很难在这笔交易上"扣动扳机"了。我们精心设计的止损计划早被丢到了爪哇国里。100美元的亏损非常容易接受。1000美元或1万美元的亏损就不那么容易接受了。每位私人交易者应该设定自己的亏损容限——他的阈值——越早越好。无论是铁丝还是钢筋构建的神经系统，都有其准确的阈值。提前知道这一数字，可以使交易者调整自己的交易策略，以便使自己暴露于市场中的亏损不会超过他可以承受的水平。

这是另外一个需要重点考虑的因素，应该包含于第13章和第14章所讨论的用于止损计算的简单电子表格中。在金额上，逻辑止损点应该等于或低于我们的亏损容限。如果从金额上看，止损点所代表的亏损多于我们感觉舒适的亏损，那么当需要止损的时刻来临时，我们很可能不会扣动扳机。

你的止损可能经过完美的逻辑推理、卓越的分析、极好的设置，但是除非它触及正确的情绪之弦，否则它是无用的，因为我们将不会执行它。结果使小亏损逐渐增长为大亏损，进一步降低了我们卖出认赔的能力。

虚构的三步交易者培训程序，建议从100美元到1000美元，然后到1万美元。私人交易者应该采取相同的方法，自己引导自己承受更大的亏损。如果较大的亏损在情绪上是可以容忍的，那么较大的头寸便与较远的资金管理目标相一致。随着头寸规模的增加，可以容忍的亏损金额也在增加，即便百分比亏损保持不变。

举例说明，对于4000美元的交易资金，2%的亏损等于80美元。损失80美元并不是世界末日，交易者可以从容退出交易，然后把资金注入更具获利性的交易。如果交易资金总额为10万美元，那么2%亏损便等于2000美元。从情绪上来说，这一亏损便完全不同了，特别是当10万美元的大部分代表交易利润时。下一张卖单，接受2000美元的亏损要困难得多，虽然它所代表的百分比亏损同小额账户一样。交易新手发现，很难完全说服自己百分比数字比金额数字重要。

当交易新手们观察第13章中使用的交易计算结果时，他们瞥了一眼10万美元账户的亏损金额数字便退缩了。尽管还剩下9.8万美元，但从情绪上来说，2000美元的亏损太难接受了，以至于无法看下去。所以，如果任由亏损不断增长，亏损金额逐渐超过2000美元，那么了结交易认赔出场的机会便很渺茫了。如果他们在亏损2000美元时不能采取行动，那么在亏损增长到3000美元或5000美元时就更难采取行动了。交易成功要求我们认识到这一严峻的现实，并制定策略来克服这种情绪上的瘫痪。

一个交易课程

改变根深蒂固的情绪化态度是一项困难的工作。电影《天才也疯狂》（《What About Bob？》）使得婴儿步（指像婴儿学步一样小步向远处的目标走）这一概念得以流行。交易者在决定他对“丢弃”金钱的容限时，可以效仿这种婴儿步。如果我们知道，当面对1000美元的亏损时，我们能够执行止损出场，但当面对1500美元的亏损时，我们却不能真的拿起电话或点击显示屏上的卖出按钮。我们需要确保我们的交易策略反映了这一点。

交易者需要确定定额止损——在本例中为1000美元——至少等于逻辑止损点。我们可以利用交易计算来决定头寸规模，以便与情绪上可以接受的数字相匹配。开始用于分析的关键点是由基于图表分析的逻辑止损点提供的。

图18.1显示了两个步骤。利用这两个步骤，我们可以调整头寸规模，使它反映出我们在止损点行动的能力。我们有三位示例交易者：一位高级交易者、一位新手交易者和一位情绪化失败者。在所有示例中，基于图表分析的止损点都位于41美元，总交易资金为10万美元，建议入场点在43美元。

高级交易者在接受2000美元的亏损时没有任何问题，所以限定因子为总资金的2%。他的头寸规模使2%亏损与2000美元的定额亏损得到了统一。计算结果显示入场在43美元，头寸规模被限制为700股，或者30702美元。在这种组合下，计算的止损金额与从图表得出的41美元的止损位相一致。

调整止损至可承受的水平

平均佣金率（%）	2.000		
总交易资金	100000.00		
	高级交易者	新手交易者	情绪化失败者
股票明细			
股票名称	停止亏损	停止亏损	停止亏损
股票数量	700	350	700
买入价格	43.00	43.00	43.00
净成本	30100.00	15050.00	30100.00
平均佣金	602.00	301.00	602.00
总成本	30702.00	15351.00	30702.00
风险参数			
资金风险@2%	2000.00	2000.00	2000.00
这笔交易的首选风险	2000.00	1000.00	1000.00
基于总成本的止损出场价格	41.00	41.00	42.43
情绪化失败者在41.00美元图表止损处的实际亏损			2000.00

图18.1

新手交易者经验不足。从之前的交易中，他知道一旦亏损增加到1000美元之上，他在认赔出场时便存在巨大的情绪化障碍。像高级交易者一样，利用2%规则，他的所有交易资金可以出现的亏损是

2000美元，但是他想把潜在亏损限制在1000美元之内。为了达到这一目的，他把头寸规模降至350股，即15351美元。这一组合仍然要求在41美元出场——图表得出的逻辑止损点。在只有1000美元处于风险之中时，如果这笔交易真的向不利方向发展，那么新手交易者现在能够比较自信地执行自己的止损。

在设定止损点时，两位示例交易者都使他们对定额亏损的情绪化容限，与基于图表分析的止损点相一致。情绪化失败者只看到了图表得出的止损点，于是问题很快便变得严重了。

情绪化失败者自己愚弄了自己：建立了一个700股的大仓位，而只设定了很小的定额止损。如果他真的根据定额止损信号出场——当价格下跌至42.43美元时——那么正常的日价格运动区间便可使他进入双人拉锯式交易的恶性循环。不久，他便得出结论：这是一种失败的策略，于是他选择图表止损点作为出场信号。

结果是致命的。当价格真的下跌，暂停，或者在41美元处进入整固期。情绪化失败者将面对2000美元的亏损。此时，他在情绪上陷入了瘫痪状态，最终被套牢在一个亏损的头寸中。

在我们的交易生涯中，大多数人偶尔都会遇到如下所述的情形。这种情形产生的方式大致如下。当价格下跌至42.43美元，略低于我们的入场价格数美分，而亏损却达到了我们1000美元的情绪最大容限。距离图表得出的止损点还有1.43美元，我们坚持交易，说服自己价格将在这一价位暂停。我们做出一个无法兑现的承诺——如果价格低于图表得出的止损点，我们将出场。现在，在41美元出场将损失2000美元。当价格真的跌至此处时，我们紧紧抱着自己的股票，不能面对那些额外的亏损。我们支吾着做出另一个自欺欺人的承诺——当股价反弹回42.43美元时我们出场。

这种情形不会自行消失，如果我们不采取措施，那么我们会一次又一次地陷入这种窘境，直到我们不再有钱缴纳入场费为止。我们可以通过调节仓位规模来避免这种情况。在调节时要参考逻辑止损点，使风险金额在我们的情绪阈值之内。

当新手交易者能够始终如一地接受1000美元的损失，并且沉着冷静、动作迅速；如果他能够点击鼠标发出卖出指令或者拿起电话卖出头寸，而没有颤抖的声音，并且在挂上电话时没有讨厌自己的感觉；如果他能够在显示屏上实时观察订单的执行，而没有抽泣，也没有一丝后悔，那么他可以提高自己的止损金额了。如有必要，现在他在情绪上已经准备好接受较大的亏损了。

就像虚构的三步交易者培训程序一样，新手交易者不断增加他准备好亏损的金额。在这个过程中，增量比较小，比如在这个例子中可能为500美元。从1000美元跳到2000美元可能太远了。经过大量的反复试验调整，这种过程适合于每一位交易者。

关键问题是亏损的金额。在寻找真正成功的交易时，我们把理论上的资金管理和风险管理目标与我们实际接受亏损的能力协调起来，并且是后者决定了头寸规模。

在2%风险规则之下，或许我们的交易资金给出了5000美元的一个外围限制。如果交易者发现他在任意头寸上不能容忍超过4000美元的亏损，那么他应该把头寸规模限制在一定范围之内，在这个范围内4000美元是潜在止损的金额。

改变止损水平，把它上调，使它悬在半空，不与任何逻辑止损点相关，都是不可取的。止损位来自于逻辑止损点，而逻辑止损点通常是根据图表分析得出的。其中包括支撑区域的利用，或者在一个未了结的头寸中设定跟踪止损。相反的，在入场时，我们调节我们的头寸规模，使止损额在实际可接受的范围内，而不是在理论限制之内。情绪可以对行为产生强有力的影响，而交易把人们完全暴露于最强大的情绪因素之下——贪婪和恐惧。理解这些情绪因素，以及它们在破坏或支撑我们的交易活动中所扮演的角色，将带给我们一项重要的交易优势。

成熟地交易

交易并不是经商的另一个名称。尽管在技术上掌握了交易技巧，许多交易新手还是失败了。私人交易需要情绪上的成熟。这反映在许多方面。有些年轻的机构交易者和经纪人在耀眼的财富节目中展示他们像飞来横财一样的收入，并且受到了一般大众的指责。这些人交易OPM，通常读作“鸦片”，在英语中是“其他人的钱”的缩写。OPM就像与它发音相似的鸦片一样容易使人上瘾，并且神经错乱。不要把这种牛市行为与私人交易所需的态度和技巧相混淆。

私人交易者一般比较拘谨，随着他们获得财富，展示出与财富相同的情绪成熟性。下次你参加交易讲习班时，试着估计一下个人参与者的交易净值。这很困难，因为从服饰上很难找到线索。唯一的线索来自交易者所问问题的质量。

如果我们发现很难果断地在止损点动作——我们中的大多数人在一开始都存在这个问题——我们必须一小步一小步地培养这种能力。开始时这似乎限制了利润，但是作为交易者，逐渐地我们就会理解这种情绪成熟性的作用就像是亏损制动器，让利润通过并自然地增长。

第19章

命令与控制

在市场中，规模便是王者。当某个交易机构选择卖出它所持有的股票时，它所抛售的股票便会在市场上形成一个可靠的压力位。当数千股股票在40.00美元叫卖时，买家没有理由出更高的价格。因为机构交易者常常比较有耐心，所以也很少有交易低于40.00美元，因为面对39.00美元的出价，机构交易者泰然自若。当然，整个市场崩盘时，机构交易者也会像其他交易者一样急切地抛售。

在投机股中，愚笨的私人交易者拥有大量机会压低市场。我们已经在第15章讨论过这种方法。一方面，低流动性阻碍了我们的入场和出场策略。我们必须调整我们的头寸规模，使它等于前面数周的平均成交量。在低流动性市场中，成交量与头寸规模之间的关系非常重要。这种关系在市场深度的信息和日线图上都很容易观察到。当我们的买单在12.77美元处排在第一位时，并且当天没有交易，柱线图上的水平线似乎在向未来无限延伸。

我们还知道，如果我们把出价提高到12.79美元，或者满足12.80美元处的叫价，那么我们的行动本身将在图表上形成一条新的线，或许是设定了当日的最高价或最低价。首先这种想法是迷人的，但是如果未经检验，它会发展成为一种危险的误解：我们可以把市场压制到我们想要的位置。就像西班牙超现实主义画家萨尔瓦多·达利的画，在特殊的灯光下，从特定的角度观看，当一个隐藏的恶棍从背景中浮现出来时，这幅画变得非常丑陋。

你有多少次在绝对高点成为唯一的买家，而拥有令人怀疑的优势？你曾经屈服于这种危险的想法，即你的买入行为可能创造突破式行情，暗示着其他人会跟进？只有整个市场设定的突破或新高才是有效的，它们不是由充满激情但没有得到正确信息的单个交易者设定的。个人的希望不会产生突破或新高，即便有你的资金支持也不会。

作为私人交易者，对于通用电器、葛兰素威康公司、华侨银行集团或者澳大利亚国家银行等大型蓝筹股，我们从未梦想过这种行为。我们微小的订单被高流动性和巨大的成交量淹没了，所以我们对市场的影响非常小。而对于小盘股，我们的订单却会产生显著的影响。从观察我们的订单的影响，到决定我们的订单是否具有影响，其间只有很小的一步，而且是危险的一步。

市场混混热衷于控制市场

很明显，我们需要避免并抛弃这种思想：我们对市场行为的影响超出了我们的头寸所占的比例。如果不是许多私人交易者不时成为这种思想的受害者的话，那么我们早已放弃这一讨论，而选择与交易更具相关性的话题了。没有人公开承认他们相信自己能够控制市场，但他们的行为常常比他们的否认更能表达他们的心声。这有三种表现。

第一种在我们从观众席走上舞台成为一名演员时表现出来。一旦我们开始下单，我们便走上了市场的舞台。位于小镇尽头的交易节目，为人们提供了做控制市场的白日梦的机会。有组织、有预谋地“哄抬”或推高某支股票的价格是违法的，当然不会建议这种行为。

哄抬一支股票包括制造价格运动的假象，常常是通过控制几个相关派别之间的买卖行为。成交量上升，价格在一个紧凑的交易带内剧烈波动。其他交易者受到这种价格运动的吸引，根据成交量的变化抬高价格。原来的交易者跨骑在这次价格运动之上，在高点卖出。这种行为有多个版本——都是非法的——都是基于在一只冷门股中制造不同寻常的交易量。

这种行为与我们的观察有实质性的区别，作为私人交易者，当交易小盘投机股时，我们的买单或卖单的确会对市场产生可见的影响。这不是控制，当我们试图欺侮市场时，通常是以更坏的结局告终。当我们试图买进太多时，我们推动价格上涨。当我们试图卖出太多时，价格下跌。因为我们用我们的卖单阻塞了市场。当我们的头寸规模大于交易的平均规模时，我们就有不能在最好的价位执行交易的风险。

我们的行为比我们拒绝欺侮市场要大声，我们一笔交易一笔交易地坠入金融赌博的深渊，这便是第二种表现。病态赌徒相信他是万能的，赌博型交易者在工作时也具有相同的妄想。这些问题将在接下来的一章中进行更全面的分析。

在本章中，我们希望分析的是第三种表现。当我们在市场中的成功和成功预测之间建立错误的联系时，便为这种控制市场的妄想提供了肥沃的土壤。当观察到我们的订单对低流动性股票的影响时，这种想法便成长为一棵特别恼人的杂草。

交易者通过优越的预测分析，能够在某种程度上控制或提高头寸的利润，这种想法阴险而错误地增长。当利润按预期发展时，这种命令与控制的谬论特别诱人。

如果这听起来不合理，那么考虑一个你当前的未了结头寸之中显示亏损的任何一个。自问一下为什么你还没有退出交易，然后做出诚实的回答。虽然有优良的图表分析和股票选择，但太多情况下，我们用借口来欺骗自己："这次抛售已经太过分了"，或者"这家公司的管理不错，基本面很棒"，或者最乐观、最具欺骗性的"傻瓜。他们难道没有注意到该公司产品的全球潜能吗"！

最后一个借口有时被基金管理者作为一个论据，因为"全球市场上，总有少数股票被市场错误地估价"，并且通过暗示，他们的基金管理团队有这种技能把这些投资机会找出来。当这种方法被用于私人交易时，这种作用在不知不觉间成了灾难性的。

满足于这些借口，就像一个恶棍，我们打击市场，拿我们自身与市场相抗衡，试图证明……什么呢？……我们知道的比市场多。除了自我辩护的言论之外，我们的行动是脆弱的，那么为什么还有如此多的交易者坚持这样做呢？探索这种问题的根源，会带给我们一种交易优势。而与此同时，它们常常与商业成功的根源纠缠在一起。

许多私人交易者在商业或某个职业成功后进入市场。开始，交易收入只是他们日常工作的一种补充，因为他们仍然在从事日常工作，所以很容易把在一个星球中产生成功的命令控制技能与另一个星球中成功所需的技能相混淆。在商业中带来成功的一些策略在市场中会带来灾难。

以一位成功的出售分套公寓的企业家为例，在创业的日子里，在公司业绩放缓的时间里，他紧紧把握着即将出现的胜利和利润。以前，成功来自坚韧的毅力，对他所在市场分块的外部因素的控制，以及比竞争对手更持久的能力。

当然，我们的企业家分析过房地产市场，并且预测了住房的短缺。这种分析的需求带给他控制事件的力量，通过建造房屋来满足既定的需求。对他来说，看起来出众的分析意味着及早行动，这就等同于成功。这是许多当代管理书籍的核心信息。这条信息没有在金融市场中听到过，但是这种理念很难动摇，因为它带给我们的企业家用于交易的财富。

过去的商业成功形成了不言而喻的信念：如果他理解关键信息，那么他就能够控制他的本地市场并且赚钱。这种信念距离危险的股市控制思想只有一步之遥了。即便一小串的交易成功，等于成功的市场预测。一点一点地，一笔交易一笔交易地，他开始相信，自己在把钱扔在市场上时便具有了掌控市场的能力。市场混混出世了。

市场混混

商业成功有时会滋生出自大的品质。相反的，交易成功却总是培养出谦虚的品质。我们不需要先成为一名成功的商人，然后再成为一名市场混混。当成交量足够低的时候，我们当中的任何一个人都可以对市场使来唤去。所有新手交易者都要经过一个发展阶段。他们随便地认为，根据他们对市场的理解，当他们建立一个仓位时，市场将向对他们有利的方向发展。虽然这种市场混混的成长阶段常常是有经商背景的交易者们的标志，但没有人对此免疫。

我们中意的头寸之一——通常是由我们的数据库扫描精心选择的那一个，是经过细致分析，并在恰当价位入场的那一个——难免向对我们不利的方向发展，而当该头寸出场这种情况时，我们往往是大吃一惊。于是我们紧紧持有，等待市场反转，希望市场回到我们之前预测的方向。我们根据自己的商业成功，把自己的行动迟缓合理化。“我在1997年通货放缓时是正确的，所以这会变好的”，或者“当上海谈判崩溃时，坚持得到了回报，所以我将坚持到最后”。我们交易的时间越久，我们就越容易使用交易的行话，告诉我们自己和其他人：“这次抛售已经到头了。”

甚至有更顽固的，有些交易新手感觉，如果他们能够承担一个较大的亏损，那么就表明他们拥有较多的财富。1987年的股市大崩盘表明，较高的净值在市场的力量面前是多么的不堪一击。

除了迷人的虚张声势之外，所有这些借口，实际上都是在通过一个未了结的头寸把个人控制强加于市场之上。这种对无限权力的追求，可能膨胀为赌徒的朋友，如下一章所述。我们中的大多数人都不会太离谱，但我们认为自己具有控制事件的能力的信念，对于提高交易水平来说是一个严重的障碍。专家交易者，骄傲地潜伏在每个交易报价屏的背后，对此也不是免疫的。举例说明一下这种现象，看一下《直奔破产而去》（《Going for Broke》）或者《股海沉浮》（《Rogue Trader》），巴林银行交易者尼克·里森的两个账户。类似的故事发生在日本的期铜交易者滨中泰男身上，但是没有很好的记载。所有这一切都说明，交易者可以以很多方式走向失败，但是每天仍然有交易者默默地做着相同的事情，不过规模较小——他们用资金支持对市场的预测，而与市场真相作对。

正确的有时是错误的

有市场中交易时，我们要接受这样一个观点：交易市场并不是要正确，而是要获利。客观地说，我们已经阐述了一笔交易如何在满足我们所有的标准后，而获利比率或盈利金额仍然可能非常低。在这种情况下，我们是正确的，但同时也是错误的。从情绪的意义上来说，当我们主要由“要正确”的需求来管理一笔交易时，我们可能是非常错误的。这种“要正确”的需求是对获利性的很大障碍。

控制的需求——“要正确”的需求——对于交易失败产生一些

创造性的借口。自我检查一下，看有没有对应的情况。

“我买得太早了，但我能够看到底部正在形成”，或者“令我奇怪的是，市场没有认识到这支股票的潜能。现在它变得更便宜了，我要再买进一些”。或者对于技术分析者，“我的艾略特波浪数错了一个”。

当我们歪曲成功、预测和控制之间的联系时，我们制造了这些借口。在回想过去的交易过程时，面对实质性的亏损，这些借口看起来是多么愚蠢啊！但是，“想成为”交易者的人们有很多理由说服自己，它们是正确的。如果不这样做，那么作为一名交易者，还很可能是一名成功的商人和专家，对于他的尊严将是一种比较大的威胁。本质上，他是在竭力控制市场，因为商业环境的控制已经在过去给他带来成功。

控制可控制的事情

我们不能控制市场，尽管我们的订单会影响低成交量的股票。面对市场，我们必须接受这种必然的无能为力，以培养成功所需的谦虚。这与亚洲的一些哲学思想惊人地相似。理查德·麦考尔在《冷静自信的交易策略》（《The Way of the Warrior Trader》），以及其他著作中，沿着这条路走到了极点。很容易受到这种高深哲学思想的牵制，但交易者只要理解自我和非理智的无限之间的关系便可受益匪浅了。如果对于日本武士的方法感觉不适，那么可能在加缪的存在主义，或者柏尼丝·柯恩的《混沌的边缘》（《On the Edge of Chaos》）中找到更合适的方法。

我们希望相信一个有秩序的宇宙，以及它所暗示的一切。这种秩序的确存在于复杂和混乱的环境中。这暗示我们，可能找到一把钥匙，打开混沌市场的秘密，而这把钥匙是由现金支持的超级分析铸成的。成功建立在预测分析之上，要求这些分析是正确的，还要加上对外部事件的控制。这一自我加强的系统的确有助于商业成功，但在交易成功中却不那么有用。

交易新手通过在交易中重新定义控制的含义，摆脱成功和控制之间纠缠不清的关系。商业成功通常来自于对事件的控制。交易成功通常来自于对那些事件的反应。控制需求来自交易者自身，而不是外部。

交易者应该明白，我们唯一能够控制的是我们的入场和出场时间。这并没有破坏对分析的需求，但它的确改变了分析与控制之间的关系。对于供需因素、管理优势和劣势、业绩的统计分析或者图表用技术指标的理解，都是交易过程的关键部分。完善的分析帮助做出更好的入场和出场。

可以只有交易纪律——入场和出场的时间控制——把这些技能转化为利润。

那么我们的钥匙是什么呢？交易者要真正明白，他的分析不会改变市场的行为。分析的时间框架长短、复杂性和所用的时间多少，都与交易结果没有直接的关系。正常情况下，扫描得多比扫描得少要好，较完善的分析和分析工具比廉价的软件和匆忙的交易决定要好，但是更多的工作不会自动提高成功的机会。

成功交易者认识到，这些工作有助于我们理解市场和定义交易机会，但却不会对市场造成影响。交易的轮盘转了半周，于是我们所面对的分析和控制之间的关系，恰好与它们在商业中的关系相对。

在我们所举的房地产的例子中，那位企业家，他的分析结果是，通过建造住房来控制事件或行为。相反，交易者增加房地产板块的投资，以响应价格的运动。更加微妙的是，交易者可能通过相关的经济活动寻找加了杠杆的投资。这些相关的经济活动包括建材生产商、家庭用品和家具供应商，或者抵押贷款证券化衍生工具。交易者通过控制入场和出场的时间和位置来获利，而不是通过当前的建筑活动。

不管市场是否是随机漫步的结果，还是一种形态、循环或者混沌的产品，我们通过控制我们实际可以控制的唯一元素——我们自己，来赚取我们的利润。我们决定自己暴露于一个动态系统的时间、位置和规模，从其他任何意义上说，该系统都超出了我们的控制范围。我们使用一个分析框架来改进我们对市场的理解，于是我们可以做出一致性的决定：按照市场本身的样子去交易，而不是按照我们所认为的市场去交易。

有时市场看起来像是一个富人的游乐场，在这个游乐场中，资金规模便是国王。市场混混们以规模为目标，相信规模可以赋予他们控制的权力。这种想法是致命的，因为市场不同于校园，对于混混的处罚不是课后留校。市场，不关心你的存亡，默默地把金融破产作为公正的处罚。

市场混混们不能说："我相信市场是错的，但我将根据图表分析而非我的观点交易。"一致获利来自于对我们的入场和出场时间的控制。最成功的交易者们明白，那些让他们在商业中积累财富的规则，并不总是会带来交易利润的规则。从市场控制的谬论中拯救我们的关键行为是，我们从交易能力而非预言能力中一致获利。只有到那时，我们才从对市场的假想控制中解脱出来，开始更好地控制我们的交易。

第20章

赌博还是交易?

保罗·芒夫斯(Paul I.　Munves)博士*
丛书作者

对于许多交易者来说，交易是最有趣、最刺激的活动了。这种刺激不是来自恐惧的战栗或者来自对亏损和潜在亏损的恐慌。这种刺激来自于每天通过管理风险，有效地在市场中进行交易的挑战。积极管理风险的任务，使得交易活动与赌博只有一墙之隔，但是连接两个房间的门应该永远地关闭。

令人遗憾的是，对于某些交易者来说，那扇门却是半开着的。这些交易者失去对风险的控制，溜入了隔壁赌博的房间。本章简要探究了如何辨别何时真正的交易已经停止，何时在金融市场中的赌博已经开始。到目前为止，这一领域的研究非常少。尽管如此，我们建议当交易行为接近赌博行为时，在对交易行为进行分析时，可以采用对赌博行为的分析方式，这可能是合理的。

后面我们将讲解一些简单的自助方法，以帮助你重获更多对自身的恰当控制。不过首先我们将搜集一些指导性线索，以帮助辨别病态赌博，因为当交易开始沦落为赌博时，这些线索可能会给出非常有用的提示。

职业赌博

我们如何区分交易与赌博呢?赌博和交易之间有着非常重要的区别。赌博是选择具有未知回报的既定方法，赌徒对未来的风险无法控制。赌博行为具有明确的起点和终点，比如一次赛马、掷一次骰子，或者玩一把纸牌。赌博事件本身制造并限制风险，在这一事件前后并不存在风险。赌博提供了多种既定的和临时的方法，赌博者可以从中选择。

相反的，交易是非常困难的。交易是在追求未知回报时对风险的实际限制。交易者加入一个正在进行的、连续的事件，而该事件的开始与结束都是完全由参与者定义的。交易者管理一个自定义的风险片断，这种风险在他参与之前便已经存在，而当他收回自己的头寸后该风险当然会继续存在。这样，市场提供的是连续的风险。交易者选择管理策略来控制风险，部分是通过对自身的控制。这表现在交易者制定关于入场点和出场点的可控的、精明的决策能力上。赌博是依靠预测和下注，而交易则是依靠管理和控制风险。所以，赌徒和交易者的动机有很大的区别，后面我们将以较长的篇幅讨论这种区别。

对于赌博与交易表面上的区别，你可能很快便会明白。但是，如果你对交易持严肃的态度，那么请在内心深处对这些区别有一个清醒的认识，从而避免在金融市场中坠入赌博的陷阱。上面的定义，构成了我们下面将用来理解与讨论赌博方法的核心。这些区别对交易者的影响因人而异。对有些交易者来说，这种影响是致命的，但对其他一些交易者来说，只是感觉有些不适；而对于严肃的交易者来说，它提供了一种理解和避免进入金融漠视状态的方法，而同时又能享受他们追求利润的过程。

我们在金融市场交易的目的是赚钱，这是衡量我们的行为是否正确和是否成功的最终标准。阅读本书可能会带来一些乐趣，但是，你投入时间和精力阅读本书的目的是希望它在某种程度上可以帮助你赚钱，帮助你保护财富。不管你是做长线交易，还是做短线交易，基本的目的应该是相同的——赚钱。对于全职的专业交易者，赚钱是一种自我证明。即便是兼职交易者，当他受到这一简单的，可以包容一切的目的引导时，他的交易活动也可以表现得相当专业。

对于短线交易者和长线投资者，如果由于情绪上的不情愿或者心理上的无能力，导致无法管理风险，从而使得他们对待风险的态度恶化时，那么他们将面临共同的危险。专业投资者把风险看做是交易生活中无法逃避的一个事实。他们通过专心地、迅速地计算和管理风险，全力以赴地控制风险。把计算风险作为交易活动的一部分，就像零售商在采购货物时计算风险一样。

从这一角度看，交易类似于职业赌博，职业赌徒把赌博收入作为主要的收入来源。而对于交易，有更多“想成为”专业赌徒，却不是成功赌徒的交易者。那些成功的赌徒，致力于计算并控制风险，而他们计算和控制风险的方式，特别适用于控制赌博中包含的风险。成功的赌徒需要超常的自我控制能力，以及等待“最佳下注时机”的能力。类似的，成功交易者将责无旁贷地需要开发和利用一组工具来计算和管理风险。虽然成功交易者成功的方式非常地不同，可能依靠多元化、总资金的百分比配置、基本面分析、技术分析、止损技术、系统开发以及正宗的、系统化的交易方法，但他们对管理和控制风险的忠诚却不会动摇。

专业赌徒和专业交易者一样，他们的利润都是依靠评价他们的方法是否真的值得使用而获得。这些评价不包括在盈利计算中的兴奋或刺激。交易最好被理解为有纪律的活动，目标是承担计算好的、可管理的风险，从而在金融市场中获利。正如孔子所说：“凡事预则立，不预则废。”

熟练的风险管理，是职业交易和职业赌博的一个共同特征。否认这种共性是愚蠢的。而随之认为两种活动结果相同，那么也是同样愚蠢的。交易新手常常在交易中失利，因为他把一种不恰当的面对风险的态度带到了交易活动中，这种态度类似于我们在对赌博的通常理解中所见到的，人们通常认为赌博是一种简单的消遣活动。正是这种对风险管理的失败，才使我们常常把赌博与一种恶劣的行为联系在一起。我们希望从我们的交易活动中隔离、研究并消除的，正是这种漫不经心的方法。

赌博的五个“E”

当我们以一种贬义使用赌博和赌徒的称谓时，我们指的不是上述职业的赌博者。反之，我们指的是一般性的赌徒，他们拥挤在赌场内，像钉子一样站在老虎机前，围绕在轮盘赌桌边，坚持到最后一把纸牌。我们主要担心的便是这种对赌博的理解。

在金融市场中，“病态赌博”是一个很强烈的字眼，指的是经过几个发展阶段后的最终产物。病态赌博的各种各样的行为，是一个连续的统一体，如表20.1所示。就像酗酒者一样，拒绝常常是一个重要的特性反应。为了避免心理上的痛苦，所选择的知觉被拒绝。拒绝中隐藏的本质是幻觉的应用，于是病态赌徒认为，面对相反的证据，他也能够以一种正常的、可控的方式赌博。而且，他将淡忘过去的损失，不管过去的损失有多么惨重、多么持久，并且认为他能够在赌博中获胜。

病态赌徒一贯拒绝承认他们已经失去控制，但这不是第一个，也不是唯一的一个，表明病理过程正在进行的标志。我们希望研究这些心理上的发展过程和附加行为，以便发现它们启发性的价值，于是我们便可以避免打开连接交易所与相邻的赌博房间的大门。几乎可以确信，金融市场中的赌博都是以自我毁灭告终。如果没有参加匿名戒赌会的支持，并且最好加上对这种问题特别熟悉的心理健康专家的同时治疗，那么自我帮助的努力常常会失败。

人们赌博的原因多种多样，通常可以归纳为赌博的五个“E”：

- 娱乐（Entertainment）
- 刺激（Excitement）
- 逃避（Escape）
- 赚大钱（Easy Money）
- 自负（Ego）

在我们的交易生活中，我们每个人都受到这五个E的影响，但他们不是交易的原始动机。如果交易者的原始动机是这五个E中的一个或几个，甚至全部，那么他实际上就是在赌博。病态赌徒类的交易者，已经允许这些需求比赚取利润获得更大的优势，并且损害他们的风险管理能力。这种某人的动机的权重中的区别是关键因素，在决定我们是否已经从交易滑向赌博。当我们不满足于仅仅赚取利润时，我们就已经开始赌博。

在赌场内，当你按下 2 美元老虎机的按钮时，它便传递了五个“E”。在市场中，这些影响也是肯定的，但代价要高很多。有六种类型的赌徒，如表20.1所示。这些可以被近似地用来识别交易者的赌博行为。或许各个类型之间最重要的变化是交易者对他的交易活动的控制水平。他承担越多的风险来满足情绪上的需要，他就越可能是在赌博，而非交易。

如果交易的主要原因是上述五个“E”中的一个或多个，而不是努力计算和管理风险，以便在金融市场中赚取利润的系统的、有组织的活动，那么交易便沦落为赌博。正是对风险管理的投入，表明交易是一种专业的行为。一个交易者对他的交易活动控制得越少，

表20.1 交易者和赌徒的类型

交易者的类型	赌徒的类型	描述	控制水平	在这一水平停留的时间
优秀的交易者	专业赌徒	交易/赌博是他的主要收入来源；靠交易/赌博生活。注：“想成为”专业交易者和赌徒的人比成功的多。	非常克制；耐心等待最好的交易/赌注。	无限
	反社会个性	有犯罪心态。在赌博问题形成之前正在犯罪。	在犯罪思维过程驱使下犯罪。	无限；即便在监狱中，赌博行为也会继续。
	一般社交性赌徒	赌博是多种娱乐形式之一；不经常赌博。	如果他不能参加赌博，那么他很少会想念它。	很少升级到一个新水平；如果真的升级，那是因为感情创伤或者由一次大胜利引发的。
	严重社交性赌徒	赌博作为一种主要的娱乐形式；经常性地参与一种或多种形式的赌博。在赌博时非常专注和紧张；与网球或高尔夫“狂”相比，赌博仍然只是一种休闲活动。	能够停止赌博，但是肯定会想念它。	或许能够控制严重的赌博。特别容易受到外界因素的影响，而使他的赌博行为升级，从而成为一名病态赌徒。

正在堕落的交易者	消遣和逃避型赌徒	交易/赌博是为了逃避个人生活或工作中的问题。比不需要逃避个人问题之前用更多的时间交易/赌博。不同于病态赌徒之处在于，他对自己的赌博行为具有某种程度的控制能力。如果有另一种方式能够缓解他的问题所带来的压力，他可能会较少参与交易/赌博。	或许能够停止交易/赌博，但是比表现出更多控制力的优秀交易者或者专业赌徒和社交性赌徒要难一些。	非常易于堕落为病态交易者/赌徒。把薪水都投到交易/赌博之中，由此产生的债务可能导致进入病态交易/赌博周期的“抛光”阶段。
强迫性病态交易者	强迫性病态赌徒	对于交易/赌博有着无法控制的冲动；交易/赌博严重危害、破坏或损坏个人、家庭或职业生涯追求。可能招致过多的债务，失去家庭、失去工作，甚至犯罪，但仍继续交易/赌博。	无论他怎样努力，如果没有专家介入，很难停止交易/赌博。明显失控，控制冲动的机能紊乱。这些个体非常符合病态交易或赌博的10条标准中的5条，见附表20.3。	经过盈利、亏损和绝望这几个阶段要花费15年或更长的时间。如果不进行治疗，这种紊乱能够最终摧毁强迫性病态交易者/赌徒的一切重要的东西。

根据得克萨斯问题与强迫性赌博委员会（Texas Council on Problem & Compulsive Gambling）的附件改写。

它的行为就越像是赌博，而不是交易。

同样的，越无法控制投入交易或赌博的时间，以及所承担的风险，情感卷入，并且影响生活稳定，赌博越可能成为真实的冲动失控，并被诊断为病态赌博。病态赌博常常显示出三个明显的发展阶段。表20.2对每个阶段提供了一个正式的总结，并且用来展示了随着时间的流逝，一个赌博问题是如何在一个人的生活中形成的。读者如果发现自身存在这样的问题，应该尽一切努力从市场中撤出，并且寻求专家的帮助。对于那些看到这一过程反映了他们的“交易”活动的读者，那么这可能是本书中最重点强调的术语，对于他们的生存已经危如累卵。

虽然正常情况下的赌博是一种冒险行为，目标是满足正常的需要：娱乐、刺激、逃入幻想、发财，或者战胜某些人，但最终都对这种行为的冒险性而上瘾。费奥多尔·陀思妥耶夫斯基，自己是一位病态赌徒，知道这一点。在1866年的著作《赌徒》中，他这样写道：

“我确信，此事一半是由虚荣心造成的；我的无谓冒险和哗众取宠就是想使旁观者一惊——我清楚地记得，即使没有虚荣心的驱使，对冒险的可怕热望也会突然将我击倒……”

以冒险为目的行为所具有的魅力，本身便可以用几种方式理解。虽然情绪化的“逻辑”可能使你变得轻信，赌博提供了可能性，任何事情可能真的发生，一个风险本质上不大于其他任何一个，所以有些人不对他们所做的选择负责。对于有些人来说，风险、或然、偶然现象的诱惑在于，它为他们提供了错觉，即他们将逃避责任与惩罚。还有另一种方式，赌博提供了一种心理逃避。冒巨大风险的也可能是为了体验它带来的紧张感，为了肾上腺素的奔流，为了从不希望的感觉——比如紧张、失望、内疚、焦虑或压抑中解脱。

表20.2　赌徒生涯的几个时期

特征	追高期	杀低期	铤而走险期
赌博的原因	为了娱乐、自负、刺激和赚大钱。	赌博是为了翻本，偶尔赢几把，但输得更多；试图把输的钱赢回来。	赌博是因为他无法抗拒赌博的诱惑。

赌博的态度	认真计划，谨慎下注。	冲动而轻率地下注；在高赔率事件上下注，以期获得最大的回报。	失去理智；恐慌；根据直觉、超常情况和期望下注。
情绪	渴望，不合理的乐观。	因赔钱而常常生气和抑郁；甚至赢钱也不会使他高兴。	深感无力；责怪他人；感到懊悔和恐慌；成为行尸走肉。
赌博的动力	赢钱的欣快感；持续赌博的强烈需求；赢钱的幻想。	去除输钱带来的抑郁感的需求压倒一切；拼命试图夺回追高期的光芒。	可能欺诈、偷盗、撒谎和造假，以继续赌博。不断借钱用于赌博。
赌博所花时间	赌博是一种兼职、休闲活动。	把大部分生命用于追回输掉的钱。	生活中的主要事情。
工作状况	工作同往常一样，虽然开始在工作时间考虑赌博的事情。	开始旷工去马场、赌场或观看球赛；反之，可能有两份工作以赚更多的钱。	可能已经被辞退；名声扫地。
家庭生活	开始在赌博活动和家庭之间把时间分割。	过分关注赌博；不关心妻子和孩子；家庭生活不幸福。	生活失控；疏远家人与朋友。
赌资来源	赌博所赢的钱，以及用于娱乐休闲的钱。	变成一个骗子；开始变卖家产；大量借贷；具有有待偿还的债务和数笔贷款。	从任何可能的地方弄钱；常常依靠非法手段。
个人生活习惯	生活仍然正常。家人享受赌博带来的额外收入。	经常不在家；实际上忽略了孩子和妻子；撒谎成了家常便饭；个性发生变化；烦躁不安，性格孤僻；无力偿还债务。	他做的每件事看起来都与他的性格不符；不理智、绝望的思想；很少考虑家庭或健康。
持续时间	不定：通常不超过3年。	不定：长达15年或以上。	通常持续较短的时间。
结束方式	可能经历“大赢”，或者有些赌客认为的初赌者的幸运事件。这次“大赢”致使他认为可以经常赢钱。但是，却因不幸地连续输钱而在思想上受到打击，开始输钱，而非赢钱。	赌客已经用尽了解决财务问题的所有资源；他的赌资来源变得更受限制。	或者寻求匿名戒赌会的帮助，或者寻求专家的建议，或者让事情变得更糟（家人离去；失业，犯罪，被监禁，自杀）。

根据得克萨斯问题与强迫性赌博委员会的附件改写。

有些人为了满足这些渴望，从高空的超音速飞机上跳下、蹦极或者以三倍于限速的速度驾驶昂贵的跑车。有些人则发现还是打电话给经纪人比较方便。

通过分析这些极端情况，我们能够辨识和管理我们自身存在的这种倾向。有关病态赌博标准的权威列表，可以在美国精神病学会的《诊断与统计手册》（DSM）的第四卷中找到。我们已经在表20.3中列出了一些改写后的标准，使读者熟悉精神病专家在诊断病态赌博时所用的标准。

我们为什么赌博？这一问题已经超出了本书的范围。大体上说，我们注意到目前有一种倾向，对于病态赌博的理解采取跨学科的方法。很可能，社会学、心理学和生物过程都以一种互动和复杂的方式加入其中。一个人的发展经验，人格结构和动力，以及宪法的漏洞，都可能用于研究这种冲动控制障碍的表现。强迫性病态赌博，也已经与其他成瘾障碍联系在一起，作为解决根本情绪困扰的一种失常性行为。

我们此处担心的是，及早发现交易者身上存在的类似特征，并指出可能的预防措施。病态赌博将表现出下述一些自恋特征，但可能不是全部。我们已经添加了例子，当一位交易者表现出具体某一特征时，他可能做出的典型陈述。

冠冕堂皇——“我建立大型头寸的原因是，我比大多数交易者都优秀。”

力争全能——“以前我是正确的，所以行情会好转的。”

奇幻思维——“我认为这笔交易会赚，因为它不得不赚。”

剥削性倾向——“如果你真的关心我，那么你就要帮我，给我一些钱用来交易，使我能够挽回损失。

对于批评表现出恶劣的反应——“你说的是谁？”

过度的权利意识——“我当然希望受益于那一订单上的疑点。”

经常性幻想无限的成功——“我要通过正确的交易，得到一个辆新的跑车和一所新房子。”

持续的妒忌感——“我的幸运期马上就到了。”

表20.3　病态交易和/或赌博的诊断标

A　一直和经常进行不良交易或赌博行为，如下所述的5条（或更多）：

1. 过分关注于交易或赌博（比如，出神地体验过去的交易或赌博经历，自我妨碍或计划下一次冒险，或者思考筹钱的方式，以用于交易或赌博）。
2. 需要用不断增多的资金来交易或赌博，以满足所需的刺激。
3. 已经多次试图控制、减少或停止交易或赌博，但均未成功。
4. 当试图减少或停止交易或赌博时，烦躁不安。
5. 交易或赌博，作为一种逃避问题或释放烦躁不安的心情的方式（例如，失望、内疚、焦虑或压抑的感觉）。
6. 在交易或赌博失败后，常常又返回交易或赌博，试图打平（“追逐”损失）。
7. 对家人、医生或其他人隐瞒参与交易或赌博的程度。
8. 已经做出非法行为，比如伪造、欺诈、偷窃或贪污，以筹措交易或赌博的资金。
9. 已经因为交易或赌博，危害或失去某种重要关系，比如工作、受教育或就业机会。
10. 依靠他人提供资金来缓解由交易或赌博导致的绝望的财务状况。

B　交易或赌博行为不是更好地由Minic Episode解释的。

这些标准，为了加入对交易行为的参考，略微进行了改写，直接摘自美国精神病学会《诊断与统计手册》（DSM）的第四卷。

显著的移情能力缺陷——“当你知道我正在努力挽回上一次的损失时，你怎么能问我有关保证金借记的事呢？”

深刻的渴望注意和羡慕——“对我来说，这没有问题，让亏损自由增长，是因为我有足够的勇气和资本等待市场反转。”

舍我其谁的感觉——“市场没有理解这支股票的真正价值，但是我理解了。”

在看待自己和他人时，采用“要么黑，要么白”的思维方式，并且具有“完美或一无是处”的倾向——“当我知道这支股票已经完成它的底部时，为什么只建立一个很小的头寸呢？”

这里的共同联系是一种万能的虚假感觉。交易者不去管理风险，而是开始认为他可以在某种程度上控制市场。他利用权力和控制的一种错觉来应对无助、压抑或内疚的无法忍受的感情。这种倾向是当一个人其实最无助、最失控的时候，自我体验一种万能或全能的幻象。这是深刻的自我欺骗和不适应。

简单地说，这种全能的感觉比较可能诞生于绝望。理查德·J.罗森塔尔认为，“病态赌博基本上是对一种虚假心理状态的上瘾症。”希望对此方面的内容进一步研究的读者，可以参考罗森塔尔在《赌博行为期刊》（《Journal of Gambling Behavior》）中的文章“自我毁灭的病态赌博系统”，以及他在加利斯基编辑的《病态赌博手册》（《The Handbook of Pathological Gambling》）中的文章“病态赌博的精神动力学：文献综述”，其中都对这一领域进行了介绍。另外，读者也可以参考章末附录中列出的相关资料。

不管市场是否是随机漫步的结果，还是一种形态、循环或者混沌的产物，我们通过控制我们实际可以控制的唯一元素——我们自己，来赚取我们的利润。我们使用一个分析框架来改进我们对市场的理解，于是对于我们将要如何按照市场本身的样子去交易，而不是按照我们所认为的市场去交易，可以做出一致性的决定。

魔镜，墙上的魔镜

在病态赌博异常的灯光下，我们的日常交易弱点失去了强度，但是，如果你的交易动机主要是五个“E”中的一个或两个以上，那么是时间认识你在交易中实际存在的赌博行为了。虽然你可能仍然可以控制这种形式的冒充交易的赌博行为，但是连续的自我毁灭过程将令你从市场中破产而出。这些行为的类似性表明，为什么交易纪律要为寻求娱乐、刺激、疯狂、痴心妄想和大量的自恋需求让路。交易者可以使用表20.4中列出的20个问题，评价一下他们的交易是否已经失控。

这份列表源自匿名戒赌会的20个问题，通常被认为是非专业人士自己评价的最好工具。对于这些问题，如果有7个或更多问题的答案为“是”，那么就表明你的交易正在堕落为赌博行为。只要尽可能诚实地回答这些问题，每位交易者都可以从中受益。我们的自控能力偶尔都会出现下降。回答这些问题，可以帮助交易者辨识交易中有碍于保持最佳交易自控的倾向。

赌徒的记忆在某种方式上扭曲了这个世界，而笔录却不会。就像经过完善辨识的交易机会指明了概率平衡对我们有利的方向一样，仔细地辨识有碍于完善的交易实践的交易纪律的倾向也会给我们指明正确的方向。

表20.4　交易者的20个问题：

1. 交易已经经常性地导致你忽略一些生活中必需的活动吗？比如与家人在一起的时间、记账、休闲活动、料理家务，等等。
2. 交易曾经使你的家庭生活不快乐吗？
3. 交易曾经对你的名声产生负面影响吗？
4. 交易过后，你曾经感到懊悔吗？
5. 你曾经用交易快速赚来的钱偿还债务或者解决其他的资金困难吗？
6. 你拒绝为认真开发或遵守交易计划付出努力吗？
7. 在一笔交易亏损之后，你感觉必须尽快交易，以赢回损失吗？
8. 在一笔盈利交易之后，你有强烈的欲望去赚取更多，而无视你当初的计划吗？
9. 你的交易仓位曾经大得可以严重损害你的整个账户吗？
10. 你曾经拿你的交易账户之外的资金进行交易，或者因追加保证金而陷入困境吗？
11. 你曾经只是为了证明你是正确的，或者为了给别人留下深刻的印象而进行交易吗？
12. 你曾经用之前为非交易开支准备的必需资金进行交易吗？
13. 交易曾经使你忽视了自己的或者家庭的幸福吗？
14. 你曾经主要为刺激而交易，而不是根据交易计划吗？
15. 你曾经为了逃避忧虑、烦恼或者甚至无聊而交易吗？
16. 你曾经做或者考虑做违法的事情来为交易筹钱吗？
17. 交易曾经使你难以入睡吗？
18. 有争执、失望或挫折促使你交易吗？
19. 你曾经渴望通过交易赚取生命中的巨大财富吗？
20. 你曾经考虑过自我毁灭是交易的一个结果吗？

这些问题改写自匿名戒赌会的20个问题。对于这些问题，7个或7个以上的肯定答案，表明交易行为正在恶化，并且／或者变成表20.1和表20.3所示的病态行为。

把下面这一份列表挂在你的交易室的镜子旁边。列出的前两条行为，对于任意交易者都是宝贵的，我们建议把它们时时记在心中。当每笔新交易开始时，可以把这些注释写在图表的空白处，然后打印出来，挂在墙上。

列表中接下来的部分是为那些害怕他们已经有比较严重的问

题，真的开始从交易向赌博堕落的交易者们准备的。这是一条光滑的下坡路，但并非无法补救。

- 在交易之前、之中、之后都要以日志的形式记录下自己的情绪。反思自己为什么会有那些情绪，它们是否是用来做有关市场行为或自己的判断的一种完善的分析。
- 写下所有的理由，为什么一套遵守纪律的、受控制的和系统化的交易方法是令人反感的。记下你的所有厌恶计算和管理风险的想法和情绪。

  这包括倾向于再喝一杯咖啡，出去溜狗或者希望电话响起。这些转移注意力的策略是用来拖延比较不愉快的工作。仔细反思你认为自己是如何出现这些情绪的，以及在你审慎的判断中，这些情绪是否是对你的交易能力的一项评价。图莎尔·钱德的$ecure软件是建立个人交易响应的有用数据库的首次尝试。可以从顾比交易者网站www.guppytraders.com上下载该软件的演示版本。
- 记下每一件导致你紧张和焦虑的事情。自问一下是否能够承认无助的感觉是人的生活当中正常的一部分。对于你的挫折，寻找恰当的理解和解决办法，而不是通过“赚大钱”来寻求逃避、疯狂和虚假的力量。

  有时，我们的无助感是由市场本身造成的。市场是无限的、不可控制的、冷漠无情的。如第19章所述，有时交易者试图把他们的愿望强加于市场之上。成功交易者认识到市场天生的不可控制性，在不言而喻的混沌边缘交易。那么不大可能成功的交易者把存在主义的存在与一生的交易换来的短暂的力量颠倒过来了。对自己诚实。如果你对不确定性感觉不适应，那么交易不是一项富有成效的行为。
- 记下所有对你的自尊产生负面影响的事件，包括过去和当前发生的。记下你面对这些不希望发生的事件时是多么脆弱，还有你应对这些事件的典型策略。记下你维护自尊感和情绪平衡的方式。仔细反思这些策略是否最合适、最有效。不应该把交易活动作为挽回自尊的一种策略。

- 重复1—4步，记下你认为最熟悉你的人对于与你的机能相关的每个问题将做出怎样的反应。仔细考虑他们相像的反应，有多少反映了你自己对自己的机能的最好的判断？
- 与至少一位最信任、最可靠的知己讨论1—5步。如果恐惧或害羞使你无法与自己熟悉的人讨论这些问题，那么就去精神健康专家那里寻求帮助。

生命是一场赌博，但交易不是

上面，我们尝试提供了一些指导性的论述，可以帮助你辨识自己是否已经停止交易，开始利用金融市场赌博。对于那些已经陷入很深的交易者，我们加入了一些用来辨识病态赌博的内容，据此你可以决定是否需要专家的帮助。

交易和职业赌博都是依靠有效的风险管理。情绪在每种活动中都起作用，但是它们并未提供占支配地位的动机或回报。本质上，当占支配地位的动机取向，以一种不恰当、不现实，冲动的方式，转变为缓解心理伤痛的需求时，交易便成了病态赌博。我们每个人都会有短暂的堕落行为，我们与诱惑的较量，我们的自恋嗜好，并且由于我们都难免会遭受厄运的打击，所以我们并非总是处于最好的精神状态。但是，这些短暂的事件证明我们都是简简单单的凡人而已。如果我们能够承认我们的过失，如果我们能够诚实地反省我们有时错误地处理了自己的感情和最深切的愿望，那么我们便能够从自己的轻率和鲁莽中吸取教训，使得我们更加熟练于交易者的工作，即有效的风险管理。

从表面上看，交易大厅与赌场是相邻的。有时，交易所报价屏上流畅的发光数字，与电子老虎机轻柔的嘎嘎声，几乎难以分辨。成功交易要求我们透过表象，观察实质。这两个场地的房间，是用不同形式的风险“装饰”的，连接两个场地的大门应该总是关闭着。

关于作者

保罗·芒夫斯（Paul I. Munves）博士，在纽约威廉阿兰森怀特培训机构获得精神分析证书，然后在1982年返回他的家乡美国得克萨斯州达拉斯市。他创立了达拉斯精神分析心理学协会，并担任了两届主席。达拉斯精神分析心理学协会，在1984年授予他杰出心理学家奖。他继续作为得州大学西南医学中心心理学分校的副教授，并且拥有一家私人诊所，致力于为成年人提供心理咨询服务。他非常积极地跟随市场，他的研究结果都是基于他与市场参与者一起工作的经验。

附录

参考书目

亨利·R. 莱西尔（Henry R. Lesieur）和罗伯特·J. 罗森塔尔（Robert J. Rosenthal）（1991），“病态赌博：文献综述”（Pathological Gambling：A Review of the Literature）（美国精神病学会任务小组（American Psychiatric Association Task Force），美国精神疾病诊断和统计标准第四版（DSM—IV）委员会，《他处未归类的冲动控制障碍》（《Disorders of Impulse Control Not Elsewhere Classified》）。《赌博研究期刊》（《Journal of Gambling Studies》），7（1），5—42。

罗伯特·J. 罗森塔尔（Robert J. Rosenthal）（1986），“自我毁灭的病态赌博系统”（The Pathological Gambler’s System for Self—Deception）。《赌博行为期刊》（《Journal of Gambling Behavior》），2，108—120。

罗伯特·J. 罗森塔尔（Robert J. Rosenthal）（1987），“病态赌博的精神动力学：文献综述”（The Psychodynamics of Pathological Gambling：A Review of the Literature），收集于加利斯基（T. Galski）编辑的《病态赌博手册》（《Handbook of Pathological Gambling》）（41—70页）。美国伊利诺伊州斯普林菲尔德（Springfield），查尔斯·托马斯（Charles C. Thomas）。

扩展阅读

《赌博研究期刊》。亨利·莱西尔博士（Henry R. Lesieur，

PhD）编辑。人类科学出版公司。纽约州10013—1578，纽约市，223春天大街，订阅部。

《赌博心理学》，埃德蒙·伯格勒（Edmund Bergler）（1958），纽约，国际大学出版社。

《凶多吉少》（《Behind the Eight Ball》），琳达·伯曼（Linda Berman）和玛丽·艾伦·西格尔（Mary Ellen Siegel）（1992），纽约，西蒙和舒斯特公司（Simon & Schuster）。

《当幸运跑掉》（《When Luck Runs Out》），罗伯特·卡斯特（Robert L. Custer）和哈利·密尔特（Harry Milt）（1985），纽约，文献资料出版公司（Facts on File Publications）。

《翻本：强迫性赌徒的职业》（《The chase career of the compulsive Gambler》），亨利·莱西尔博士（Henry R. Lesieur, PhD）（1984），剑桥，美国马萨诸塞州，申克曼图书。

《强迫性赌博：理解、研究与实践》（《Compulsive Gambling: Theory, Research, and Practice》），霍华德·谢弗（Howard J. Shaffer），沙伦·斯坦（Sharon A. Stein），布雷斯·甘卑诺（Blase Gambino）和托马斯·卡明斯（Thomas N. Cummings）编辑（1989），美国马萨诸塞州，莱克星顿，莱克星顿图书。

读者可以通过以下联系方式寻求帮助

美国国内
国家问题赌博协会
西59街445号
纽约州纽约市 10019
美国
（212）765-3833
（800） 522-4700

赌博和商业游戏研究学院
里诺市内华达大学
内华达州里诺市，邮编：89557-0016
美国

电话：（702）784-1477
匿名戒赌会
17173邮箱
加利福尼亚州，洛杉矶市 90017
美国
（213） 386-8789

Gam-Anon
157号邮箱
纽约州白石市 11357
美国
（718）352-1671

注册财务计划师协会（Institute Of Certified Financial Planners）
二丹佛高地
东哈弗大道 邮编：10065
320套房
科罗拉多州丹佛市 邮编80231
美国

国际理财规划师协会（International Association of Financial Planners）
公园大道第二交汇处
800套房
佐治亚州亚特兰大市 30328
美国

国际组织
加拿大强迫性赌博基金会（安大略省Ontario）
消费者路505号，605套房
安大略省蕙柳蒂区 M2J 4V8

加拿大

电话：（416）499-9800（办公时间）

电话：（416）222-7477（下班后）

匿名戒赌会（Gam-Anon）

布兰太尔街17-23

伦敦西南10 ODT

英国

赌博研究协会（The Society for the Study of Gambling）

由大卫迈尔斯大夫（Dr David Miers）转交

加的夫大学法学院（Cardiff Law School）

427邮箱

卡地夫 CFI 1XD

威尔士

英国

0222-87400

耶利内克咨询公司（Jellinek Consultancy）

奥斯坦德（Ostende）9

西阿姆斯特丹1017

荷兰

020-6220261

澳大利亚国家问题赌博协会（Australian National Council on Compulsive Gambling）

114号邮箱

圣保罗

NSW 2031

澳大利亚

第21章

洞察与讽刺

这次淘金冒险之旅，是为了寻找交易机会的黄金矿石。我们不希望发现别的东西——或者看起来如此。在《坎特伯雷故事集》（《Canterbury Tales》）中，乔叟的朝圣同伴，表面上希望走向坎特伯雷去“拜谢恩泽万民的殉难圣徒”，而非别的东西。乔叟用他一贯的洞察与讽刺，揭露了朝圣者们的多重期望，有些就是不切实际的野心。

市场既允许洞察，也允许讽刺，我们的冒险旅程也不例外。在我们的家庭办公室里工作时，我们可能认为自己正在孤独地冒险，而实际上我们不过是新一轮淘金热的一员。以信息的力量为联系，以电子化的工具为装备，连接到一个超越任何个人、组合或政府控制的市场，我们与工作在类似场地的淘金者们一起奋斗。

乔叟在书中写道：“各色人等聚在一起，冒险途中结伴而行，人人均是朝圣者。”让我们暂时先忘记机构交易者的存在，寻找与我们同等水平的交易伙伴，他们不是聚集在塞斯沃克的酒馆里，而是分散在市场的网络空间里。

有些“想成为”交易者的人们，其实是在寻求刺激。他们的丛林冒险不是为了生存。他们寻找接近死亡的体验，把交易作为沉闷工作生活的一种调剂。当聊天软件给这些人带来更多便利时，他们做出愚蠢决定的速度更快了。

有些人为了纯粹的风险而兴奋。这些赌客不会带来严肃的竞争。他们的“赌注”太大，用不了几笔交易，他们就破产了。他们的淘金技术就是随机地分散资金，因真实的疯狂投资而获得病态的刺激。他们的行为具有轻微的传染性，所以我们最好从稍远处观察他们。

其他淘金者是商人。他们使用昂贵的软件工具和技术指标套件，包括六个图表和分析软件包。他们中有一些特别迷恋于复杂的指标形态，于是看不到一眼便可发现黄金矿石。他们的技术鉴别力必须与市场实际相匹配，但事实常常并非如此。这些淘金者通过他们对工具的掌握，而不是对交易过程的掌握来提升成功率。

做即日交易的“屏幕骑士们”挤在显示器旁，把价格运动与盈利性混为一谈。对于许多人来说，与市场行为离得越近——实时数据，越无法很好地交易。有些人在品质上适合于即日交易。其他人，却如飞蛾投火，他们从事即日交易的原因是，他们不能在较长的时间框架内成功地交易。

躲藏在一个角落里，寻找倒霉鬼的是命令和控制的国王。他们从市场不情愿的手中抢得一块机会的黄金矿石——如果他们可以这样做就好了。通过卷起的钞票和野心强迫，他们带来发现与开发的精细任务。像上述其他人一样，他们也是受野心引导的。

在每位淘金者的心底，总是有一种“发横财”或者“大发横财”的野心。这种野心带领我们超载了每日琐碎的工作，在这次冒险的开始阶段，它现在要求对确立的关系进行修订。正确驾驭这种野心，可以促使我们不断前进。如果控制不了这种野心，那么它将带我们到达不可预料的目的地。

我们都希望有这样一个机会，证明金钱能够令我们快乐。如果我们对自己诚实——我们在公共场合很少做得到，那么我们承认这次市场寻宝的最初动机便是发财的野心。正是这种野心，点燃了19世纪美洲和澳大利亚淘金热；诱使西班牙农民在他们寻找黄金国的过程中破坏了一个文明；怂恿人们推着手推车穿过沙漠到达遥远的金矿区，或者披荆斩棘，穿越婆罗洲的丛林寻找藏宝图上标记的另一处宝藏。虽然这种野心不是我们的淘金工具，但是我们利用它的方式，决定了我们的成败。

站在很快失去勇气和被挫败的“淘金者”中间的，是少数成功的交易者，他们不必非常富有。他们把野心当做一种动力，他们把对工作的技术掌控与艺术结合起来，而这种艺术第一眼看去像是直觉。再进一步观察便发现，他们所携带的，除了基本的镐和锹——图表之外，还有心理探测技术指标、用于风险计算和财务分析的电子表格。

他们是风险管理者，已经习惯了市场的巨大和自己的渺小。正是这种接受，而非其他因素，推动着交易机会的辨识和成功开发，即便仅使用最基本的工具。他们曾经问过这样一个问题“我是一名交易者，因为……”，并且发现这个问题的答案并不是以“$$$”开始的。这是我们希望效仿的。

在这次淘金之旅中，他们是我们的旅伴。并非只是在一条财富小路上的朝圣，乔叟的朝圣队伍只寻求精神教化。作为私人交易者，我们参与到最迷人的现代冒险中，但要当心被愚弄。

努力搜索，好好交易。

词汇表

2%规则 一种资金管理规则，使单笔交易的风险不超过总资金的2%。

按需报价 一种服务，提供当前买价或卖价的一个“快照”。当一笔交易产生时，该报价在你的屏幕上并不更新。要想更新，你必须请求另一个“快照”。

贝塔 个股盈利与该市场历史盈利的比值。如果某支股票上涨了12%，而该市场上涨了10%，那么贝塔值为1.2。

摆动指标 通过跟踪价格变化的速度和动量，帮助辨识转折点的一类指标。它们是领先指标或同步指标。典型情况下，摆动指标在一条水平中心线上下摆动。

保证金交易 利用商业借贷从事的交易。贷款额通常与所购股票价值的百分比绑定在一起。保证金每天都要根据市场到市场的基础进行重新计算。如果股价下跌得太多，那么交易者将被要求存入更多的保证金，以使贷款与股价的百分比保持在可接受的限度内。

报价 卖家叫卖的价格。

波动率 对市场中价格波动的度量。一只波动率大的股票具有较宽的波动幅度。

波段交易者 波段交易者既做多，又做空，不考虑长期趋势。亏损头寸被很快了结，而盈利头寸则在价格运动的方向出场。

布林格带 由约翰·布林格发起并流行，它们主要是标出了某个移动平均元素（比如收盘价）的上限和下限标准偏差的交易带。其他交易带使用某个百分比动量。

差价 买方出价和卖方叫价之间的差距。在期货和期权交易中，该术语具有不同的含义。

长期 从一名长线交易者的角度看，意为超过几个月的时间。

场内交易者 在交易所大厅内交易的私人或机构交易者。只有在公开喊价的交易所内才存在场内交易。

超买/超卖 一种技术指标，定义价格上涨或下跌过远的时间。此时认为价格可能向一个中等价位调整。

成交 买卖订单已经完成。

成交量 给定周期内交易的股票或合约总数。

出场点 交易者卖出某支股票的价位。

当日行情 单个交易日内的价格运动。

道琼斯平均指数 一个广泛引用的美国市场指数，计算基础是在纽约证券交易所交易的一篮子股票。它是道氏理论最明显的例子。道氏理论是根据价格形态的技术分析对市场行为的研究。

低于平均价格买进 一种交易策略，当交易者在高价买进某支股票后，如果该股票下跌，则继续买进。这降低了买入的平均价格，理论上可能拉平第一批股票的亏损。

点 市场中价格上涨或下跌的最小幅度。

点数图 一种制图方法，仅记录价格方向的变化。

电子通讯网络（ECN） 用于显示市场报价。有些ECN由第三方集团，比如路透社（Reuters）管理，其他一些则由交易所管理，比如纳斯达克。

多头 头寸的一种，从价格上涨中获利，即交易者低买、高卖。

反转 价格改变方向的一种称谓，也可表示趋势方向的变化。

非股票市场 交易其他金融产品的市场，这些金融产品包括货币、期货、商品、债券和其他金融衍生产品。

工具箱 一个软件包，允许用户设置所有技术分析研究的参数。理想情况下，它还允许用户开发和测试新的分析方法。

共同基金 基金的一种，通过募集投资者的资金来投资其他上市公司，也被称为市场基金或基金的基金。

股本 交易账户的总金额。在股票交易一词中也指股票。

股票 某公司发行股份的另一术语。

股票临时凭证 股票术语，现在用来指证明股票所有权的任何文件，可以是指纸的，也可以是电子的。

股市奇才 持续盈利的超级交易者。杰克・施瓦格在他的两本《股市奇才》（《Market wizard》）中采访的任一位交易者都被称为股市奇才。

黑盒子 计算机化的交易系统，其中参数由软件开发者设定，交易者无法修改。

机构 在市场中的交易或投资比较活跃的大型公司，比如银行、共同基金、养老基金和保险公司。

即日交易者 试图在同一交易日买进并卖出的交易者。

技术分析 市场分析的一种形式。根据对成交量和价格的分析研究股票市场中的供需平衡。它是一种理解市场的方式，基础是相信价格最有效地反映了市场人群的心理。

交易的另一方 向你出售股票，或购买你股票的那个人。

交易规模 一个头寸的金额；比如说2000美元，2万美元，20万美元等等。

交易系统 一种系统化的交易方法，通常是基于交易规则。可以是软件包中详细制定的计算机规则，也可以是笔记本中书写的“做什么与不做什么”的集合。决定性的特点是，当类似行情发生时，交易响应为一贯性的重复。交易系统并不保证成功。

经纪人 交易者和市场之间的联系人。执行订单后要付给他们佣金。经纪人要确保设定的交易正常进行。经纪公司还会提供搜索、建议、申购新股等服务。

空头 从价格下跌中获得的一种头寸。也就是说，交易者在高价卖出借来的股票，然后在低价买回用于交割。在许多股票市场中，空头交易是非法的，但在其他金融市场，比如期货和商品市场，这种交易却是合法的，并且相当广泛。

蜡烛图 一种日本的图表方法。开盘价和收盘价之间的价格运动被表示为一个竖直的实体。实体上下两侧各引出一竖直的短线，分别表示当日的最高价和最低价。这使得它们看起来像一根根的蜡烛。在大多数计算机软件中，如果收盘价低于开盘价，则实体被涂满颜色，如果收盘价高于开盘价，则实体为空白的。

蓝筹股 具有稳定收益、大型资本基础和良好分红的价值股票。

蓝色天空 当价格上限未知时使用。从基本面的角度看，出现这种情况的原因是它属于真正的矿藏或技术过程是未知的。从技术分析的角度看，此时价格向上超越了它的历史高点。

流动性 高流动性市场，在每一价位都有充足的买家和卖家，买卖易于成交。低流动性市场只有较少的买家和卖家。

买方出价 买方愿意买入某支股票的价格。

买入并持有 一种投资策略，根据市场的历史倾向，认为价格将持续上涨。

卖方叫价 对于某支股票，卖方叫卖的价格。

模拟交易 在不使用资金的情况下模拟交易的过程。可以在使用真实资金之前检查某种交易方法。当你的交易资金被全部投资其他头寸时，也可以使用这种方法与市场保持联系。

牛市 人们认为价格将上涨。

盘整 价格在经过长期的上涨或下跌之后出现的回调。

跑在最前面 应用市场信息的深度赶在买压或卖压的前面。这种行为是不道德的，有时是非法的。如果经纪人认为客户的订单会拉动市场，那么他在发出客户订单之前发出自己的订单，这种行为便产生了。

期权 期权是一种在约定期限内买进或卖出一种有价证券的权利，而非义务。

抢帽子交易 通过交易大型头寸获取小额盈利。

趋势 价格数据在一定周期上的偏移或动向。

入场点 交易者买入某支股票的价位。

失败突破 价格向上或向下运动穿越趋势线或图表形态后，却不以原突破方向继续运动。

实时更新 价格数据通过网络连接即时更新。

市场到市场 持仓头寸的价值，使用收盘价计算时。它包括未实现的亏损或收益。

市场基金 基金的一种，使用投资者的资金投资其他上市公司，或者交易期货市场的指数。

市场深度 超出当前买价和卖价的每个价位处，有多少买家或卖家。

市价订单 以当前市场价格买进或卖出。

试探 当价格接近支撑或压力价位后然后回调，如此数次。

手 必须购买的最少股数。大于这一数量的股票被称为零碎股。随着交易所的完全电子化，手的概念已经消失，于是交易者可以购买任意数量的股票。

双人拉锯形态 一种价格形态，在趋势中急速反转重复出现。交易者被“双人拉锯”，是指交易系统使他在每一次价格下探中出场，在每次价格上涨中又入场。这不是良好的交易，因为交易费会比较高。

随机摆动指标 一个显示超买和超卖行情的指标，方法是比较当日价格与一个以前最低价和最高价的预置“窗口”。

头寸 在股市中持有或打算持有股票。未了结头寸，已经买入，但尚未卖出。已结头寸已经卖出。持平头寸指交易者在市场中已经没有资金，但正在寻找机会。

头寸交易者 交易者的一种，持有头寸数日或数月，计划在卖出后获得资金收益。（译者注：参考《趋势交易大师》的译法。）

投机股 它们包括刚成立的公司。通常指矿业或网络板块的公司，因为它们往往具有较少的资产和较多的希望。

突破 向上或向下穿越趋势线或图表形态的价格运动。这通常显示出一个交易机会。

现金管理账户（CMA） 由银行或经纪公司管理的一种“即期交付”的带息账户。

小盘股 指资本基数较小的公司。通常，这些公司都已在市场中存在一段时间，并且具有公认的记录。

熊市 人们认为价格将下跌。

噪声 微不足道的价格运动，既不会引发趋势，也不会造成突破。

债券 债券是固定利息的金融产品，通常由政府或半政府机构发行。债券的资本价值波动取决于利率。债券交易者通过交易债券的资本价值来最大化盈利。

整固形态 一种横盘形态，价格聚集在某个价位附近。该形态表明大多数市场参与者都认同股票的某个价位。

证券 公司发行的股票的另一名称。

指数平滑异同移动平均线（MACD） 一种技术指标，绘制出两条指数移动平均线在一条零线上运动的方式。MACD产生的交叉和背离，可以用来产生买卖信号。

指数移动平均（EMA） 计算平均值的一种数学统计方法，计算时较近的价格行为被赋予较大的权重。

止损 一种交易方法，用于在亏损变得太大之前退出交易。

中期 从一名长线交易者的角度看，意为超过几天，但少于几个月的时间。

轴点 当前趋势的绝对低点或高点。从该点开始，价格反转进入新一轮趋势。轴点放置的位置取决于你跟踪的是短期、中期还是长期趋势。

柱线图 一种图表，使用一条竖线表示当日的最低价和最高价。直线左侧的横线表示开盘价，右侧的横线表示收盘价。

资本收益 由于股价上涨引起的交易资本增加。

“引领时代”金融投资系列书目				
书 名	**原书名**	**作 者**	**译 者**	**定 价**
世界交易经典译丛				
我如何以交易为生	How I Trade for a Living	〔美〕加里·史密斯	张 铁	42.00元
华尔街40年投机和冒险	Wall Street Ventures & Adventures Through Forty Years	〔美〕理查德·D.威科夫	蒋少华、代玉簪	39.00元
非赌博式交易	Trading Without Gambling	〔美〕马塞尔·林克	沈阳格微翻译服务中心	45.00元
一个交易者的资金管理系统	A Trader's Money Management System	〔美〕班尼特·A.麦克道尔	张 铁	36.00元
菲波纳奇交易	Fibonacci Trading	〔美〕卡罗琳·伯罗登	沈阳格微翻译服务中心	42.00元
顶级交易的三大技巧	The Three Skills of Top Trading	〔美〕汉克·普鲁登	张 铁	42.00元
以趋势交易为生	Trend Trading for a Living	〔美〕托马斯·K.卡尔	张 铁	38.00元
超越技术分析	Beyond Technical Analysis	〔美〕图莎尔·钱德	罗光海	55.00元
商品期货市场的交易时机	Timing Techniques for Commodity Futures Markets	〔美〕科林·亚历山大	郭洪钧、关慧——海通期货研究所	42.00元
技术分析解密	Technical Analysis Demystified	〔美〕康斯坦丝·布朗	沈阳格微翻译服务中心	38.00元
日内交易策略	Day Trading Grain Futures	〔英、新、澳〕戴维·班尼特	张意忠	33.00元
马伯金融市场操作艺术	Marber on Markets	〔英〕布莱恩·马伯	吴 楠	52.00元
交易风险管理	Trading Risk	〔美〕肯尼思· L.格兰特	蒋少华、代玉簪	45.00元
非同寻常的大众幻想与全民疯狂	Extraordinary Popular Delusions & the Madness of Crowds	〔英〕查尔斯·麦基	黄惠兰、邹林华	58.00元
高胜算交易策略	High Probability Trading Strategies	〔美〕罗伯特·C.迈纳	张意忠	48.00元
每日交易心理训练	The Daily Trading Coach	〔美〕布里特·N.斯蒂恩博格	沈阳格微翻译服务中心	53.00元
逻辑交易者	Logical Trader	〔美〕马克·费舍尔	朴 兮	45.00元
市场交易策略	Market Trading Tactics	〔美〕戴若·顾比	罗光海	48.00元
股票即日交易的真相	The Truth About Day Trading Stocks	〔美〕乔希·迪皮特罗	罗光海	36.00元
形态交易精要	Trade What You See	〔美〕拉里·派斯温托 莱斯莉·久弗拉斯	张意忠	38.00元
战胜金融期货市场	Beating the Financial Futures Market	〔美〕阿特·柯林斯	张 铁	53.00元

国内原创精品系列				
如何选择超级黑马	——	冷风树	——	48.00元
散户法宝	——	陈立辉	——	38.00元
庄家克星（修订第2版）	——	童牧野	——	48.00元
老鼠戏猫	——	姚茂敦	——	35.00元
一阳锁套利及投机技巧	——	一 阳	——	32.00元
短线看量技巧	——	一 阳	——	35.00元
对称理论的实战法则	——	冷风树	——	42.00元
金牌交易员操盘教程	——	冷风树	——	48.00元
黑马股走势规律与操盘技巧	——	韩永生	——	38.00元
万法归宗	——	陈立辉	——	40.00元
我把股市当战场（修订第2版）	——	童牧野	——	38.00元
金牌交易员的36堂课	——	冷风树	——	42.00元
零成本股票播种术	——	陈拥军	——	36.00元
降龙伏虎	——	周家勋、周涛	——	48.00元
金牌交易员的交易系统	——	冷风树	——	42.00元
金牌交易员多空法则	——	冷风树	——	42.00元
十年一梦（修订版）	——	青泽	——	45.00元
走出技术分析陷阱	——	孙大莹	——	58.00元
期货实战经验谈（暂定）	——	李意坚	——	36.00元（估）
致胜之道——短线操盘技术入门与提高	——	韩永生	——	38.00元（估）
鬼变脸主义及其敛财哲学（修订第2版）	——	童牧野	——	48.00元（估）

更方便的购书方式：

方法一：登录网站http：//www.zhipinbook.com联系我们；

方法二：可直接邮政汇款至：北京市西城区北三环中路甲六号出版创意大厦七层

收款人：白剑峰　　　邮编：100120

注：如果您采用邮购方式订购，请务必附上您的详细地址、邮编、电话、收货人及所订书目等信息，款到发书。我们将在邮局以印刷品的方式发货，免邮费，如需挂号每单另付3元，发货7-15日可到。

请咨询电话：010-58572701 （9：00-17：30，周日休息）

网站链接：http：//www.zhipinbook.com

智品書業
ZHIPIN BOOKS